미국의 영향을 받은 중립

미국의 영향을 받은 중립

Neutrality As Influenced by the United States

2024년 3월 5일 초판 발행

저 자 | 이승만
역 자 | 이석조

펴낸이 | 박 기 봉
펴낸곳 | 비봉출판사
출판등록 | 2007-43 (1980년 5월 23일)

주 소 | 서울 금천구 가산디지털2로 98. 2동 808호(가산동, IT캐슬)
전 화 | (02) 2082-7444
팩 스 | (02) 2082-7449
E-mail | bbongbooks@hanmail.net

ISBN | 978-89-376-0496-6 03300

값 20,000원

미국의 영향을 받은 중립

Neutrality As Influenced by the United States

이승만 저
이석조 역

비봉출판사

역자(譯者) 서문

고백하건대, 역자는 34년간 공무원 재임 중 내내 이승만 대통령에 대해서는 약간의 부정적 이미지를 지닌 채, 건국 대통령이라는 것 등 몇 가지 사실 이외에는, 세부적으로 잘 모르고 지냈었다.

생각해 보면, 역자를 포함한 대부분의 한국인에겐 이승만은 오랫동안 완전히 잊혀진 인물이었다. 누구도 이승만의 과거 공적이나 업적 같은 것은 꺼내지도 않았고, 또 그럴만한 분위기도 아니었던 것같다. 역자가 이승만 대통령에 대해 좀 더 심층적으로 이해하게 된 것은 극히 최근의 일이다.

사실 공무원이었던 역자의 경우 박정희 대통령에 대해서도 오랫동안 부정적인 인식을 가지고 있었다. 박 대통령에 대한 부정적인 이미지는 아마도 다른 많은 젊은이들이 그랬던 것처럼 유신체제에 따른 정치적 탄압과 독선적인 통치행태 때문이었을 것이다.

그러나 외교부에 들어온 지 10년이 지난 후인 1980년대부터는 한국의 경제발전 과정을 외국인들에게 설명할 기회가 많아지게 되었고, 그 과정에서 자연스럽게 박정희 대통령에 대한 인식이 스스로 바뀌었고, 급기야는 박정희 대통령은 역자의 마음속에 영웅으로 자리 잡게 되었다. 경험을 통하여 그가 아니었다면 한국인의 삶은 동남아 다른 후진국 수준을 면하지 못하였을 것이라는 확신이 생겼기 때문이다. 박정희 대통령에 대한 인식의 변화는 자각에 의한 것도 크지만, 그를 뒷받침할 많은 자료나 정보 그리고 무엇보다 박정희 신화를 신봉하는 사회적 분위기도 큰 역할을 하였을 것이다.

그에 비하면, 이승만 대통령에 대해서는 손쉽게 접근할 수 있는 자료도 부족하였고, 그가 대한민국의 건국 대통령으로서 재임하고 그 후 돌아가실 때까지는 우리가 유년시절을 보내고 있었기에 직접 경험할 기회도 없었고, 또한 그 후 국가적 사회적 분위기도 반(反)이승만적이었기 때문에, 국가적으로 사회적으로 또는 개인적으로 감히 이승만을 연구하거나 진실 규명을 하려는 시도조차 할 수 없었다고 볼 수 있다. 왜 그랬을까? 지금 와서 생각해 보면, 역자는 두 가지 근본 원인이 있었지 않나 생각한다. 첫째는 북한의 악의적 조작이고, 둘째는 박정희 대통령의 이승만 무시(無視)라는 잘못이다.

북한은 6·25 전쟁 후 이승만을 제거하지 않는 한 적화통일은 어렵다는 판단 아래, 끝없이 이승만 죽이기에 온갖 수단과 방법을 가리지 않았다. 4·19 이후에는 북한은 남한 내에 추종세력을 길러 이승만을 인격적으로 격하하는 한편, 이승만의 대한민국 건국을 부정하는 방향으로 전환하였던 것이다.

60년대부터 80년대까지는 지하에서, 90년대부터는 전교조나 민노총 같은 친북세력을 통해서 이승만을 반(反)인륜적, 반(反)민족적 인물로 가르쳐 왔다. 〈백년전쟁〉이란 날조된 동영상 다큐멘터리에 나타난 수많은 조작과 왜곡, 정읍 발언을 악용한 분단책임 전가, 실패한 것으로 왜곡 선전한 농지개혁, 6·25 발발 직후 나 홀로 한강을 도강(渡江)하였다는 거짓말, 부정부패, 부정선거 등 종북좌파들의 역사 날조가 진행되어 왔다. 급기야 이승만은 더 이상 대한민국 역사에서 이름을 올리기조차 쉽지 않게 되었다. 현재 논란거리인 대한민국 건국 문제는 어제오늘에 생긴 문제가 아니고, 오랫동안 북한 측 공작의 결과라고 말할 수가 있다.

5·16 군사혁명의 결과로 집권한 박정희 대통령은 정치적으로 매우 취약한 상태에서 이승만의 업적을 거론하기가 쉽지 않은 상황이었을 것이다. 실제로 박 대통령 집권 19년 동안 이승만은 잊혀졌고, 그 이후 전두환, 노태우 집권 12년 동안에도 그 연장선상에서 이승만의 이름은 부활되지 못하였다.

대한민국 건국 70년의 역사에서 거의 절반에 해당하는 이 기간에 이승만의 이름은 사라졌다. 전술한 북한 측의 이승만 부정은 그렇다 치고, 박 대통령의 통치 기간에 이러한 잘못이 있었다는 것은 매우 뼈아프다고 하지 않을 수가 없다. 박 대통령의 경제건설 치적은 여전히 빛나고 있지만, 이런 이유로 박 대통령은 오늘날 거론되고 있는 건국 논란에 대한 책임에서 벗어날 수가 없다고 생각한다.

이승만 대통령에 대해서는 역자가 외교부를 퇴직하고 나서야 기존 인식에 대한 변화가 일어났다. 외교부를 퇴직할 무렵, 이승만 대통령의 부정적 인식에 대해 의문이 들기 시작하였다. 왜 사람들은 이승만에 대해 그토록 철저하게 몹쓸 사람으로 기억할까? 아무리 선거 부정을 하였다 하더라도 그분의 건국 공로(功勞)는 어디로 갔을까? 남 북한 분단의 책임이 이승만 대통령에게만 있을까? 과연 6·25 전쟁 때 홀로 살려고 한강 다리를 폭파하였을까? 도대체 이승만이라는 분 은 어떤 사람인가? 등의 의문이 뒤늦게 솔솔 피어올랐다. 결정적으로 이러한 의구심을 분노로 폭발시킨 한 사건이 있었다. 오랫동안 역자 를 '아버님'이라 부르면서 따르던 재미 청년과의 카톡 대화였다.

"요즘 젊은이들이 안타깝게도 이승만 대통령을 무조건 깎아내리는 경향이 있는데, 이승만 대통령도 우리나라 건국에 있어 공이 많은 것 은 인정해야 한다."

"그 나쁜 사람을 그런 식으로 말씀하시면 저는 아버님의 생각에 동 의할 수가 없습니다. 그 사람은 분단의 책임이 있을 뿐 아니라 6·25 전쟁 때 서울 시민들은 동요하지 말고 있어라 해놓고 혼자만 도망가 서 한강 다리를 폭파한 사람입니다. 또 김구는 왜 죽였습니까?…"

'이 젊은이는 나로서는 이미 설득할 수 있는 단계를 넘은 것 같으 니 더 이상 설득하느라 애쓰는 것은 시간 낭비다' 라고 생각하면서 그 청년과의 카톡방을 지워버렸다. 그리고는 혼자 생각해 봤다. 역자 가 과연 그 청년의 말을 반박할 진실을 말할 수가 있을까? 좀 더 진 실을 알고 싶었다. 그 후 역자는 이승만 대통령에 관한 책들을 사서 읽는 한편, 이영훈 교수가 주관하는 이승만 학당에도 다니면서 많은 것을 배우기도 하였다. 어느 정도 이승만 대통령에 대해서 알기 시작하면서 한층 더 안타까운 현실을 깨달았다. 사람들은 이승만의 진가(眞價)나 그의 업적을 몰라도 너무 모르고 있다는 생각이 들었다.

지금 시점에서 역자는 이승만은 하늘이 내리신 분이라고 믿게 되었다. 그가 천재여서 그런 것만은 아니다. 천재적인 이해력을 바탕으로 폭넓은 형세 판단력, 선악을 구분할 줄 아는 안목, 그것을 바탕으로 장기적인 비전을 제시하는 능력, 자신이 옳다고 믿는 것을 실천하는 용기, 그리고 무엇보다 이 나라와 민족을 위해 온 몸을 던진 애국정신! 건국 지도자의 덕목으로서 이 이상 뭐가 더 필요하단 말인가! 더욱이 이 분은 우리나라가 꼭 필요할 때 나타나신 분이었다.

1904년 한성감옥에서 쓴 『독립정신』에서 나타나듯이, 30세도 안 된 나이에 그는 이미 당시 조선이었던 우리나라가 나아가야 할 방향을 제시하였고, 동시에 그 자신이 평생 나아가야 할 뜻도 세웠다. '자주독립', '자유민주공화국', '자유통상', '기독교 정신', '중립국 미국과의 우호' 등이 그것이었다. 아마도 1906년경부터 구상하기 시작한 박사학위 논문은 『독립정신』에서 나타난 그의 뜻과 밀접한 관계를 가지고 있다고 생각된다. ― 미국에 의해 영향을 받은 중립통상론 ― 어쩌면 이 제목은 한성감옥에서부터 구상하였던 것이 아니었을까 싶다. 살아서 감옥을 나갈 수 있을지조차 알 수 없는 상황이었지만, 『독립정신』에서 보듯이, 그는 우리나라를 구해줄 수 있는 나라로 미국을 꼽았다. 미국은 백여 년 전 영국으로부터 독립을 쟁취하여 인간이 타고난 권리인 자유, 평등 그리고 정의를 표방하며, 유럽의 식민열강으로부터 중립통상을 지키면서 번영을 구가한 나라로서, 구주 식민열강과는 달리 영토 욕심이 없어서 장차 우리나라가 본받아야 할 뿐만 아니라 우리나라가 독립하는 데 도움이 될 수 있는 나라라고 생각하였던 것 같다.

실제 그의 논문에서는 유럽 식민열강, 특히 당시 세계 최강이었던 영국으로부터 중립통상(中立通商)을 지켜내려는 미국의 독립 초창기 정치인들의 끈질긴 노력을 잘 묘사하는 대목이 많이 나온다. 이승만 박사는 이러한 미국을 표상으로 삼아 이를 약소국인 우리나라에도 적용해 보려는 의도에서 이 논문을 썼던 것으로 생각된다. 미국이 그토록 열렬히 지지하던 중립통상을 우리나라에서 주장한다면 미국도 우리나라를 지지해줄 가능성이 크다고 믿었을 것이고, 그렇다면 잃었던 나라도 되찾을 수 있을 것이라는 희망을 품었던 것 같다.

그러나 이 논문을 쓸 당시 사실 이 박사는 현실 경험이 부족하였기 때문에 너무 이상론(理想論)에 치우친 감이 없지 않다. 아무리 미국의 이상(理想)이 그렇더라도 현실에서는 당초의 이상도 달라질 수 있다는 것을 미처 생각하지 못하였을 수도 있다고 본다.

사실 이때만 해도 이 박사는 미국이 이미 가쓰라 태프트 밀약에 의해 조선을 일본에 넘겼다는 사실을 까맣게 모르고 있을 때였다. 이 박사가 가쓰라 태프트 밀약이 있었음을 안 것은 1924년이었고, 이 박사도 결국 수십 년간 미국에 의해 기만을 당한 셈이었다. 이후 이 박사는 철저한 현실주의자가 되었고, 미국을 믿지도 않았지만 그렇다고 미국을 적으로 돌리지도 않고, 미국을 철두철미 이용할 줄

아는 용미주의자가 되었다.

이 박사가 1919년 2월 미국을 통해 파리평화회의에 조선의 위임
통치 청원을 제출해 달라고 요청하였는데, 그 내용은 다음과 같다.

"평화회의에 모인 연합군 측이 조선의 장래의 완전한 독립을 보장하
는 조건하에, 한국을 국제연맹의 위임통치 하에 두고 현 일본의 통치
하에서 해방하는 조치를 취할 수 있도록, 저희들의 자유 원망(願望)을
평화회의 탁상에서 지지하여 주시기를 간절히 청원하는 바입니다. 그
렇게 되면 한반도는 중립적인 상업지역으로 변하고, 모든 나라가 혜
택을 받을 것입니다. 이것은 또한 극동에 하나의 완충국을 창립하는
것이 되어, 이것은 어떤 특수 국가의 확장을 방지하고 동양에 있어서
평화를 유지할 것으로 알고 있습니다. … "

이 내용에서 보듯이, 이 박사는 이 제안을 함으로써 일본의 통치
하에서 일단 벗어날 수 있다는 것과 중립통상을 통하여 부국강병을
염두에 둔 것이었지만, 정작 미국은 이에 대해 아무런 반응도 보이
지 않았다. 앞서 말한 대로, 이 당시 미국은 이미 일본의 조선 통치
를 용인하였을 뿐만 아니라 미일 간 외교 관계는 우호적이었다는 점
을 고려하면, 지극히 당연한 귀결이었다고 볼 수 있다.

이 현상을 놓고, 한편으로는 이 박사가 너무 현실정치에 어두웠
기 때문에 일어난 순진한 발상이라고 볼 수도 있겠지만, 다른 한편
으로는 조선의 독립이 절실할 때 한 애국적 지식인의 몸부림으로서
신선하고 실용적인 생각이라고 볼 수도 있지 않겠는가.

보라! 결국, 30년 뒤에 미군정이라는 통치기간을 거쳐 독립하였으니, 그야말로 이 박사가 제의한 그대로 되지 않았는가! 어쩌면 이 박사는 남들이 갖지 못한 혜안을 가졌다고 생각할 수 있지 않은가!

이 박사의 위임통치 청원은 그의 논문에 나타난 대로 중립통상 부국론(中立通商 富國論)을 적용해 본 하나의 시도가 아니었을까 싶다. 중립통상을 칸트의 영구평화론(永久平和論)의 한 수단으로 보지 않았을까 하는 생각도 하게 된다. 아마도 이 박사는 칸트의 영향을 많이 받은 듯하다. 1890년대 열혈청년 시절 폭력을 불사하던 그가 언제부터인지 전략가가 되었고, 그 후 독립운동 과정에서도 그는 시종일관 폭력을 배제하고 외교적 수단 같은 평화적 수단에만 의존하였다.

어쨌든 이 박사의 위임통치 청원 시도는 1921년 임시정부 수반으로서 엄청난 비판의 대상이 되었다. 신채호(申采浩) 같은 이는, 이완용은 있는 나라를 팔아먹었지만, 이승만은 없는 나라를 팔아먹으려 한다면서 이완용보다 더한 매국노요 사기꾼이라고까지 극언을 하였다. 역자는 이러한 상황을 보면서 예나 지금이나 한민족의 핏속에는 명분론적 허영심이 진하게 녹아 있다고 생각해 보았다.

사색당파도 그렇고 오늘날 당파 싸움도 마찬가지다. 너무 명분론에 빠지게 되면 모든 현상을 있는 대로 볼 수가 없게 된다. 지금이라도 우리 모두 깊이 반성하고 이승만을 배워서 좀 더 실용적으로 볼 수 있는 안목을 길러야 한다는 생각도 든다.

　요즘 들어 역자는 하늘이 내리신 이 분에 대한 미안한 생각이 들면서 조금이라도 보답해 보겠다는 심정으로 이 박사의 박사학위 논문을 번역해 보기로 하였던 것이다. 물론 오랜 친우인 비봉출판사 박기봉 대표의 적극적인 번역 권유에 따른 것이었음을 고백한다. 이 자리를 빌려 명저의 번역 기회를 준 데 대하여 고마움을 전한다.

2018년 11월
이석조

차례

제1장 1776년까지의 중립의 역사

I. 역사적 소개 · 17

II. 중립통상의 자유 · 22

A. 재화 및 선박의 소유권 · 22   B. 중립 통상의 한계 · 30

III. 중립 관할권 · 33

제2장 1776년에서 1793년까지 중립의 역사

I. 머리말 · 36

II. 이 기간 유럽의 중립에 관한 관행 · 37

A. 비중립적 행위 · 37   B. 중립통상의 무시 · 42

III. 중립에 관한 미국의 관행 · 47

A. 일반적인 역사 · 47   B. 중립 관할권 · 53

C. 중립통상의 자유 · 60   D. 중립통상의 제약 · 65

제3장 1793년에서 1818년까지 중립의 역사

I. 중립에 대한 유럽 국가들의 관행 · 71

A. 중립통상의 무시 · 72

II. 미국의 중립관행 · 77

A. 일반적인 관행 · 78   B. 1794년과 1818년의 중립법 · 86

III. 중립통상의 자유 · 94

IV. 중립통상의 제한 · 98

    A. 전시 금제품 · 98   B. 봉쇄 · 100

    C. 검문 및 검색권 · 102

제4장   1818년에서 1861년까지 중립의 역사

    I. 영국의 1819년 외국 모병법 · 105

    II. 필리버스터 · 106

    III. 먼로주의 · 109

    IV. 파리선언 · 111

    V. 교전상태와 독립의 승인 · 115

    VI. 중립국 권리의 일반적 행사 · 123

제5장   1861년에서 1872년까지 중립의 역사

    I. 교전단체의 인정 · 129

    II. 봉쇄와 금제품에 적용되는 연속항해 · 134

    III. 전시 금제품 유사물과 검문 검색권 · 143

    IV. 알라바마호 사건 · 148

제6장 요약 검토 · 167

[부록] 원서 · 179

제 1 장
중립의 역사
-1776년까지-

I. 역사적 소개

고대에는 중립법에 관한 역사 자료가 없다. 고대 세계에서 정부에 대한 정치적 계급적 이론은 (도대체) 중립에 유사한 개념조차 들어설 여지를 전혀 남겨 놓지 않았다.

16세기 중엽에 이를 때까지도 영어에는 '중립'의 뜻에 정확히 해당하는 단어가 없었다. 국제법의 아버지인 휴고 그로티우스(Hugo Grotius)는 중립을 '중간자(Medii)[1]'라고 규정하였고, 빈커슈크(Bynkershoek)는 중립을 '비(非)적국인(non-hostes)[2]'이라는 말로 만족하였다.

신성 로마제국과 교황권의 쇠퇴 및 국민국가의 등장과 함께, 11세기와 12세기쯤 국가 간 관계를 지배할 어떤 확립된 규정의 필요성

---

1) *De Jure Belli ac Pacis*, edited by Whewell, Vol. Ⅲ, p.288.
2) *Quaestiones Juris Publici*, Vol I, Pt. Ⅸ, p.67. Bynkershoek also says of neutrals "Bello Se Non Interponant". *Ibid.*

이 해양법전에서 나타나기 시작하였다. 최초의 것들이 11세기 후반에 나타난 아말피탄 법전(Amalfitan Tables)과 12세기 후반의 올레론 법(laws of Oleron)[3]이다. 콘솔라토 델 마레(Consolato del Mare)는 지중해 연안에서 통용된 모든 해양규칙 중 최초이자 가장 잘 알려진 것 중의 하나이다.

중립을 향한 최초의 충동은 상업교류에 대한 점증하는 욕구에 의해 촉발되었고, 그 후의 발전도 역시 대체로 해상무역의 증가 때문이었다. 십자군은 대규모로 서구와 근동간의 새로운 무역을 위한 길을 열었다. 마르코 폴로와 포르투갈인들과 이태리 항해가들이 말한 환상적인 '동방의 황금' 이야기는 서방의 모험가들로 하여금 케세이(Cathay: 옛 중국을 말함 −역자 주) 땅의 금과 은에 대한 욕망을 불러일으켰고, 대서양 너머 신세계의 발견은 유럽의 해양 강국들 간에 첨예한 갈등을 불러일으켰다. 상업적 기업들이 급격히 증가하고, 식민 세력들이 해양 패권을 위해 각축하고 있는 동안 정작 중립에 관한 규정은 사실상 존재하지 않았다. 두 개 또는 더 많은 적대국들 간에 전쟁이 일어날 때마다 모든 주변국들은 자유로이 분쟁에 참여하거나, 분쟁 당사국 모두 또는 어느 일방을 지원할 수 있었다.

일반적으로 말하자면, 한 군주는 그의 영토 내에서 한 교전국이 병력을 징집하거나 그에게 무기나 병력, 전함을 공급하는 것을 허용할 수가 있었다. 유일한 제약은 이러한 적대적 행위로부터 나타날 수 있는 즉각적인 전쟁의(전쟁에 휘말려드는) 두려움뿐이었다.

---

3) John Godolphin's *A View of the Admiral Jurisdiction*, pp.10−14.

시간이 흐르면서 평화시에 비(非)교전 세력들(different Powers) 간에
조약을 체결해서 체약국(締約國) 간에는 전시에 일방 당사국의 적국에
게 어떠한 지원도 하지 말 것을 상호 약속함으로써, 조약에 의해 다
른 국가들을 묶어 두려는 노력이 있었다. 대부분의 유럽 국가들은
적들의 상대적인 힘을 제약하기를 바라면서, 서로서로 이러한 동맹
을 맺어서 가능한 한 많이 우호국의 수를 증가시켜 나갔다. 이것은
18세기 중엽까지 국가들이 비중립적 행위를 억제당할 수 있는 사실
상 유일한 수단이었다.

반면에, 전시 교전권의 행사는 항상 지나쳤다. 거의 모든 유럽 국
가들은 전시에 적이 다른 국가들과 상업거래를 하는 것을 완전히 차
단하려고 끊임없이 노력하였다. 영국은 항상 해양무역의 독점을 위
해 노력하여 왔다. 이미 에드워드 1세 때부터 플레밍스(오늘날의 벨기
에 서부와 프랑스 북부에 존재하였던 나라—역자주)가 스코틀랜드와 상업
거래를 종결하도록 유도하였고, 또 1295년에는 영국 항구들에 정박
해 있는 중립국 선박의 선장들은 프랑스와 무역을 하지 않겠다는 약
속을 하라고 압력을 받았다.[4] 이런저런 이유로 중립 통상은 자주 매
우 부당할 정도로 엄중하게 다루어졌고, 결과적으로 이것은 중립국
측으로서는 예방적 조치를 하는 쪽으로 나아가도록 하였다.
중립국이 평시와 마찬가지로 전시에도 방해를 받지 않고 교전당
사국과 무역을 할 권리가 있다는 원칙은 1745년 전쟁시 프러시아의
왕에 의해 처음으로 제시되었다.[5] 이 원칙은 프레데릭 대제의 보좌

---

4) Thomas Rymer's *Foedera*, Vol. I, p.821 ; Vol. II, p.747.

관들에 의해 조심스럽게 발전되었고, 이에 따라 왕실 재정위원회는
이를 좀 더 구체화하는 규칙을 제정하라는 지시를 받았다. 그러나
영국의 반대에 부딪혀 프러시아는 마지못해 그 규칙들을 포기하였
다.6)

(중립법) 학자들의 견해

중립국의 법적 지위는 초기의 학자들에 의해 소홀히 다루어졌다.
1625년에 발간된 그로티우스의 유명한 저서인 전쟁과 평화의 법(De
Jure Belli ac Pacis)에서 '전쟁 중에 있는 자들(De His Qui in Bello Medii
Sunt)'이라는 짧은 장(章)에서 정작 중립에 대해서는 거의 언급을 하지
않았다. 현재의 중립에 대한 생각과 비교해 볼 때, 그의 개념은 모호
하고 불완전하였다. 그는 "설사 중립이 부당한 원인 제공측을 강화
시켜 주든 또는 정당한 전쟁을 수행하는 측의 행동을 저해하든 간
에, 아무것도 하지 않는 것이 중립의 의무이며, 의심스러운 경우에
는 양측에 동등하게 통과를 허용하거나 식량을 공급해야 하며, 포위
된 자를 도와주지 않아야 한다"7)라고 하였다. 그는 동맹관계에 있는
국가들은 서로가 서로를 보호해야 한다고 주장하였다.8)
중립이란 주제에 대해서 진정한 중요성을 언급한 최초의 학자는
빈커쇼크(Bynkershoek)였는데, 1737년 그의 저서 『공법에 대한 질문

---

5) Robert Ward's *Treatise on Maritime Laws*, pp.74-75.
6) Charles De Martens' *Causes Celibres de Droit des Gens*, Vol. II, pp.97-168.
7) Grotius, *De Jure Belli ac Pacis*, translated by Whewell, Vol. III, pp.288-289.
8) *Ibid.*, Vol. II, pp.435-438.

(Questions Juris Publici)』이 출간되었다. 그는 적과 친구 또는 동맹국 이외에 제3부류의 국가, 즉 '비적대 국가(Non-enemies)'를 구분하여, 비적대 국가 부류에서 전쟁 당사국 중 어느 일방을 지원하도록 조약상 의무를 지고 있는 모든 국가들을 제외시켰다. "…내가 만약 중립국인이라면 나는 어느 한 당사자에게 도움이 될지 모르는 어떠한 행위를 함으로써 다른 당사자가 해를 입도록 하지 말아야 한다. 우리 친구의 적은 우리의 친구일 수도 있고 아니면 친구의 적일 수도 있다. 만약 그들이 우리의 친구로 간주된다면 우리는 그들을 돕고 자문을 주는 것은 정당할 것이다. 그러나 그들이 우리 친구의 적이라면 우리는 평등한 우정에 모순이 되는 그러한 행위를 하지 말아야 한다."9)

울프(Wolff)는 1749년 출간된 그의 저서 『국제법(Jus Gentium)』에서 중립국은 "교전국 어느 쪽도 편들지 않는 자"라고 정의하였다. 그러면서 그는 "정당한 전쟁일 때, 그 교전국들은 방해를 받지 않고 중립지역에 접근할 수 있다"고 주장하였다.10)

바텔(Vattel)은 1759년 비(非)지원(nonassistance)이라는 새로운 이론을 제시하였다. "동등하게 지원을 하라고 하는 대신에 어느 쪽에도 지원을 하지 않아야 할 것"이라고 하였다. 그러나 그는 "정당한 전쟁을 하고 있는 국가를 지원…… 하는 것은 정당할 뿐 아니라 권장할 만한 일이다. 그 자신에게 해가 되지 않으면서 원조를 줄 수 있을 때, 이러한 원조를 주는 것은 모든 국가에게 주어진 의무이다."11) 라

---

9) Translation from *Quaestiones Juris Publici*, Vol. I, Pt. IX, p.69.
10) Wolff, *Jus Gentium*, p.672.

고 말함으로써 스스로 모순에 빠졌다.

그러나 바텔은 대단히 중요한 원칙 하나를 주장하였는데, 즉 중립의 이익이라는 관점에서 전쟁 선포의 필요성이 그것이다. 그의 견해에 의하면, 선전포고는 교전국 자신을 위해서뿐만 아니라 (1) 전쟁 중이라고 중립국들에게 경고하고, 그리고 (2) 중립국 입장에서 전쟁의 원인을 정당화시킬 수 있기 위해서도 필요하였다.

거의 모든 학자들은 현재의 중립 관행과 맞지 않는 어떤 행동들을 합법적인 것으로 인정하였다. 그들은 조약 규정에 따라 주어지는 것이라면 군사적 지원도 중립과 모순되지 않는다고 주장하였다. 중립의 개념이 이와 같았으므로 대부분의 유럽 국가들은 18세기 후반까지 교전국 어느 일방을 자유롭게 지원할 수가 있었다.

II. 중립통상의 자유

A. 재화 및 선박의 소유권

중립의 초보적 개념이 나타난 초창기부터 소유권에 따라 재화와 선박의 성격을 구분해 보려는 시도가 있었다. 중세 유럽에서 중립국의 권리와 관련한 최초의 조약으로 알려진 1221년 아를르(Arles)와

---

11) *Vattel's Law of Nations*, translated by Joseph Chitty, 1861, p.332.

피사(Pisa) 간에 체결된 조약은 "제노아(Genoese)나 피사의 다른 공적
(公敵, public enemies)의 어떠한 재화라도 아를르 인들이 타고 있는 배
에서 적발될 경우에는 원소유자에게 되돌려져야 한다 : 제노아 선박
에 타고 있는 아를르 인은 제노아 인으로 취급되어야 하고 그들의
재화는 유지된다."는 내용을 담았다.[12] 콘솔라토 델 마레는 14세기
중반쯤 바르셀로나에서 만들어졌다. 그 내용은 "친구를 구하면, 적
에게는 해를 입히게 된다"라고 간략히 언급될 수 있는 단순한 원칙
에 근거하였다.

1. "무장 선박이나 순양함이 적국의 재산인 화물을 운반하는 적국
소속 상선과 만났을 때 무엇을 해야 할지는 상식에 따라 처리하면 충
분하다. 그러므로 이러한 경우를 위하여 별도로 규칙을 제정할 필요
는 없다.

2. 나포된 선박이 중립국의 재산이고 화물이 적의 재산이라면, 나포
자는 적의 화물을 실은 중립 상선에 대하여 배송 항구에서 벌 수 있는
전 운임을 지불하고, 그 포획물이 다시 포획될 모든 위험으로부터 벗
어날 수 있는 안전한 장소로 갈 것을 요구할 수 있다. 그리고 이 운임
은 선박서류를 통하여 확인한다.…

3. 만약 선박이 적국 소속이고, 그 선박에 실린 화물의 전체 또는

---

12) Jean Marie Pardessus' *Us et Coutumes de la Mer; ou. Collection des usages
maritimes des peuples de l'antiquité et du moyen âges.* Paris, 1847, Vol. II, p.303.

일부가 중립국 화물이라면, 합법적 포획물이 된 선박에 대하여는 나
포자와 상인 간에 어떤 합리적인 합의가 이루어져야 한다." 13)

이 규칙에 따르면, 중립국의 선박 안에 있는 적의 재화는 몰수의
대상이 되고, 반면에 우방국의 재화는 비록 적국의 선박에 실렸다고
하더라도 자유롭게 된다. 그 운반체가 어떤 성격이든 간에 주요 목
적은 공해상에서 적의 화물은 몰수하고, 우방의 화물은 존중한다는
것이다. 중립 선박과 중립 화물은 몰수를 면하는 반면에 적국 선박
이나 화물은 포획된다. 유럽 해양 국가들에 의해 콘솔라토 델 마레
가 일반적으로 수용된 것은 아니다. 시대별로 각국의 개별적인 이해
관계에 따라 행동했다고 볼 수가 있다.

네덜란드 ─ 네덜란드는 중립 운송 자유의 최초의 옹호자라는 영
예를 가지고 있다. 16세기 동안 세계의 주요 해운국으로서 네덜란드
는 중립국 선박으로 운송된 화물에 대한 면책권을 획득하는 데 큰
관심을 가지고 있었으므로, 끊임없이 교전 관행의 가혹성을 경감시
키려고 노력하였다. 콘솔라토에 반대하던 네덜란드인들은 "자유로
운 배(중립 선박─역자주)는 자유로운 화물을 만든다(즉, 몰수를 배제한
다─역자주)"는 새로운 원칙을 주장하였다; 즉, 중립 선박은 적의 화
물도 자유케 한다는 것이다. 그들은 다른 나라들도 이 제안을 수락
하도록 유도하였고, 그들의 이러한 노력은 마침내 성공해서 1650년

---

13) Sir C. Robinson's translation of the *Consolato del Mare.* Chapter cclxxiii, Sec. i
ff. Travers Twiss, *The Black Book of the Admiralty.*

에서 1700년 간에 그러한 취지로 다른 나라들과 12개의 조약을 체결
하였다.[14)

  그러나 어떤 조약에서는 '자유 선박, 자유 화물' 원칙이 거꾸로
'적의 선박, 적의 화물'로 최대한 가중적으로 적용되었다. 그 이유는
명백하다. 가능할 때마다 네덜란드인들은 앞에서 말한 조항들만을
조문화시키려고 하였지만, 한 국가가 이를 받아들이지 않는 경우 그
들에게는 '적의 선박, 적의 화물'이라는 반대되는 원칙을 반대급부로
주어야만 하였다. 이 새로운 원칙이 17세기 말까지 조약 규정에 차츰
확립되었고, 네덜란드는 전시 중립 상업의 자유를 앞장서서 개척하
는 위치에 있었다. 그러나 네덜란드인들도 그들이 세우고자 노력하
였던 그 원칙의 이행에 있어서는 결코 언행이 일치되지 못하였다.

  프랑스 ― 프랑스는 그의 위대한 해양시절 동안에 아주 가혹하고
비타협적인 방법으로 교전권을 수행하였다. 16세기 동안 프랑스는
여러 개의 포고령에서 중요한 원칙을 세웠다. 즉, 적의 선박에 있는
우방국의 재산을 합법적인 전리품으로 만든다는 것이다. 1538년[15)],
1543년[16)]과 1584년[17)] 포고령에서 프랑스는 그 원칙을 고수하였다.
"적의 옷은 친구의 옷을 빼앗는다"는 이론에 근거한 이 원칙은 적의

---

14) Jean Dumont, *Corps Universal Diplomatique du Droit des Gens*; with England,
    1667, Vol. XIII, p.50; 1674, *ibid.*, p.253; 1674. *ibid.*, p.282; with France, 1661,
    Vol. XII, p.346; 1662, Vol. XII, p.412; 1678, Vol. XIII, p.350; with Portugal,
    1661, Vol. XII, p.366; with Spain, 1675, Vol. XIII, 285; Sweden, 1667, Vol.
    XIII, p.39.
15) *Recueil dcs Anciennes Lois Franqaises*, Vol. XII, p.552.
16) *Ibid.*, p.846.
17) *Ibid.*, Vol. XIV, p.556.

선박에 실린 친구의 화물을 몰수 대상으로 여겼다.

그러나 17세기 초반에 이르러 이러한 관행이 느슨해지는 경향이 나타났다. 포르테(Porte, 1923년 이전의 터키 왕조– 역자주)와 맺은 조약은 그 포고령에서 규정된 원칙으로부터 벗어난 최초의 것이었다. 이 조약은 1604년에 체결되었는데, 포르테의 적선(敵船)에 실린 프랑스 화물은 소유자에게 되돌려져야 하고, 프랑스 선박에 실린 포르테 적국의 화물은 포획되어서는 안 된다고 하였다.[18] 이 조약 이후 17세기 중반 무렵 프랑스는 중립 선박과 중립 화물들을 몰수 대상에서 면제한다는 네덜란드의 원칙을 채택하려는 경향을 보였다. 1646년에 프랑스는 유나이티드 프로방스(United Provinces, 당시 네덜란드의 공식 명칭– 역자주)와 4년 동안 네덜란드 선박과 중립 화물을 몰수 대상에서 제외시키는 조약을 체결하면서 그 선박들은 설령 그 안에 적에게 소속된 상품이나 곡물 … 등이 있더라도 전시 금제품을 제외한 화물은 자유롭게 하여야 한다고 선언하였다.[19]

같은 취지에서 보면, 1650년의 선언은 이미 인용한 그 이전의 포고령과는 상충된다. 한자도시(Han Towns)들과 맺은 1655년의 조약은, 비록 프랑스 적국의 선박에 실린 채로 나포되었더라도 한자도시 깃발은 중립국 신민의 화물이나 재화를 보호한다고 규정하였다.[20] 스페인과 체결한 1659년의 피레네(Pyrenees) 조약에는 '자유 선박, 자유 화물'(중립 선박상의 화물은 몰수 면제 원칙– 역자주)과 '적의 선박, 적의

---

18) *Jean Dumont, Corps Universal Diplomatique du Droit des Gens*, Vol. X, p.40.
19) *Jean Dumont, Corps Universal Diplomatique du Droit des Gens*, Vol. XI, p.342.
20) *Ibid.*, Vol. XII, p.103.

화물'(적의 선박상의 화물은 몰수 가능 원칙－*역자주*)에 관한 원칙도 모두 규정되어 있다.21) 그러나 프랑스는 곧 종전의 포고령 체제로 되돌아 왔을 뿐만 아니라 가일층 엄격해졌다. 1681년 루이 14세 포고령은 새로운 관행을 수립하였는데, 후에 '적성감염주의(敵性感染主義)'로 알 려진 그 관행은 적의 선박에 실려 있는 우방의 화물이나 중립 선박 에 실려 있는 적의 화물뿐만 아니라 적의 화물을 실은 중립국 선박 까지도 나포와 몰수의 대상으로 하였다. 이때부터 프랑스는 포고령 과 조약에서 이 원칙을 고수하였다: 그렇지만 관행은 아주 불규칙하 고 가변적이어서 이 원칙을 일반화하기는 거의 불가능하였다. 때로 는 '적성감염주의'를, 때로는 '자유 선박, 자유 화물' 원칙을 주장하 였고, 다른 때는 '적의 선박, 적의 화물' 원칙을 다투는가 하면, 또 때로는 두 개의 규칙을 연관짓기도 하였다.

그러나 1744년 이후에는 아마도 네덜란드의 영향으로 좀 더 완 화된 관행이 관측되었고, 교전권의 행사는 적의 화물을 운반하는 중 립 선박을 몰수하지 않을 정도로 느슨해졌다. 1778년 미국과 체결한 조약에서 프랑스는 '자유 선박, 자유 화물'과 '적의 선박, 적의 화물' 이라는 두 가지 원칙을 모두 채택하였다.22)

스페인 － 초기 관행에서는 스페인은 프랑스를 엄격히 따라 하였 고, 적의 선박에 있는 중립국 화물뿐만 아니라 중립국 선박에 있는

---

21) *Ibid.*, p.264.
22) *Treaties and Conventions between the United States and other Powers*, 1871, pp.249, 251.

적국의 화물을 몰수하였다. 스페인은 적성감염주의까지도 따랐다. 1650년에 체결된 네덜란드와의 조약에 의하면, 스페인은 '자유 선박, 자유 화물' 원칙(즉, 중립선박 몰수 배제 원칙-역자주)을 채택하였다. 이 원칙은 이후 많은 조약에서도 확인이 되었지만, 1780년에 와서야 스페인 국내법으로 명백히 그리고 최종적으로 중립 선박에 적재된 적국의 화물을 억류하지 않게 되었다.

프러시아 - (자산몰수검토) 위원들의 건의에 따라 '자유 선박, 자유 화물' 원칙(즉, 중립선박 몰수 배제 원칙-역자주)이 프리데릭 대제의 선언에 구현되었다. 1751년 프리데릭 대제는 영국의 셀레지아 채권자들의 자산몰수에 대한 합법성을 검토할 위원회를 임명하였다. 위원들은 그 당시 인정되던 한계를 넘는 중립적인 요구들을 밀고 나갔고, 그것이 수년 후 확립된 국제법의 룰이 되는 몇 가지 원칙들의 초석이 되었다.[23] 그들은 전시 금지품을 제외하고는 평화시와 마찬가지로 전시에도 교전국의 어느 편과도 통상적인 무역을 할 수 있는 중립국의 권리를 주장하였다.

그들은 중립 역사상 처음으로 '자유선박, 자유 화물' 원칙(중립선박 몰수 배제 원칙-역자주)이 현실적인 국제법 원칙이라고 선언하였다. 이 선언은 보편적으로 인정된 중립권 주장의 효시인 것으로 자주 언급되고 있다. 그러나 이러한 주장은 프러시아에 의해 모두 포기되었다.

---

23) T. A. Walker, *The Science of International Law*, p.401.

영국 ― 대영제국은 상당한 엄격성을 가지고 원칙적으로 콘솔라토 델 마레 법칙을 지지한 유럽에서 유일한 강대국이었다. 영국은 항상 이 오래된 법칙을 국제법의 원칙으로 인정하였다. 그러나 현실적으로는 영국도 항상 일관성이 있었던 것으로는 보이지 않는다. 네덜란드에 의해서 '자유 선박, 자유 화물'(중립선박 몰수 배제 원칙- 역자 주)이라는 새로운 원칙이 소개된 이래 영국은 1654년 포르투갈과의 조약에서 처음으로 이 원칙을 채택하였다.24) 그러나 이것은 '자유 선박, 자유 화물'(중립선박 몰수 배제 원칙- 역자/주)과 '적의 선박, 적의 화물'(적의 화물 몰수- 역자/주)이라는 두 원칙의 최대한의 조합일 뿐이었다. 이 조약은 1810년 개정 때까지 유효하였고, 그 후 리오 데 자네이로 조약에 의해서 포기되었다. 그러나 1661년 네덜란드(United Provinces)와 1655년 덴마크와의 조약 체결 때까지는 이 오래된 원칙은 변경되지 않았다.

영국은 때로는 다른 나라들과는 아주 정반대 성격의 조약을 체결하였다. 1662년 스페인과의 조약에서는 새로운 원칙이 포함되었는데, 그로부터 1796년까지 스페인과 13개의 조약을 체결하였고, 1670년 조약을 제외하고는 각각 새로운 원칙을 인정하는 조항이 있었다. 때로는 영국은 이런저런 구실로 프랑스의 적성 감염주의 관행까지 채택하기도 하였다.25)

18세기까지는 엄격하게 식민지 및 연안무역을 자신들의 선박에게만 허용하면서, 자신들의 식민지와 통상하는 외국 선박은 배제시

---

24) Dumont, *Corps Universal Diplomatique*, Vol. XII, p.82.
25) L. A. Atherley-Jones, *Commerce in Time of War*, pp.285-286.

키는 것이 모든 유럽 국가들의 관행이었다. 1756년 전쟁 때 영국에 비해 열등한 해군력을 가진 프랑스는 네덜란드의 중립 선박에 특별 라이선스를 줘서 상업화물을 운반하도록 함으로써 다른 중립국에는 전혀 허용하지 않았던 식민지 무역을 허용하였다.

영국은 평화시에 금지된 무역이 전시에 허용될 수는 없다는 이유로 네덜란드 선박을 나포하고, 이를 합법적 포획물로서 몰수 선고를 하였다. 이 원칙은 그 이후 1756년 전쟁 규칙으로 알려져 왔다. 네덜란드가 실질적으로 프랑스의 전쟁 부역에 종사하기 때문에 더 이상 중립으로 간주될 수 없다는 이유로 영국의 입장은 정당화되는 것으로 보였다. 그러나 주요 어려움은, 식민지 무역은 배타적으로 식민 모국의 이익에 부합되도록 수행되어야 한다는 오래된 통상이론에 있었다. 이 이론은 자유통상의 새로운 세계에서는 더 이상 수용될 수가 없었던 것이다.

B. 중립 통상의 한계

전시 금제품(Contraband of War) ― 교전국의 전시 금제품 포획권은 교전국의 전쟁대권에 기초하고 있는데, 그 정당성은 논란의 여지가 없는 것으로 항상 인정되어왔다. 그러나 무엇이 전시 금제품인가 하는 질문에 대해서는 의견이 일치되지 않았다. 금제품에 대한 그로티우스의 세 가지의 일반적 분류, 특히 전시나 평시 목적 모두에게 이용될 수 있는 세 번째 분류인 '양면적 용도(Usus Ancipitis)'는 일반적으

로 받아들여지지 않았다. 세 가지의 분류란 (1) 무기와 같이 전쟁에
서만 사용될 물건, (2) 사치 목적에만 이용되는 것으로 전쟁에서는
무용지물인 물건, 그리고 (3) 전쟁이나 평화에나 모두 이용되는 물건
이다.26) 전시 금제품 분류에 있어 각기 다른 나라들의 관행은 통일되
어 있다기보다 매우 다양하다.

　17세기 동안, 조약 조문에 전시 금제품목을 열거하는 식으로 전
시 금제품의 일반원칙을 작성해 보려는 시도가 있었다. 전시 금제품
이란 용어는 영국과 네덜란드(the Low Countries) 간의 1625년 조약에
서 처음 사용되었다. 영국과 스웨덴은 1656년에 전시 금제품 리스트
에 관해 합의하였다. 어떤 조약은 전쟁에 사용될 목적이 아닌 식료
품을 전시 금제품 리스트에서 제외시켰다. 프랑스는 1659년 한자도
시(Han Towns)와 체결한 피레네 조약에서 봉쇄되거나 포위된 장소로
향하는 목적이 아니라면, 식료품은 금제품 조항으로부터 면제됨을
인정하였다.27) 1667년과 1677년에는 영국이 프랑스와 체결한 조약
에서 말, 마구, 무기와 탄약 등은 금제품이라고 선언한 반면에 화폐,
식량과 심지어 선박 비축물자까지도 금제품 리스트에서 제외하였
다.28)

　해상봉쇄 - 봉쇄의 목적은 봉쇄된 지역의 주민들이 외부 세계와
해상을 통한 상업거래를 못하게 함으로써 적을 제압하려는 것이다.

---

26) *Grotius*, translated by Whewell, Vol. III, pp.6-7.
27) Dumont, *Corps Universal Diplomatique*, Vol. XII, p.266.
28) *Ibid.*, p.328.

이는 전쟁 대권으로부터 나오는 교전권의 하나로서, 해상봉쇄는 당연히 중립적 이해와 충돌하게 된다. 교전국은 명백히 적을 굴복시킬 필요한 수단이나 조치를 구사할 권한을 가진다고 항상 주장되어 왔다. 이러한 주장은, 중립국 사람들은 선의의 상업도 영위할 수 없다는 정도까지 오게 만든 것이다. 포위를 유지할 실제적 힘도 없이 말로만 하는 서류상의 봉쇄는 중립적 상업행위에 반하는 교전국의 극단적 주장의 예이다. 1584년 네덜란드가 플랑더스(Flanders) 항구는 봉쇄되었다고 주장하였지만, 네덜란드는 이러한 선언을 효과적으로 실천할 만한 해군력이 없었다.

18세기 동안 다수의 조약은 봉쇄의 악의적 측면을 완화시키려는 유럽 국가들의 경향을 보여준다. 통상(通商)의 점진적인 발전과 함께 해상봉쇄를 실시하는 나라들의 행동과 봉쇄 돌파자들에 대한 처우를 규제하려는 시도가 있었다. 1630년 네덜란드 국회는 중립국 측에서 봉쇄를 위반한 어떤 실제적 행동이 제시되지 않는다면 중립국 선박은 봉쇄 돌파로 기소될 수 없다는 법령을 공포하였다. 1689년에 영국은 네덜란드와의 조약에서 중립국 선박이 그들의 항구를 떠나기 전에 해상봉쇄의 공식 통보가 공시되지 않는다면, 그 선박은 해상봉쇄를 존중하지 않아도 된다고 규정하였다. 그러나 해상봉쇄 문제가 심각한 시험대에 올라 이것이 해상봉쇄에 대한 근대적 규칙으로 발전된 것은 그 다음 시기에 와서였다.

검문과 검색권(The Right of Visit and Search) ─ 여러 분야의 교전권

중에서 검문과 검색권은 가장 직접적으로 중립 통상의 자유에 영향
을 준다. 검문과 검색 없이는 전시 금제품 금지나 해상봉쇄 실시와
같은 다른 모든 권한의 행사는 행사 자체가 불가능하다. 이 권한은
일찍이 1164년 회교 국가들과의 관계에서 유럽의 해양 강국들에 의
해 인정되었다.29)

그러나 호송(護送) 문제를 제외하고는 19세기 이전에는 학자들은
이 권한의 발전에 관하여 거의 언급이 없었다. 호송은 자국 군함의
호송하에 항해를 하는 중립 상선에 대하여는 통상 요구되는 검문 및
검색을 면제시켜 준다는 새로운 제도였다.

이 제도는 17세기 중반에 소개되었으며, 유럽 대륙의 많은 국가
들에 의해 채택되었다. 1653년 영국과 네덜란드 간의 전쟁 동안 스
웨덴의 크리스티나 여왕은 가능한 모든 수단을 동원해서 호송선박
은 호송을 받고 있는 상선이 수색당하는 것을 거절하도록 명령을 내
림으로써 이 제도를 시작하였다.30) 영국은 끊임없이 이 규칙의 효력
을 부인하였다.

III. 중립 관할권

---

29) Travers Twiss, *The Law of Nations, The Rights and Duties of Nations in Time of War*, p.147.
30) John Thurloe, *A Collection of State Papers*, Vol. I, p.424.

영토와 영해(領海)에 대한 중립 관할권의 배타성은 국가주권 원칙의 필연적인 결과이다. 그러므로 중립 관할권의 범위 내에서는 어떠한 적대 행위나 비중립적인 서비스도 허용되지 아니한다. 어느 한쪽이라도 그렇게 하지 않으면 중립은 완전하지 않게 된다. 3마일 영해 관할권을 포함하여 중립국가에 속하는 어떤 영토도 적대적 군대나 해군의 작전기지로 이용되어서는 안 된다.

그러나 초기 전쟁 행위에 의한 이 규칙 위반은 예외적이라기보다 거의 일반적인 관행이었다.[31] 중립에 대해 모호한 개념을 가진 그로티우스는 원인이 불명한 전쟁에서 중립측은 교전 중에 있는 "각 당사국에게 통과를 허용하고 식량을 제공함에 있어서" 양측에 동등하게 행동해야 한다고만 주장하였다.[32]

16, 17세기 동안 중립국은 자국 관할지역에서 큰 논란 없이 교전국 일방이 병력을 모집하고 육군과 해군력을 양성하고, 군함에 화물을 싣고 장비를 갖추는 것을 사실상 허용하였다. 영국의 찰스 1세는 구스타부스(Gustavus) 깃발 아래 자신의 신민들로 구성된 6천 명의 원정대의 파견을 허용하였다. 1667년 영국 땅에서 프랑스와 네덜란드를 위한 징집이 자유롭게 이루어졌다. 찰스 2세는 프랑스인들과 함께 복무하고 있는 그의 예비연대를 철수시켜 달라는 동맹국들의 요청을 받았고, 결국 찰스는 동등한 지원을 구실로 양해를 받았다.[33] 수많은 조약들이 상호지원이라는 명분 아래 체결되었다. 스웨덴과

---

31) Richard Henry Dana, *Notes on Wheaton's International Law*, 1866, 8th, Ed., Sec. 526.
32) *Grotius*, translated by Whewell, Vol. III, p.293.
33) *Sir Thomas Burnet's History of His Own Time*, Vol. I, p.406.

영국은 전쟁의 기미만 있으면 육군과 해군을 양성하고 또한 상대방 관할권 안에서 군함을 빌리기로 합의하였다.[34] 이렇게 해서 실질적으로 모든 유럽 강국들은 "엄격한 중립상태"에 있으면서 자유로이 교전국을 지원하였다.

그러나 조약 규정의 성격에 괄목할만한 변화가 있었다. 이러한 조약들은 처음에는 대부분 방어적인 성격이었으나, 그들은 상호 전쟁 지원을 약속함으로써 실제로는 공격적이었다. 이 공격적 성격의 조약은 곧 각자가 타방의 적에게 지원군이나 보조금을 지원하지 않기로 약속함으로써 이러한 방어적 동맹의 금지로 변형되었다.

루이 14세와 브룬스윅대공간의 1675년 조약으로 자국 내에서 어떤 모병도 허용하지 않으며, 상호 영토 위에 군대의 통과를 허용하지 않고, 어떤 종류의 무기고 조성도 허용하지 않기로 합의하였다.[35]

교전국이 중립국에게 요구할 수 있는 것은 고작 그의 적에게 현실적 지원을 해주지 말라는 것과 중립 영토가 적대 행위의 근거지로 사용되어서는 안 된다는 것이었다. 이 중립 의무라는 개념은 너무 모호하고 불완전해서 18세기 말까지 그 신민이 그 관할권 내에서 어떠한 적대행위를 하지 말라고 할 정도의 중립국의 의무에 대한 문제조차 제기되지 않았다.

---

34) Dumont, *Corps Universal Diplomatique*, Vol. XII, p.125.
35) *Ibid,*, Vol. XIII, p.314.

제 2 장
중립의 역사
−1776년에서 1793년까지−

I. 머리말

　　미국의 독립선언은 국가 간의 평화와 통상의 자유를 증진시키고, 특히 중립국의 권리 및 의무와 보조를 맞추면서, 국제법을 발전시켜 나갈 새로운 국가의 탄생을 세계만방에 선포하였다. 진정하고도 항구적인 국가의 이익은 유럽 국가들의 간섭으로부터 벗어나는 데 있다고 본, 아주 유능하고 통찰력 있는 대통령의 지도력 아래, 미국은 건국 초기 단계부터 가장 진보되고 분명한 중립의 원칙을 제시하였다. 1776년부터 1793년 기간 동안, 개인들의 통상의 자유는 물론이고 중립 국가의 의무는 과거 그 어느 때보다 더욱 명확해졌다. "새로운 세계에서 새로운 국가"라고 존 포스터(John Foster)는 다음과 같이 말하였다.

　　　　"구시대의 관습과 제도에 얽매이지 않고, 하루아침에 강력한 힘과 위대한 국가로서 정치적 존재가 시작될 때부터, 스스로 그보다 자유로운 상업, 성실하고 진정한 중립, 전시 사유재산에 대한 존중, 자연권과 정의의 가장 진보된 관념의 수호자가 되었다. 또한, 1세기라는 짧은 역사에도 불구하고 지속적으로 향상된 원칙들을 대변함으로써 많은 나라들이 이 숭고한 원칙들을 인식하도록 하는 데, 세계의 다른 어떤 나라보다 더 큰 영향력을 행사하였다."[1]

아담 스미스 이전 시대에 유럽의 케케묵은 상업적 원리는 힘이었지 권리(법)가 아니었다. 유럽 국가들은 식민국과의 무역에서 권리가 없다는 것을 인정하였다. 그에 비해 미국은 항상 자유통상을 위해 투쟁하였다. 혁명전쟁 그 자체는 대체로 모국의 간섭 없이 미주 대륙의 방대한 천연자원 개발에 대한 욕망에 의해 활성화되었다. 유럽 국가들의 부당한 교전권 행사와 중립 책임에 대한 불규칙한 준수가 미국에서 더 나은 통일된 규칙을 세우자는 자각된 욕구를 낳았다.

II. 이 기간 유럽의 중립에 관한 관행

A. 비중립적 행위

미국의 독립전쟁이 성공하리라는 확신을 가질 수 없었던 날들에

---

1) John W. Foster, *A Century of American Diplomacy*, p.3.

유럽에서 프랭클린의 외교는 대단히 성공적이었고, 곧 프랑스 왕실로부터 군사원조를 약속받았다. 1776년 9월 디엔(Deane)은 로버트 모리스(Robert Morris)에게 "10월에 당신에게 2만 명 분의 옷, 수발총 3만 정, 100톤의 화약, 200문의 놋쇠 대포, 24문의 포탄이 딸린 박격포 등등을 보내겠습니다."2)라고 편지를 썼다.

프랑스는 평소대로 미국 전쟁에 대한 간섭의 합법성 또는 불법성을 심사숙고해 보지 않았다. 만약 프랑스가 미국에게 공개적인 지원에 대해 주저하는 모양을 보였다면, 이는 중립행위에 대한 고려 때문이 아니고, "영국의 보복을 불러오지 않을까 하는 두려움 때문이었을 것이다.3) 사실 프랑스는 처음에는 공공연히 (지원하지는) 않았지만, 1776년부터는 식민지(미국)에게 모든 종류의 전쟁물자를 제공하였다.4) 미국인들에게 각종 군사물자를 팔 목적으로 설립된 오탈레 에시에(Hotalez et Cie)라는 가공의 상업회사는 사실상 (영국에 대한) 적대행위에 참여하였다. 그 회사는 1776년부터 1783년까지 존속하였는데, 이 기간 동안 미국혁명에 대한 지원금은 2천 1백만 리브르를 상회한 것으로 추정된다.5) 더욱이 순양함들이 프랑스 수역에서 미국인들에 의해 자유롭게 설비를 갖추었고, 그 배에는 프랑스인들이 탑승하였다.6)

---

2) Francis Wharton, *The Revolutionary Diplomatic Correspondence of the United States*, Vol. II, p.148.
3) M. Vergennes' *Memorial to Louis XVI* assured him that "the danger will not be incurred", even if the assistance were given.
4) *Franklin's Complete Works*, edited by Sparks, Vol. VIII, pp.190−192.
5) Foster, *Cent. Am, Dip,*, p.16.
6) Henry Wheaton, *History of the Law of Nations*, p.291.

마침내 부르공의 완전한 항복이 프랑스의 두려움과 의문을 걷어
내자마자, 프랑스는 1778년 2월 6일 두 개의 독립된 조약에 서명함
으로써 미국 공화국의 독립을 공공연하게 승인하였다.[7] 첫 번째 조
약은 우호와 통상에 관한 것이었고, 두 번째 조약은 방어동맹에 관
한 것이었다. 프랑스 왕실은 미국이 사실상 독립을 쟁취한 상태에
있다면서 자신을 정당화하려고 노력하였다. 그러나 그 승인은 시기
상조였고, 프랑스는 그 승인 때문에 대영제국이 프랑스에 대해 전쟁
을 선포하리라고 예상하고 있었다.

이들 조약들에 프랑스는 미국의 독립을 인정하는 문구를 넣었는
데, 전시 공동으로 군사행동을 취하고, 종전 후 영국과의 평화협상
을 할 때, 공동협의와 상호동의 그리고 미국 내 프랑스 자산에 대한
보장 등이 포함되어 있었다.[8] 우호통상조약 제17조는 "전쟁 당사국
중 어느 일방의 군함과 사략선(私略船: 전시에 적선을 나포할 수 있는 면
허를 가진 민간 무장선. 중세 해적의 변형된 형태이다─ 역자주)이 적으로부
터 빼앗은 선박과 재화를 원하는 어디로든지 운반하는 것은 합법적
이고…[9] 반면에 기상(氣像)의 압력을 제외하고는 그들의 항구에 어느
일방 당사국의 신민, 사람이나 재산을 포획한 자들에 대해 어떠한
보호소나 피난처도 제공되어서는 안 된다"는 것을 적시하였다. 더
나아가 제22조는 어느 당사자의 항구에서도 외국 사략선들은 장비
를 갖추거나 그들의 포획물을 팔아서도 안 된다고 규정하고 있다. 이

---

7) *Treaties and Conventions, Senate Document*, 41st Congress, 3rd Session, 1871,
   pp.241−253.
8) *Treaties and Conventions*, 1871, pp.241 *et seq.*
9) *Ibid.*, p.251.

조약들의 협상은 1776년에 그 목적으로 만들어진 위원회의 위원 중 의회에서 임명된 한 위원인 존 아담스(John Adams)에 의해 기초된 "국제법의 보편적 원칙"이라는 괄목할 만한 원고에 근거를 두었다.

이들 규정 중 프랑스가 확보한 두 개의 특권, 즉 (1) 프랑스의 적들을 배제한 채 포획물을 실은 프랑스 사략선의 입항 허용과 (2) 프랑스의 군함들에 대한 휴식, 식량 공급, 수리 허용10) 등은 그 후 심각한 논란을 불러일으켰다. 후자의 특권은 영사조약의 규정과 함께 (후에 설명할) 지네(M. Genet)의 주장에 대한 기초를 구성하였다. 비록 '명문화된 원조'의 합법성은 과거부터 거부되어 왔었지만, 오늘날에 와서야 여론은 완전한 비(非) 지원(non-assistance)을 지지하기 시작하였다. 이 견해는 미국에 의해 강하게 주장되었고, 1785년에는 프러시아와의 조약에서 어떠한 군사적 원조도 중립과 양립할 수 없다는 취지의 한 조항이 삽입되었다.11)

1779년에는 스페인이, 1780년에는 네덜란드가 영국과 전쟁을 하게 되었다. 종교적으로나 정치적인 이유로 스페인 사람들은 미국 혁명에 대해 공감대를 가지지 않았다. 그러나 미국인들의 군사적 성공에 고무되어 스페인 정부는 지브롤터(Gialtar) 해협을 다시 찾게 되리라는 희망에서 영국에 대해 전쟁을 선포하였다. 네덜란드인들 간에는 미국의 영향은 프랑스에서만큼이나 컸다. 사실 미국에 대한 그들

---

10) *Ibid.*, p.250.
11) *Treaties and Conventions*, 1871, p.712.

의 동정은 아주 강해서 선의의 중립을 지킬 수 없을 정도였다.

1780년 12월 20일 네덜란드(United Provinces)에 대한 영국의 전쟁 선포는 미합중국의 독립을 인정하는 비밀조약을 체결하였을 것이라는 그들의 추정과 현존하는 조약에 규정되어 있는 대로 영국에 대한 지원을 하지 않았다는 데에 근거를 두고 있었다.[12] 전쟁을 선포하기 전에 제1차 무장중립동맹이 형성되었고, 네덜란드(United Provinces)도 여기에 초대를 받았다. 네덜란드 의회(States General)가 결정을 못하고 있는 동안에 프랑스와 영국은 그 국가(네덜란드)에서 외교적인 각축을 벌이고 있었는데, 프랑스는 네덜란드의 중립 견지를 확인하려고 노력하였고, 영국은 네덜란드와의 이전 조약에 규정된 대로 군사적 지원을 요구하고 있었다.

마침내 영국의 왕실은 네덜란드 의회에게 만약 약속된 지원이 3주 안에 이루어지지 않는다면 네덜란드의 배는 더 이상 조약에 규정된 특권을 가지지 못할 것이라는 취지의 통보를 하였다. 그 이후 곧 영국 정부는 적의 항구 사이를 운행하는 네덜란드 선박을 나포하라는 지시를 내렸다.[13] 영국의 위협에 직면하여 네덜란드는 무장중립(동맹)에 가입하였고, 그 후 네덜란드는 반대로 비록 성공을 거두지는 못하였지만, (무장중립) 동맹협약에 규정된 지원을 요구하였다.[14]

---

12) Wheaton, *Hist. Law of Nations*, p.303.
13) *Ibid.*, p.302.
14) G. F. de Martens, *Recueil des Traites*, Vol. III, p.223.

B. 중립통상의 무시

만약 중립국 프랑스가 미국에게 전쟁지원을 할 수 있었고, 중립국 네덜란드가 대영제국과의 (조약에) 규정된 지원을 하지 못한 데 대해서 전쟁선포로서 응징을 받은 것이 중립국 행동의 기준이었다면, 중립통상권이 무시되었더라도 전혀 놀랄 일이 아니다. 프랑스가 가장 보편적인 중립원칙들을 몰래 위반하고 있는 동안에도, 중립통상에 위반되는 관행을 자국 입법에서 유지하였다. 적의 선박에 있는 화물은 적의 화물이라는 원칙은 1704년, 1744년과 1778년에 거듭 주장되었다.

그러나 '자유 선박(중립선박), 최대한 몰수 배제'가 규정된 미국과의 우호통상 조약이 체결된 이후, 중립통상 처리에 괄목할만한 변화가 일어났다. 같은 해 7월 26일 프랑스 정부는 미국인에게 허용된 이익을 모든 중립국인들에게 확대하는 칙령을 발표하였다. 이 칙령에 의하여 프랑스 선박들이 적의 항구로부터 출입하는 중립 선박을 나포하지 못하도록 하는 한편, 왕실은 만약 적이 6개월 내에 상호적인 조치를 취하지 않는다면 이러한 면책을 취하하는 권리를 유보하였다.[15] 이 정책은 대체로 다음에 등장할 중립국들을 회유하려는 의도에서 발동되었다.

1779년 1월 프랑스 정부는 네덜란드를 제외한 모든 중립국들의

---

15) *Recueil des Anciennes Lois Frangaises*, Vol. 25, p.366.

항해에 관해 발령한 1778년 7월 26일자 구(舊)칙령의 효력을 정지시키는 또 다른 칙령[16]을 발표하였다. 이렇게 해서 미국과의 우호통상조약에 구현된 '자유 선박, 자유 화물'(즉, 중립국 화물 몰수 배제— 역자 ㈜) 조항에 기초한 중립무역의 면제는 네덜란드를 제외한 모든 다른 중립국에게는 부인되었다.[17] 이 정책은 대영제국이 요구한 지원을 주는 대신에 네덜란드가 중립으로 머물러 있도록 하기 위해 네덜란드에게 제시된 유인책으로서 프랑스 정부에 의해 추진되었다.

그 이외에도 구(舊)칙령의 정지를 더 정당화시킬 수 있는 또 다른 이유가 있었는데, 즉 영국이 교전권을 계속 가혹하게 행사하였기 때문이었다. 프랑스 정부가 이 칙령을 발표하였을 때, 적이 비슷한 조치를 취할 것을 거부한다면, 이러한 특권을 철회할 권한은 분명히 유보되었다. 이러한 상호주의적 조치를 취하는 대신, 영국은 1780년 3월 칙령에 의해, 네덜란드 의회가 1674년 조약의 상호주의 조건을 이행하기를 거부하였다는 구실로 1674년 네덜란드(United Provinces)와 맺은 동맹조약에 구현된 중립통상과 항해에 관한 모든 특별 약정을 중단시켰다.[18] 이 명령은 곧바로 네덜란드로 하여금 제1차 무장중립동맹에 가입하도록 만들었다.

한편으로는 프랑스, 스페인과 네덜란드의 단일화된 통합 군사력에, 다른 한편으로는 미국을 대처해야 할 급박한 위험에 직면하여,

---

16) *Recueil des Anciennes Lois*, Vol. 26, p.10.
17) Wheaton, *Hist. Law of Nations*, pp.294, 302.
18) Flassan, *Histoire Generale Raisonnee de la Diplotnatique Frangaise*, Vol. VII, pp.282−297.

영국 왕실은 우호적인 태도로 러시아 정부에 접근을 해서 우의를 다지기 위해 제임스 헤리스(James Harris) 경을 러시아로 파견하였다. 캐서린(Catherine) 여왕은 영국의 견해에 상당히 동조하였지만, 프랑스와 프러시아에 기울어져 있는 수상격인 패닌(Panin) 백작은 이 동맹(러시아와 영국의 동맹-역자주)으로서는 러시아의 이익을 유지할 수 없다고 캐서린 여왕을 설득하였다.[19]

두 정부가 외교적 화해로 접근하고 있고, 그것에 대항해서 세인트 피터스버그(St. Petersburg) 궁정에서의 정치적 음모가 진행되는 동안, 교전권을 엄중히 행사한 한 사건이 북방 국가들로 하여금 영국에 대항하는 연합 결성을 촉진하였다. 콩을 실은 2척의 러시아 선박이 영국에 넘겨줄 목적으로 지브롤터로 향하고 있다는 이유로 스페인 군함에 의해 나포되었다.[20] 이것은 사실 당시로서는 전혀 이상할 것이 없었지만, 프랑스-미국 조약에 의해 도입되고 프랑스 칙령에 의해 선포된 '자유 선박, 자유 화물'(중립선박은 몰수배제-역자주) 원칙은 의심할 여지없이 북부 중립 국가들에게 극단적인 교전권의 행사에 대한 대항을 부추겼다.

스페인 군함들에 의한 러시아 선박의 나포 직후, 파닌(Panin)의 충동을 받은 러시아의 여황제는 후에 제1차 무장중립(동맹)의 기초가 되는 유명한 선언을 하였다. 이 선언은 1780년 2월 26일 작성되었는데, 이 선언에서 제시된 원칙들은 다음과 같다:

(1) 모든 중립 선박은 교전 중에 있는 국가들의 항구와 항구, 그리

---

19) Flassan, *Diplomatique Francaise*, Vol. VII, p.272.
20) Wheaton, *Hist. Law of Nations*, p.296.

고 연안을 자유롭게 항해할 수 있다.

(2) 전시 금제품을 제외하고는 중립 선박에 있는 교전국 신민 소유
의 화물은 몰수되지 아니한다.

(3) 위에서 언급한 화물의 명세에 관하여 여황제는 영국과 체결한
조약의 제10조 및 제11조에 규정된 것을 인정하고, 이 의무를 모
든 교전국들에게 확대한다.

(4) 무엇이 봉쇄된 항구인가를 결정하는 것은 그 항구를 공격하는
국가의 함선들이 그 항구에 충분히 가까운 곳에 포진하고 있어,
그 항구에 진입하려고 시도할 때 분명한 위험이 있는 경우에 한
한다.21)

러시아 여황제가 선언한 원칙들은 다른 북부 국가들에 의해 수락
되었고, 저 유명한 동맹이 단숨에 조직되었다. 이 동맹은 모든 교전
국의 위반행위에 대항하여 군사력으로 중립국의 권리를 보호할 의도
를 밝혔다. 이것은 "1783년 평화시까지 대영제국의 안전을 지속적으
로 위협하였다."22) 베르사이유 평화(체제)가 영국을 한 축으로 하고,
미국과 프랑스, 스페인을 다른 축으로 하던 전쟁을 종식시키자마자
북부 국가들은 제1차 무장중립동맹에 대해 흥미를 잃기 시작하였다.

프랑스 혁명전쟁 기간 중 이 동맹의 모든 회원국들은 그들이 그
토록 엄숙히 지지하였던 원칙들을 사실상 포기하였다. 러시아 자신

---

21) Martens, *Recueil des Traites*, Vol. III, p.159.
22) Wheaton, *Hist. Law of Nations*, pp.303-4.

은 스웨덴과 덴마크로 하여금 프랑스와 모든 상업적 거래를 중단하도록 유도하는 영국 및 프러시아와 이해를 같이 하였다. 1793년 러시아, 스페인, 프러시아, 포르투갈과 신성로마제국은 프랑스와의 모든 교역을 금지시키려는 영국과 연합하였다.[23] 대륙세력의 지원을 받은 영국은 1793년 미국의 독립전쟁 동안 무시되었던 1756년의 전쟁규칙을 재현시켰다. 이 규칙에 의해 프랑스 영역이나 프랑스 식민지에서 나온 생산물이나 프랑스 식민지나 프랑스 항구로 향하는 식량이나 전쟁무기를 실은 모든 중립국의 선박들은 영국 함정에 의해 무자비하게 나포되었다. 이런 광범위한 몰수 상황에서 미국 선주들이 큰 고통을 겪었다. 왜냐하면 모든 유럽 국가들은 모두 전쟁 당사자인 반면에, 그들(미국)은 유일한 중립 운송자였기 때문이다. 1793년 영국은 1756년의 전쟁규칙을 미국과 프랑스령 서인도제도간의 무역에 적용하였고, 이 조치는 '평화시에 금지된 무역은 전시에도 허용되어서는 안 된다'는 종전의 원칙에 따라 윌리엄 스코트(William Scott) 경을 포함한 영국 법률가들에 의해 열렬한 지지를 받았다.

그러나 사실은 1756년과 1793년의 두 케이스 간에는 유사점이 없었다. 전자의 경우에는, 네덜란드가 교전중인 프랑스의 특별면허 아래 그들의 중립선박을 무장시킴으로써 스스로 적대적 관계의 프랑스 편에 서 있다는 것을 나타낸 명백한 근거가 되기 때문에, 중립국 네덜란드에 의해서 운반된 재산은 정당하게 적의 재산으로 간주되었다. 그러나 후자의 경우에는 어떤 특정 국가의 특별면허가 없었

---

23) Martens, *Causes Célèbre*, Vol. IV, pp.47-49.

다. 식민지 무역은 전적으로 모든 중립국에게 어떠한 차별도 없이
개방되었다. 변화된 조건에 옛 원칙을 적용한다는 것은 영국 무력의
무자비한 행사일 뿐이었다.

이 규칙의 이행에 추가하여 영국 정부는 1793년과 1794년에 몇
개의 칙령을 공포하였는데, 그 중에서도 가장 악명 높은 것이 1793
년 6월 8일의 것이다. 이것이 저 유명한 1793년 9월 7일의 제퍼슨
훈령을 낳았다.

이 기간과 그 이후 기간의 중립법의 역사는 주로 유럽과 미국 간
의 투쟁과 논쟁의 연속이었는데, 전자(유럽)는 전시 중립통상을 규제
할 교전국의 권리를 주장하였고, 후자(미국)는 평시와 마찬가지로 전
시에도 관행으로서 통상을 계속해야 한다는 중립국의 권리를 주장
하였다.

III. 중립에 관한 미국의 관행

A. 일반적인 역사

혁명전쟁 기간 미국은 유럽에 존재하고 있는 국제법의 일반원칙
을 그대로 채택하였다. 1776년 의회는 해외에 있는 미국 외교관들이
다른 나라들과의 조약 교섭시 일관되게 따라야 할 국제법의 일반원
칙을 입안하도록 위원회를 임명하였다. 디킨슨, 프랭클린, 존 아담

스, 벤자민 헤리슨과 로버트 모리스로 구성된 위원회는 대체로 아담
스의 작품인 초안을 의회에 제출하였다. 이 초안에서 다음과 같은
사항들이 확인되었다.

- 각 체약 당사국의 국민은 상대방 국민이 지불해야 하는 것 이외의
다른 의무 또는 부과금을 지불하지 않지만 무역, 항해 및 통상에서는
상대국의 내국민과 같이 모든 권리, 자유, 특권과 면제를 향유한다;

- 각 체약 당사국의 군함과 호송선은 상대방 국민 소유의 모든 선박
과 재산을 보호하고 방어한다; 적의 선박에 실려 있는 중립화물은 선전
포고 이전에 실려 있지 않는 한 압수된다;

- 각 체약 당사국의 군함과 사략선은 상대방 체약 당사국의 신민이
나 재산에 대해 피해를 주어서는 아니 되며, 각 체약 당사국의 신민들은
이러한 손해나 피해나 상해를 가하는 행위를 금지한다;

- 각 체약 당사국 신민은 상대방 체약 당사국의 선박이나 선박들에
대하여 사략선으로서 행동하기 위해 어떠한 위임장이나 선박 나포 면허
장을 신청하거나 발부받아서는 안 된다; 그리고 각 체약 당사국 신민들
이 어떤 한 항구에서 체약 당사국과 적대관계에 있는 장소로 (이동할 때
에는) 자유와 안전을 준수하는 태도로 항해해야 한다.

이 초안에 대하여 존 포스터(John W. Foster)는 "그 당시까지 어떠
한 조약에서도 포함되지 않았던 원칙들을 제시하였으나, 그때부터
모든 나라들에 의해서 인정되었던 원칙들 … 종전보다 중립에 대해
더 완벽하고 올바르게 정의를 내렸으며, 따라서 상거래에 대해 과거
에 향유하지 못하였던 보장을 받게 되었다."고 말하였다.[24)]

미국 정부는 1784년까지 영국의 국제법 관행을 준수해 왔는데, 그때 의회는 조약 교섭의 기초로서 무장중립 원칙을 따르라는 지시를 해외 공사들에게 내리면서, 이 경우 다른 교전국들에 의해 호혜적으로 인정될 것인지를 알아보라는 훈령을 보냈다.[25] 1778년 프랑스와의 조약은 위에서 언급한 대로 1776년 위원회에 의해 제시된 바와 같이 분명히 초안에 구현된 원칙에 기초하고 있다.

이들 원칙에 기초를 두고 있는 다른 중요한 조약으로는 1782년 네덜란드와의 조약을 들 수가 있다. 네덜란드와의 조약은 전시 금제품 수송이 아니라면, 적의 항구 사이를 항해하는 체약(締約) 당사국 상선의 자유 항해와 체약 당사국의 군함이나 사략선에 의해 타방 체약 당사국에게 가해진 상해에 대한 처벌과 배상을 포함시켰다.[26] 1783년 영국과의 평화협상에서는 프랭클린은 사략선의 폐지를 주장하였다. 그는 "설사 그것이 특정인에게 이로울지 모르지만, 고대 해적의 잔존으로서 공해상에서 상선을 강탈하는 관행은 거기에 종사하는 모든 이들에게 이롭지 않다…심지어 청부인(사략선)은 궁극적으로 자기 자신들을 파멸시킬 것이다 ; 인류 보편적 행위인 통상의 이익을 추구하며 재산을 모아온 많은 순진하고 정직한 교역자들과 가족들을 잔인하고 냉혹하게 파멸시킨 데 대한 정당한 처벌이 따라야 한다."고 말하였다. 1785년에 다시 그는 개인 서신에서 "사략선으로

---

24) Foster, *Century of American Diplomacy*, p.19.
25) Francis Wharton, *Diplomatic Correspondence*, Vol. VI, pp.801 *et seq.*
26) *Treaties and Conventions*, 1871, pp.610–611.

다른 나라보다 더 많은 이익을 낼 수 있는 위치에 있지만, 미국은
다른 열강과의 조약에서 어떤 사략선도 허용되어서는 안 된다는 것
을 엄숙히 약속하는 조항을 제시함으로써 이 관행을 폐지하기 위한
노력을 해 나갈 것이다"라고 언급하였다.

중립통상에 관한 한, 1782년 네덜란드와의 조약[27]에 구현된 것
과 같은 조항이 1783년 스웨덴과의 조약[28]에서도 조문화 되었고, 더
욱 중요한 1785년 프러시아와의 조약[29]에도 나타났다. 그러나 1794
년 대영제국과의 우호통상 및 항해조약에는 이러한 조약들의 규정에
상응하는 분명한 조항이 삽입되어 있지 않았다. 사략선의 상선 나포
행위에 관해서는 고작 "체약 당사국의 각 국민의 안전에 대해 더욱
철저한 주의가 취해질 것이라는 것과 어느 일방 당사국의 군인이나
사략선에 의한 상해를 방지한다"고만 되어 있다.[30] 이것은 대영제국
이 아직도 옛 관행의 단절을 주저하고 있다는 것을 보여준다.

1785년 프러시아와의 조약에 대해 당시 미국은 주로 새 공화국에
도덕적으로 유리한 영향을 미칠 것이라는 관점에서 아주 고맙게 생
각하였다 ; 왜냐하면, 프리데릭 대제는 미국 외교관을 다른 어떤 강
대국보다 더 우호적으로 대하였고, 1778년 조약이 체결되기 전에도
그는 루이 16세에게 식민국들과 조약 동맹관계를 권고하였을 정도였

---

27) *Treaties and Conventions*, 1871, pp.607-616.
28) *Ibid.*, pp.799-807.
29) *Ibid.*, p.715.
30) *Ibid.*, p.329.

다. 법적으로 말하면 그것은 중립에 관한 조문화를 위해 훨씬 더 중
요한 일이었다. 프랭클린은 협상가의 한 사람일 뿐이었지만, 이 조약
은 그가 그토록 오랫동안 주장해왔던 사략선에 대한 규제와 사유재
산에 대한 면책을 중립의 중요한 원칙으로서 조약에 포함시키는데
성공했다는 점에서 대체로 프랭클린의 작품이라고 볼 수 있다. 즉,
공적이든 사적이든 전쟁과 관련된 어떠한 선박에 소속되어 다른 체
약 당사국의 사람, 선박, 소유물을 괴롭히거나 상해를 가하는 모든
사람은 그 손해에 대한 책임…"31)을 진다는 것과 체약 당사국은 어
떠한 사적 무장선박에게 무역선박을 뺏거나 파괴하거나 또는 통상을
방해하는 권한을 부여하는 위임장을 허용하거나 발급해서는 안 된다
는 것32)에 합의하였다. 나아가 양국 중 어느 일방도 교전 당사국에
대항해서 공격적으로 또는 방어적으로 행동하는 것을 지원하기 위하
여 자국 해군력의 어떤 부분도 타방 당사국의 적에게 빌려주거나 제
공해서는 안 된다는 데에 합의하였다.33)

　이렇게 해서 조약은 원조를 제공하지 않을 중립국의 의무를 조약
상의 의무로 분명하게 규정하였다. 여기에 추가하여, 조약에 의해
보장된 중립국의 통상자유는 그 나머지 조약의 다른 어떤 부분에 비
하여도 결코 덜 중요한 것이 아니었다. 프랭클린이 사유재산을 면제
하고, 사략선의 상선 나포를 폐지한 진보된 아이디어를 그의 동시대
인들은 "아름다운 추상화처럼 전쟁의 잔인함을 완화시켜 보려는 철

---

31) *Treaties and Conventions*, 1871, p.711.
32) *Ibid.*, p.713.
33) *Ibid.*, p.715.

학자의 (허황된) 꿈이라고 치부하였다"고 평가절하했다는 점도 여기에서 언급되어야 한다.[34] 사략선에 의한 상선 나포 행위는 1856년 파리선언에서 공식적으로 폐지되었다. 사유재산에 대한 면제는 아직 받아들여지지 않았고, 바로 이런 이유 때문에 미국은 1856년 파리선언에 가입하기를 거절하였다.

1789년에 비준된 1788년 프랑스와의 영사조약은 미국 정부에 상당한 외교적 당혹감을 안겨주었다. 이 조약에는 다음과 같은 사항들이 규정되어 있었다.

- 영사 및 부영사는 … 완전하고 전면적인 면책특권을 향유한다는 것
- 모든 개인적 복무로부터 면제된다는 것[35]
- 필요시 항구와 장소에 그들 부서의 대리인을 둘 수 있다는 것[36]
- 영사 재정, 법령, 의사록을 보관하는 문서보관소를 세울 수 있다는 것
- 모든 자국 선박에 대한 경찰권을 행사한다는 것[37]

이 조약은 지네(M. Genet's)가 미국 영토 내에서 영사 포획 법정 수립권이라는 터무니없는 요구를 하게 되는 근거가 되었다. 그러나 이 조약에는 그런 것을 허용하는 규정이 없었다. 그럼에도 불구하고 이 조약에 규정된 특권들은 보통의 경우보다 다소 광범위하였다.

---

34) Foster, *Century of American Diplomacy*, p.93.
35) *Treaties and Conventions*, 1871, p.261, Art. II of the treaty.
36) *Ibid.*, p.261, Art. III.
37) *Ibid.*, p.264, Art. VIII.

어쨌든 이 조약은 1778년 프랑스와의 조약과 더불어 국제적인 혼란을 불러일으켰다. 그러나 이런 혼란스런 가운데서도 미국은 운 좋게도 올바른 방향으로 중립법의 역사를 이끌었는데, 즉, 조만간 모든 나라들이 따라갈 수밖에 없는 방향이었다. 이 복잡한 상황과 관련된 주요한 문제는 '자유 선박, 자유 화물' 원칙(즉, 중립국 화물 몰수배제 원칙—*역자주*) 그리고 영토 관할권에 기초한 중립국의 주권에 관한 원칙이었다.

B. 중립 관할권

영국 군함이 미국 선박에 있는 프랑스 화물을 빼앗았을 때 미국 측의 저항이 없었다는 것만을 가지고 프랑스가 불평을 한 것은 아니었다. 프랑스는 적의 공선(公船)이 미국 항구에 입항이 허용될 수 있다는 미국 측의 조약 문구 해석에 전혀 수긍할 수가 없었다. (반면에) 미국은 프랑스의 적(영국)의 공선(公船)이 미국 항구로부터 입항이 배제되는 조약에 구속된다고는 생각하지 않았다. 미국은 조약상 프랑스의 배가 미국 항구에 입항할 수 있는 권리를 가지고 있지만, 그렇다고 다른 나라의 선박을 미국 항구에 들여놓는 것을 명시적으로 금지하지는 않았다고 주장하였다.

이렇게 해서 미국이 프랑스와의 관계에 대해 난처해하고 있는 동안, 영국과 네덜란드는 미국이 자국 항구에 포획물을 실은 프랑스 사략선이 입항하도록 하는 등 배타적인 특권을 준 데 대해 불평을 하였다. 유명한 지네(M. Genet) 사건이 있었을 때 미국은 이와 같이 외교적 난맥상에 처해 있었던 것이다.

에드몽 샤를 지네(Edmond Charles Genet) 프랑스 공사가 찰스턴에 도착해서 "마치 미국이 영국에 선전포고를 한 듯이" 영국과의 교역을 방해하기 위해서 미국 시민을 징발하고, 선박을 정비하고, 사략선의 임무를 부여하고, 프랑스 영사관에 포획법정을 세웠다. 그는 그 권한이 동맹 및 영사 조약에 근거를 두었다고 주장하였다. 그 당시 지네의 행동을 받아들일 것인가 하는 것과 프랑스와의 조약관계에 대해 미국인들의 여론은 광범위하게 나누어졌다. 미국의 일부 지역에서는 프랑스의 움직임을 열렬히 지지하는 것이 감지되었다. 영국과의 전쟁을 기억하고 프랑스의 지원에 감사하면서, 미국은 자연스럽게 혁명 분위기에 대해 동정적이었는데, 프랑스는 바로 이러한 정서의 온상이었다. 제퍼슨 자신조차도 프랑스 정당과 긴밀한 관계에 있다고 해서 공공연히 구설수에 오르고 있었다. 그는 사실 미국에서 친프랑스 정서의 중심이었다. 지네는 지나치게 친프랑스 정서에 의존하고 있었다. 그는 대중적 열정을 이용해 그가 신임장을 준 (미국)정부에 대항하는 정도까지 나아갔다. 그러나 이러한 사정에도 불구하고, 군주적 유럽의 정치로부터 미국 공화체를 고립시키려는 워싱턴의 장기적 안목의 정책은 정부 내에서 최종적으로 채택이 되었는데, 즉, 중립 관할권의 신성불가침 원칙을 확고하게 주장하게 되었다. 이 시기에 해결된 가장 중요한 문제들은 다음과 같았다.

(1) 중립 관할권 내에서는 전시 포획물 법정은 설치될 수 없다.

(2) 중립정부는 그 국민들의 비중립적인 역무를 금지한다.

(3) 선의의 중립적 개인무역은 방해되어서는 안 된다.

(1) 중립관할권 내에서 교전국 법정 설치 금지

교전국이 중립 관할권에서 포획물에 대한 재판을 하는 문제는 정치적인 문제였지 법적인 문제가 아니었다. 18세기 말 이전에는 중립국 항구에 설치된 포획국의 권한 있는 재판소가 합법적으로 포획재판을 할 수 있다는 점에는 의문의 여지가 없었다. 대부분의 유럽 국가들은 흔히 외국 관할권 내에서 이러한 교전권의 행사는 영사의 통상적 역할이라고 주장하였다. 프랑스가 이 관행을 자신의 통상적 관행으로 여겼다는 것은 많은 사례가 이를 증명한다. 지네(M. Genet) 자신도 상선 나포 허가장을 발부하는 것은 외국 항구에서 프랑스 영사의 통상적 기능 중의 하나였다는 입장을 견지하였다.[38) 1799년경 프랑스 순양함에 의해 나포되어 노르웨이의 중립 관할권에서 프랑스 영사법정의 재판을 받은 유명한 영국 상선 '플래드 오이엔(Flad Oyen)' 사건에서 프랑스는 영국의 원상회복 요구를 거절하였다.

이 관행은 지네(Genet) 포획물 케이스와 특히 '그랜지(Grange)' 호 케이스에서 미국 정부에 의해 종식되었다.[39) '그랜지' 호는 영국 선박으로 델라웨어 만에서 프랑스 프리게이트 함정에 의해 나포되어, 필라델피아 항구에 포획물로 인양되었다. 그 나포가 중립국인 미국의 관할권 안에서 행해졌고, 국제법을 위반하였다는 이유로 나포된

---

38) W. E. Hall, *International Law*, 5th edition, p.591.
39) American, *State Papers*, Vol. I, p.144.

선박의 원상회복과 선원의 석방 요구가 있었다.40) 미국에서 친 프랑
스 정서의 대표적 인사였던 제퍼슨 씨도 단호하게 미국 내에서 프랑
스 영사법정을 세운다는 것은 국가 간에 관행이나 양국 간 조약문귀
로 보아서도 부당한 행위일 뿐 아니라 이러한 행위는 미국의 영토주
권을 무시하는 행위라고 주장하였다. '그랜지' 호의 원상회복 판결이
즉각 내려졌고, 영국의 항의에 대한 대통령의 결정은 제퍼슨을 통해
영국 장관인 하몬드에게 전하여졌다.41) 이렇게 해서 중립 주권은 불
가침이라는 원칙의 관행이 뿌리내려졌다. 그때부터 여론은 점차 변
하였고, 중립국 영토에서 교전 당사국의 영사법정 수립은 더 이상
국제법과 양립하는 것으로서 허용되지 않았다.

(2) 중립국 정부의 적극적 의무

당시 확립된 중립성과 관련해서 가장 중요한 원칙은 중립국 정부
는 적대적 행위에 참여해서는 안 되는 것은 물론, 중립국 관할권 안
에 있는 모든 사람, 시민이나 외국인들이 적대적 행위에 가담하지
못하도록 주의를 다 하여야 한다는 것이다. 중립이란 어떤 비중립적
역무나 행위에 참가하지 않는 것뿐만 아니라, 일정한 중립적 의무를
적극적으로 준수해야 한다는 것이다. 이 새로운 입장은 1793년의 워
싱턴의 중립선언으로 공식적으로 공표되었다. 이 중요하고도 유명한

40) Thomas Jefferson Randolph, *Memoirs, Correspondence and Miscellanies from the Papers of Thomas Jefferson*, Vol. III, p.227, Jefferson to M. de Ternant.
41) Randolph, *Correspondence of Thos. Jefferson*, Vol. III, p.230.

선언은 바로 지네 사건에 의해서 촉발된 것이었다.

프랑스 공사가 찰스턴에 도착하기 전에 해외 미국 공사들로부터 지네 공사의 미국에서의 임무의 특별한 목적을 알리는 소식이 워싱턴에 전달되었다. 지네가 도착하기 나흘 전인 1793년쯤 워싱턴 대통령은 제퍼슨 장관에게 편지를 보내, 정부는 엄격한 중립성을 채택하고, 미국 시민들이 교전 당사국에 휘말리는 것을 방지할 의무가 있다는 취지로 그의 의견을 밝혔다. 국무회의 결의를 거친 후, 그는 4월 22일 미국 시민들에게 엄격한 중립과 배치될지도 모르는 어떠한 행위도 삼가하도록 경고하면서, 동시에 적대 행위를 지원하고 선동하거나 전시 금제품을 거래하는 자들에 대해서는 모든 보호를 철회한다는 내용의 성명서를 발표하였다. 이 선언의 주요 특징은 "미국 법원의 인지 범위 내에서 모든 사람들에게 교전국과 관련하여 국제법을 위반하지 말라는 경고"라는 점에 있었다.

대통령에 의해서 명백히 선언된 이 규칙에도 불구하고, 영국 상선을 제물로 삼기 위해서 지네는 미국 시민을 임관시키고, 선박 나포 면허장을 발급하고, 사략선의 장비를 갖추기 시작하였다. 곧 미국 정부에 의해서 공식적인 항의가 따랐다. 그 항의의 전반적인 입장은 6월 5일 자 제퍼슨의 편지에 잘 나타나 있는데, 이 논쟁과 관련된 모든 의견교환 중 가장 중요한 것이었다. 그는 이 편지에서 다음과 같이 말하였다.

"그 관할권 내에서 다른 어떤 국가에 의해 주권적 행위가 행사되는 것을 금지하는 것은 모든 국가의 권리이고, 교전 당사국을 해치려는 것과 같은 행위를 금지하는 것은 중립국가의 의무이다" ; 그 예로 미국 내에서 미국 이외의 다른 국가가 미국 시민에게 군사영장을 교부하는 것은 (미국의) 주권을 침해하는 것이며, 특히 자기 나라에 지고 있는 의무에 저촉되는 행위를 저지르도록 미국 시민들을 유도하는 것은 더욱 그러하다" 42)

제퍼슨이 주 프랑스 미국 모리스(Morris) 공사에게 준 아주 값진 외교문서인 이 편지는 여기에서 빠뜨릴 수가 없다. 8월 6일자로 쓰여진 이 편지에서, 그는 다음과 같이 말하였다.

"중립국은 체약 당사국…에 대하여 정확하게 불편부당성을 준수해야 하며 ; 조약상 규정되지 않는 한, 병력, 무기나 기타 직접 전쟁에 공(供)할 수 있는 어떤 것도 지원하지 말아야 하고 ; 주권의 하나로서 당연히 배타적으로 그 국가의 고유의 권한에 속하는 징병권(徵兵權)에 관하여는 어떤 외국 국가나 사람도 그 국가의 동의 없이 그 영토 내에서 징병할 수 없으며 ; … 미국이 그 주둔지나 영토 내에서 선박을 무장시키고 징병을 허가하기를 거부할 권한을 가진다면, 미국은 중립법에 따라 그 권한을 행사하여 이러한 무장과 징병을 금지시켜야만 한다." 43)

여기에서 제퍼슨은 조문화된 지원의 합법성을 동시에 인정하였지만, 이는 현대 중립국 규정과는 양립하지 않는다.

미국 정부에 대한 극심한 자극은 마침내 (미국 정부로 하여금 프랑스 정부가) 지네를 소환하고, 더 이상 중립성이 침해를 받지 않을 효과적인 조치를 취하도록 요구할 것을 결정하게 되었다. 이 요청의 결과

---

42) *Am. State Papers*, Vol. I, p.150.
43) *Am, State Papers*, Vol. I, p.168.

로 프랑스 정부는 12월에 지네 대신 포세(M. Fauchet)를 새 공사로 교
체하면서 사략선을 해체하도록 지시하고, 워싱턴 선언을 위반한 영
사들을 면직시키라는 지시를 내렸다. 그러나 지네가 현직에서 물러
나기 전에 그 유명한 기데온 헨필드(Gideon Henfield) 사건이 기소되었
는데, 그 결과 아주 중요한 1794년 법을 제정하기에 이르게 되었다.

　미국 시민으로서 고향이 매사추세츠 사람인 헨필드는, 고향인 매
사추세츠 살렘에서 필라델피아까지 가고자 하였지만 운임이 없어
정기선의 선장에게 태워줄 것을 요청하였다. 그는 사흘 전 프랑스
사략선인 시토와이앵(Citoyen)에 의해 나포된 영국 선박 '윌리엄'에
승선하였다. 포획된 선박 윌리엄을 타고 헨필드는 원하는 목적지에
도착하였다. 그러나 도착하자마자 그는 미국법을 위반하여 프랑스
선박에서 일을 하였다는 이유로 기소되었다.44) 배심원은 무죄판결
을 내렸고, 지네와 그의 동조자들은 이를 전폭적으로 환영하였다.
그러나 이 판결은 대통령이 선포하고 내각이 견지해온 규칙을 무효
화하였다.45) 이렇게 해서 헨필드 케이스는 공포에 의해 선언된 규칙
을 시행하려던 정부의 무능을 입증하였다. 이것이 바로 1794년 제1
차 외국인 모병법을 통과시킨 직접적인 원인이 되었다.46)
　이러한 상황에서 워싱턴은 의회에 대하여 중립에 관한 정부의 결
정이 실효성을 가지게 해달라고 촉구하였다. 12월 3일 새해 메시지

---

44) Francis Wharton, *State Trials of the United States*, pp.49-89.
45) John Marshall, *Life of Washington*, Vol. V, p.435.
46) See next Chapter.

에서 그는 "전 세계에 대해 우리의 의무를 다할 수 있도록 필요한
조치를 취해줄 것"을 의회에 제의하였다.[47] 이 메시지는 모병법의
기초를 이룬다. 그동안 "성격상 군함으로 전환하기 쉬운 선박의 미
국 항구 내 설비"와 "미국 주민들에 대한 징집"을 금지하는 등 "중립
국 법에 따른 잡다한 내용에 관한 규칙"을 제정한 훈령이 세관 징수
관들에게 시달되었다. 이 규칙에 따라, 원래 미국에서 장비를 갖춘
교전국의 무장 선박이나 이러한 선박의 포획물에 대한 보호는 부인
되었다. 그러나 이것은 워싱턴 정부가 제시한 중립 의무를 이행하는
데는 충분하지 않았다. 점차 그 유명한 법안이 통과되는 방향으로
나아가는 과정들은 미국 정치인들의 중립의 발전을 위한 진지한 희
망을 나타내 주고 있다.

C. 중립통상의 자유

중립통상의 자유 문제는 중립 관할권 원칙 못지않게 중요하였다.
콘솔라토 델 마레의 구(舊)체제에 대항하여 네덜란드가 중립 기(旗)가
적의 화물도 보호한다는 새로운 원칙을 내세우며 선도적 역할을 한
이래, 많은 유럽의 중소국가들이 이를 따르려고 시도하였다. 그러나
영국을 제외한 강대국들은 일률적인 원칙을 채택하지 못하였다. 후
자(영국)는 "친구를 구하고 적을 해(害)하라"는 구(舊)원칙을 고수하였
다. 네덜란드도 곧 자기가 내세운 새 원칙을 포기하였는데, 아마도

---

47) J. D. Richardson, *Messages and Papers of the Presidents*, Vol I, p.140.

그들의 해군력이 약했기 때문일 것이다. 프랑스는 중립 선박에 있는 적의 화물을 포획하였을 뿐 아니라 '적성 전염주의'라는 법칙 아래, 적의 화물을 싣고 있는 중립 선박까지 나포하였는데, 이러한 행위는 18세기 중엽까지 흔히 발생하였다.

영국의 일반적인 관행을 받아들인 미국은 자유 선박에 있는 적의 화물은 적이지만, 적의 선박에 있는 중립화물은 자유(몰수 배제)라는 원칙을 국가들의 관습법으로서 준수하였다. 독립전쟁 동안이나 그 이후에도 미국 배심원 전원이 이러한 견해를 받아들였다. 그러나 (미국) 정부는 곧 영국 관행의 엄격성을 깨닫고 곧 더 온화한 규칙을 채택하기 시작하였다. 미국이 영국 이외의 국가와 체결한 세 개의 조약, 즉 1778년의 프랑스와의 조약과 1782년 네덜란드와의 조약, 1783년 스웨덴과의 조약을 보면 '자유선박, 자유화물'(즉, 중립선박 몰수 배제-역자주)이라는 기본원리가 규정되어 있었다.

그러나 이 세 개의 조약에는 그와 대칭되는 '적의 선박, 적의 화물'이라는 기본원리도 또한 채택되었다. 이것은 아마도 그 당시 여전히 이전의 엄격한 관행을 선호하는 일반 여론에 기인한 것이었다. 그러나 이 두 규칙의 조합은 결코 자유주의적인 미국 정치인들의 견해를 만족시킬 수가 없었다. 그들은 여전히 또 한 단계 나아갔고, '자유선박, 자유화물'(즉, 중립선박 몰수 배제-역자주)과 '적의 선박, 적의 화물'이라는 두 개의 기본원칙은 분리될 수 없는 것이 아니라는 주장을 하기까지 나아갔다. 무장중립 동맹에 가입한 이후에 체결된 조약에는 '적의 선박, 적의 화물' 원칙은 배제한 채, '자유선박, 자유화물' 원칙만을 조약에 삽입하려는 끈질긴 노력이 있었다. 이 견해는

'자유선박, 자유화물' 원칙만이 삽입되었던 1785년 프러시아와의 조약을 포함해서 대부분의 조약들에 의해 지속적으로 확인되었다. 때로는 중립선박에 있는 적의 화물뿐만 아니라 적의 선박에 있는 중립화물도 보호되었고, '적성 감염주의'는 결코 실행되지 않았다.

1778년 프랑스와의 조약에 의해 미국은 '자유선박, 자유화물' 원칙을 지지하였다. 이 조약 체결 후 '자유선박, 자유화물' 조항을 확인하면서, 의회는 다른 국가들과의 조약에서 상호주의하에 이 원칙의 인정을 권고하는 훈령을 내렸다.48) 같은 해 미국의 예를 좇아서 프랑스 정부도 또한 적의 항구를 오가는 중립국 선박의 나포를 금하는 칙령을 공포하였다. 이 칙령은 적의 항구를 오가는 중립국 선박의 나포를 금지하는 한편, 프랑스 정부는 만약 적이 상호주의적으로 동일한 조치를 취하지 않는다면, 6개월 내에 이 특권을 철회할 권리를 유보하였다. 프랑스는 모든 유럽 국가들이 해양통상 원칙을 포기하였던 1793년까지 체결한 조약에서 이 원칙을 계속해서 채택하였다.49) 프랑스의 면책특권은 또한 상호주의를 조건으로 달았다. 그러나 영국은 고집스럽게도 낡은 관행을 바꾸기를 거부하였고, 오래된 원칙을 준수하는 관행에 따라 중립국인 미국의 선박에 있는 적국 프랑스의 화물을 지속적으로 몰수하였다. 반면에 프랑스는 미국 정부에게 실질적 조약 의무를 이행하여 미국 선박에 있는 프랑스 화물이 적국인 영국에 의해 나포되는 것을 막아달라고 끈질기게 요구하였

---

48) Dana, *Wheaton*, p.587.
49) Martens, *Recueil*, Vol. II, p.632.

다. 미국은 아주 난처한 입장에 처해졌지만, 영국이 우호적인 방법으로 관행적 원칙을 포기하지 않는다면 미국으로서는 프랑스 상품을 보호하기 위해서 영국에 대항하여 무기를 든다는 것은 쉬운 일이 아니었다.

이러한 상황에서 미국은 영국의 관행을 사실상 인정하는 셈이 되었다. 제퍼슨 씨는 프랑스의 불평에 대해 "일반 국제법에 의해 적의 선박에서 발견된 친구의 화물은 몰수 대상이 아니고, 친구의 선박에서 발견된 적의 화물은 적법한 포획물이다"라고 대답하였다.50) 이것은 단순히 콘솔라토 델 마레에 구현된 규칙의 재확인일 뿐이었다. 그는 나아가 1778년의 조약은 미국이 무장중립국 동맹에 가입하기 전에 체결되었기 때문에 일반규칙에 대한 예외였으며, 연맹이 구성된 이래 그 조약 규정은 더 이상 구속력이 없다고 선언하였다.

이 선언은 확실히 첫 세 개의 조약에서 유지되던 종전의 미국 견해와는 모순되는 것이었고, 영국식 독트린으로 회귀하려는 경향이 이 선언에서 나타났다. 이것은 분명히 프랑스의 요구라는 압력에 대한 외교적 변명이었다. 프랑스가 종전의 관습으로 되돌아가고, 그리고 모든 유럽 세력들이 사실상 무장중립국 연맹 원칙의 운용을 중단하는 동안, 미국 정부는 여러 다른 국가들과 조약체결을 통해 그들이 좀 더 온화한 조치를 취하도록 하는 데 대체로 성공을 거두었다.

1785년 프러시아와의 조약은 이 시기에 가장 중요한 것이었다.

---

50) Randolph, *Corres. of Thos. Jefferson*, Vol. III, p.486.

이것은 미국이 '적의 선박, 적의 화물' 원칙을 배제하고 완전히 '자유 선박, 자유 화물' 원칙을 채택한 첫 조약이었다. 이 조약은 교전 당사국과의 중립통상이 방해를 받지 않을 것과 중립국 선박은 적의 화물과 전쟁 복무에 직접 종사하지 않는 적국 사람들을 싣고 교전 당사국의 항구를 왕래할 수 있다는 내용을 확인시켜 주었다.[51]

1787년 모로코와의 조약은 '적의 선박, 적의 화물'이라는 종전의 원칙 대신에 새로운 원칙을 규정하였다.[52] 새 원칙의 장점에 비추어 볼 때 네덜란드와 스웨덴, 모로코 같은 약소국가가 미국에 동조하였다는 것은 결코 놀랄 일이 아니다. 그러나 영국은 물론 프러시아, 프랑스와 심지어 스페인 같은 강대국들도 이 원칙을 1783년 베르사이유 조약들에 의해 받아들였다는 사실은 매우 놀랄 일이다.[53] 프랑스 관행을 가장 강력하게 대변하였던 스페인은 1780년경에는 '적의 선박, 적의 화물'이라는 종전 원칙을 포기하였고 그의 국내법에 의해 중립국 선박에서 발견된 적의 화물뿐만 아니라 적의 화물을 운반하는 모든 중립국 선박에 대한 몰수를 면제하였다.[54] 실질적으로 모든 유럽 국가들은 무장중립국 동맹에 가입함으로써 미국의 자유주의적 견해 쪽으로 기울어지는 경향을 나타냈다. 그러나 그들의 자유주의적 원칙의 채택은 단명하였다. 1793년 프랑스와 영국 간에 전쟁이 발발하자마자 모든 열강들은 교전국과의 중립통상을 방해하기 위해

---

51) *Treaties and Conventions*, 1871, p.710.
52) *Ibid.*, p.588.
53) Martens, *Recueil*, Vol. III, p.503.
54) *Ibid.*, p.98.

서 그들의 해군력을 사용하였다. 이 시기에 중립에 대한 가장 악명 높고 가혹한 조치는 콩, 밀가루나 식량을 싣고 봉쇄된 프랑스 내 항구로 향하는 모든 선박을 억류하고, 봉쇄된 항구를 돌파하려다 적발된 모든 선박을 그 화물과 함께 포획할 권한을 영국 선박에게 부여한 1793년 6월 8일 영국 의회의 칙령이었다.55) 이 칙령은 교역을 하는 미국인에게는 아주 불리하였는데, 당시 미국은 유일한 중립국이었기 때문이다. 이것이 1793년 9월 7일 제퍼슨 국무장관의 지시가 내려진 계기였다. 그의 발언 일부는 이렇다 :

"두 나라가 전쟁을 할 때 평화롭게 살아가기를 선택한 자들은 농업, 제조업과 기타 일반 직업을 추구할 자연적 권리와 ; 그들이 교전 당사국이든 중립국이든 모든 나라와 교환할 목적으로 생산한 생산물을 마치 전쟁이 없었던 평시와 같이 운반할 권리를 보유한다. … 존재하는 전시상태가 미국의 농업이나 모든 나라와 그 생산품을 평화롭게 교환하는 것을 막을 아무런 합법적 권리를 부여하지 않는다."56)

D. 중립통상의 제약

전시 금제품 ─ 일반적으로 대륙의 법률가들은 금제품 리스트를 가능한 한 제한하자고 주장하였고, 반면에 영국의 법률가들은 항상 금제품을 분류함에 있어서 광범위한 수의 품목을 포함시키려고 노

---

55) Wheaton, *Hist. Law of Nations*, p.373.
56) *Am. State Papers*, Vol. I, p.239.

력하였다. 미국은 처음에는 그로티우스에 의해 제시된 금제품의 세 가지 일반적 등급을 인정하면서 영국의 관행을 받아들였다. 그러나 미국 정부는 곧 금제품의 수를 줄임으로써 영국의 관행으로부터 이탈하기 시작하였다. 1777년쯤 미국의 해군 장교들은 무기와 기타 전시 금제품을 운반하는 중립선박만 나포하라는 지시를 받았다. 이것은 "중립이든 미국 반역 식민지와의 교역을 하든, 또는 교역 후 귀환하는 선박이든 관계없이, 모든 선박은 정당한 포획물"이라고 선언한 1776년 영국 칙령과 아주 대조적인 것이었다.[57] 1778년 프랑스와의 조약에 의해 미국은 금제품의 종목을 장총, 포탄 등 기타 모든 전쟁물자로 제한하였고, 사람의 영양을 충족시키는 모든 종류의 식량과 선박 그리고 기타 선박을 건조하거나 수리하는 데 쓰이는 모든 물자는 금제품으로 간주되지 않는다고 분명히 언급되었다.

1785년 프러시아와의 조약 교섭에서 프랭클린은 금제품의 몰수 제도를 없애려고 시도하였다. 그는 금제품을 운반하는 벌로서 금제의 몰수 대신에 억류로 대체하도록 시도하였다. "지금까지 무기, 탄약, 모든 종류의 군비 물자 등 금제품으로 불리는 상품들과 관련해서 통상 발생하는 모든 어려움과 오해를 방지하기 위해서 선박이나 일방 당사국의 신민이나 시민에 의해 타방 당사국의 적에게 운반되는 그와 같은 물품은, 징발이나 몰수 및 개인 재산의 손실을 초래하는 금제품으로 간주되어서는 안 된다"는 데 합의하였다.[58] 영국은 내각 칙령으로 관련되는 모든 종류의 식료품을 몰수 조치하였고, 이

---

57) Martens, *Recueil*, Vol. III, p.105.
58) *Treaties and Conventions*, 1871, p.710.

것이 미국의 무장중립 동맹국 가입을 촉진한 것이다. 제퍼슨은 식료
품들은 "이 목록에 결코 포함된 적이 없었고, 따라서 자유통상 품목
으로 남아 있다"고 주장하였다.59) 지네(M. Genet)의 활동이 한창일
때, 하몬드 씨는 뉴욕에서 미국 시민이 프랑스 대리인에게 무기와
군장비를 판매한 것에 대해 이의를 제기하였다.60) 이 이의에 대해
제퍼슨은 답장에서, 이러한 판매는 중립 의무의 위반으로 비난될 수
없다고 하면서 다음과 같이 말하였다.61)

"미국 시민이 무기를 제조하거나 팔거나 수출하는 것은 자유다.
그렇게 하는 것은 미국인들의 일상 직업이며 생계수단이다. 별로 관심
도 없는 외국의 먼 나라에서 일어나는 전쟁 때문에 아마도 그들의 유일
한 생계수단일수도 있는 그들의 직업을 금지하는 것은 (그들에겐) 상상할
수도 없을 것이다. 이것은 원칙적으로 받아들이기 어렵고, 그것을 실행
하기는 불가능할 것이다. 그러므로 평화롭게 살아가고 있는 이러한 사
람들을 존중하는 국제법은 직업의 국제적 교란을 요구하지 않을 것이
다." 라고 말하였다.62)

이 유명한 외교적 성명은 전시 금제품 무역에 중립국의 시민이
개인 사업으로 관계하는 것까지 못하도록 하는 것은 그 중립국의 의
무가 아니라는 원칙을 뒷받침하는 선례를 만들었다. 이제 이 원칙은

---

59) *Am, State Papers*, Vol. I, p.239.
60) Randolph, *Correspondence of Thos. Jefferson*, Mr. Hammond to Jefferson, May 8, 1793.
61) *Ibid.*, Jefferson to M. de Ternant, May 15, 1793.
62) Randolph, *Correspondence of Jefferson*, Vol. III, p.291, Jefferson to Hammond, May 15, 1793.

모든 국가들에 의해 확립된 규칙으로서 받아들여지게 되었다.[63]

봉쇄 ― 당시까지 대부분의 조약 규정은 봉쇄 문제에 관하여 놀랍게도 침묵해 왔다. 이 주제와 관련해서 미국의 최초의 언급은 미국이 무장중립 동맹국에 가입하였을 때였고, 해상봉쇄와 관련한 어떤 조항도 그 이전의 조약에서는 나타나지 않았다. 그 이유는 명백한 듯하다. 해전 개념이 충분히 발달되지 않은 때 해상봉쇄가 심각한 분쟁을 일으킬 가능성은 거의 없었다. 해상봉쇄 역사에서 가장 심각한 테스트는 해상봉쇄로 고통을 받은 유일한 중립국인 미국이 해상봉쇄에 대항해서 싸워야 하였던 19세기 초에 와서야 발생하였다.

검문(Visit)권과 검색(Search)권 ― 이 기간 동안 영국은 힘에 근거한 권리를 가졌는데[64], 이는 "자연법에 따라 교전국은 억류시킬 권리를 가지고 있으며 중립국은 억류를 거부할 권리를 가지고 있다. 그러나 중립국은 저항할 힘을 가지고 있지 않기 때문에 결국 힘이 문제인 것이다"[65]라는 램프레디(Lampredi)의 권위 있는 주장 그대로이다. 한때 영국은 검색권과 검문권을 구분하였다. 영국의 주장에 따르면, 전자는 전시에 적용될 수 있고, 후자는 평화시에 적용될 수 있다고 하였다. 이러한 구분을, 이 두 가지는 동의어이고 이 권리는 민간 선박에게만 행사될 수 있다고 주장하는 대륙의 법률가들은 결코 이(영

---

63) *The Second Peace Conference at the Hague*, Convention V, Article 8.
64) Dana, *Wheaton*, p.593.
65) Lampredi's *Del Commercio dei Popoli Neutrali in tempo di Guerra*, was published in 1788.

국의 주장)를 받아들이지 않았다. 후자의 견해는 항상 미국의 견해이
기도 하였다.

거의 모든 일상 상품에 대한 영국의 몰수 선고에 크게 자극을 받
은 미국은, 이 기간 동안 체결된 영국과의 조약을 제외한 모든 조약
에, 중립선박이 검색을 위해 억류되었을 때, 적절한 여권(통과증)을
제시한다면 더 이상의 검색은 없어야 한다는 내용을 조문화하기 위
해 특별한 노력을 기울였다. 이 조항에 따르면, 만약 중립선박이 통
과증을 제시하거나 어떤 적절한 의심의 소지를 해소할 증거를 내놓
는다면, 중립국 선박에 대한 검색은 허용되어서는 안 된다.

때로 중립선박에서 발견된 사악한 인간의 처우와 관련해서, 미국
은 1778년 프랑스와의 조약에서 현실적으로 적을 위한 복무를 하지
않는 한, 끌어내릴 수 없다는 조항을 채택하였다. 그 후 이 조항은
많은 조약들에 삽입되었지만, 미국과 영국 간의 조약에는 포함되지
못하였다.

호송 중에 있는 중립선박에 대한 검문과 검색의 면제는 이 기간
동안 수많은 조약들에 규정되었다. 그러나 국가들마다 관행은 일정
하지 않았다. 영국은 점점 더 이 권리를 부정하는 쪽으로 기울어졌
다. 미국을 포함한 대부분의 다른 나라들은 호송사령관의 언질만으
로도 검문과 검색으로부터 보호하는 데 충분하다고 규정한 조약을
체결하였다.66)

---

66) 호송에 동의하는 조약은 다음과 같다 : — that of 1782 between America and
American Provinces, Martens, Recueil, Vol. III, p.147; that of 1783 between the
United States and Sweden, Vol. III, p.574; that of 1785 between the United States
and Prussia, Vol. IV, p.43; that of 1782 between Denmark and Russia, Vol. III,

p.475; that of 1787 between Denmark and France, Vol. IV, p.212; that of 1787 between the Two Sicilies and Russia, Vol. IV, p.238; and that of 1787 between Portugal and Russia, Vol. IV, p.328.

제 3 장
중립의 역사
-1793년에서 1818년까지-

I. 중립에 대한 유럽 국가들의 관행

이 기간은 중립법의 역사에서 가장 어두운 장(章)을 형성한다. 프랑스와 영국이란 두 라이벌 국가 간의 치열한 싸움에서 한쪽이 다른 쪽의 해군력을 무력화시키기 위해 노력하는 동안, 중립국의 이해관계는 두 맷돌 사이에 낀 것처럼 짓이겨져 버렸다. 프랑스가 동맹 조약에 관한 미국의 해석에 묵시적으로 따랐지만, 프랑스는 미국 정부가 취해 온 태도에 전적으로 만족한 것은 아니었고, 미국 내 프랑스 지지파들은 여전히 시끄럽게 미국이 필요할 때 프랑스가 지원해 준 데 대해 이제는 미국이 보답해야 한다고 주장하였다.

반면에 영국은 미국의 중립권을 침해하였기 때문에 그 결과로서 마침내 1812년 전쟁이 발발하게 되었다. 나폴레옹 몰락 후 신성동맹의 형성은 혁명정부에 간섭하고 이를 분쇄시킬 권리를 주장함으로

써 국가 주권의 원칙을 위반하고 국제법을 의도적으로 침해하는 쪽
으로 나아갔다.

A. 중립통상의 무시

혁명기의 프랑스가 유럽 전체와 대치하고 있을 때, 러시아와 프
러시아의 지원을 업은 영국은 일련의 내각 칙령으로 점차적으로 프
랑스의 모든 대 중립통상을 엄하게 금지시켜 나갔다. 1793년 11월
6일 자 훈령에 의한 1756년 전쟁 규칙의 연장은 가장 엄한 조치 중의
하나였다. (영국의) 해군 장교들은 "프랑스의 식민지에서 나오는 상품
이나 생산품을 싣고 있거나, 이러한 식민지에 사용될 식품이나 기타
공급품을 운반하는 모든 선박들을 정지시키고 나포하도록"[1] 하는 지
시를 받았다. 이 규칙 아래 영국 군함들은 프랑스 식민지의 생산물이
나 식량 또는 적국이나 적국의 식민지에서 사용할 의도인 군수물자
를 선적하고 있는 모든 형태의 선박들을 나포하도록 권한을 부여받
았다. 이것은 미국 전역에 커다란 대중적 관심을 불러일으켰다. 그
결과 미국 하원에서 현실적인 전쟁조치들이 채택되었다. 워싱턴은
토비아스 레아(Tobias Lear)에게 보낸 서한에서 다음과 같이 말하였다.
　　"앞서 언급한 영국 내각 칙령의 결과로서 하원에서 많은 조치들이
　　발의되었는데, …그 중의 하나가 현재 열심히 작업 중에 있는 우리 주
　　요 항구를 강화시키는 것이고, 또한 800명의 추가 포병여단을 양성

---

1) Martens, Recueil, Vol. V, p.600.

하는 것이다."2)…

미국의 항의를 고려해서 영국 내각의 이 칙령은 1794년 1월 8일에 다소 수정되었다. 이 수정은 다음과 같은 어조로 되어 있다 ; "우리는 기꺼이 이미 언급한 칙령을 철회한다 ; 그 대신에 우리는 다음과 같은 지시를 하는 것이 적절하다고 판단하였다…."

그리고 옥수수, 밀가루나 식량을 싣고 프랑스 항구로 향하는 모든 선박을 몰수 조치한 1793년 6월 8일 자 칙령의 해당 부분도 1794년 8월 18일 자로 철회되었다. 이 칙령은 다음과 같이 선언하였다. "이러한 옥수수, 밀가루나 식량이 판매될 수 있도록 … 해당 선박의 선장은 … 그들의 화물을 처분할 수 있도록 허용되어야 한다…우리는 … 우리의 다음 명령이 있을 때까지 이 조항을 기꺼이 철회한다."3)

한편, 프랑스도 프랑스 내의 식량부족을 표면상의 이유로 내세우며 1793년 국민회의(National Convention) 포고령으로 5월 9일부터 군함과 사략선으로 하여금 식량을 싣고 적국 항구로 향하거나, 적국 소속 화물을 실은 상선의 나포를 허가하면서, 중립통상에 대항하는 운동을 전개하였다. 이 포고령은 "프랑스 전함과 사략선은 적의 항구로 향하는 식량 또는 일부 또는 전부의 적 소유의 물품을 적재한 중립선박을 정선, 나포하여 프랑스 항구로 예인할 수 있다…"4)라고

---

2) Jared Sparks, *Life and Writings of George Washington*, Vol. X, pp.409–410.
3) Martens, *Recueil*, Vol. V, p.604.

말하고 있다. 1789년 1월 18일 중립국이든 교전국이든, 전부이든 부분이든, 영국 화물을 실은 모든 선박을 몰수하는 법을 통과시켰다. "결과적으로 전부 또는 부분적으로 영국 상품이 실린 선박은 이 상품의 용도가 무엇이든 간에 정당한 취득물로 인정된다…."5) 그리고 그 다음 10월 29일 집행부 명령은 프랑스 적국의 임관을 수락하거나 적국의 선박에서 복무를 한 모든 중립국 신민은 해적으로서 사형을 처하도록 하였다.6) 이러한 보복과 재보복은 나폴레옹 전쟁 동안 계속되었다. 아미앵(Amiens: 프랑스 북부에 있는 도시이름 — 역자주)에서 체결된 평화조약은 라이벌 세력 간의 적의를 잠시 중단시켰지만, 상대방과의 통상전쟁은 끝이 없었다.

교전국 영국의 부당한 요구는 너무 가혹하여서 이 시기의 유럽인들에게는 참을 수가 없을 정도가 되어 공개적으로 저항이 일어났다. 제1차 무장중립국 동맹이 중립통상에 대한 영국의 공격의 결과였다고 한다면, 제2차 무장중립국 동맹의 형성은 호송 중인 중립상인에 대한 영국의 면책거부의 결과였다.

1799년 영국 함대는 지브롤터 부근에서 일단의 상인을 호송하는 덴마크 군함에 대한 검문 및 검색권 행사로부터의 면책특권 허용을 거부하였다. 그 결과 소규모 전투가 일어났다. 이 사건 후 곧 다른 덴마크 전선인 "프레야"도 비슷한 대우를 받았고, 양측 간에 인명손실을 가져왔다. 덴마크의 만족할만한 해명 요구도 영국 정부에 의해

---

4) *Ibid.*, p.382.
5) Martens, *Recueil*, Vol. V, p.399.
6) *Ibid.*

거부되었다. 이 분쟁이 점차 심각히 진행되는 가운데 러시아의 폴 황제는 1780년의 무장중립동맹을 갱신하기 위해 스웨덴, 덴마크 및 프러시아를 초대하였다. 연이은 중립통상의 부인과, 특히 덴마크 사건으로 인한 분쟁에 자극을 받아, 북쪽 국가들은 세 개의 조약을 체결해서 (무장) 중립동맹을 부활시켰다. 그들은 다음과 같은 원칙들을 선언하였다.

(1) 모든 선박은 교전 중에 있는 국가들의 항구에서 항구뿐만 아니라 연안을 따라 자유로이 항행할 수 있다.

(2) 금제품을 제외하고는 중립선박에서는 교전 당사국 국민의 소유재산이라도 몰수되지 않는다.

(3) 봉쇄는 선박이 충분히 가까이 배치되도록 조직되어야 한다. 그리하여 만약 봉쇄선 안으로 들어가려고 시도할 경우 분명한 위험이 있어야 하고, 봉쇄군의 사령관이 봉쇄선 안으로 들어가려는 시도가 있어서는 안 된다고 공지한 후에도, 무력이나 속임수로 봉쇄선 안으로 들어가려고 시도하는 어떤 배라도 나포할 수 있다.

(4) 중립선박은 정당한 원인과 명백한 사실로써만 억류될 수 있다.

(5) 호송선 사령관의 선언은 그 호송선 또는 그 호송선의 보호하에 있는 다른 선박에 승선하여 검색하는 것을 막을 수 있는 충분한 것으로 간주되어야 한다.[7]

---

[7] Treaty between Russia and Sweden, Martens, *Recueil*, 2nd Ed., Vol.VII, p.172; that between Russia and Denmark, *Ibid.*, p.181; that between Russia and Prussia, *Ibid.*, p.188.

　　북부 연합에 대한 답으로서 영국 정부는 1801년 1월 14일, 러시
아, 덴마크와 스웨덴 선박에 대한 출항금지를 내린 또 다른 내각 칙
령을 발표하였다. 제2차 무장중립 동맹은 1780년의 그것처럼 단명하
였다. 나폴레옹 전쟁이 발발할 무렵 나폴레옹에 대항해서 싸우던 이
동맹의 회원들은 그토록 엄숙하게 선언하였던 모든 원칙을 일단 제
쳐두었다.

　　국제법 역사에서 가장 어두웠던 날은 1804년 나폴레옹이 영국과
의 무역에 대해 네아폴리탄(Neapolitan) 항구의 폐쇄를 명령할 때부터
시작되었다. 다른 한편, 같은 해 영국은 오스텐드부터 센느(Seine)에
이르기까지 프랑스 항구가 봉쇄상태에 있음을 선언하였다. 이 봉쇄
는 1806년 엘베부터 브레스트까지 확대되었다. 나폴레옹은 여기에
대해 1806년 11월 21일 자 베를린 칙령을 통해 영국 도서가 봉쇄상
태에 있고, 영국과 다른 나라들 간의 모든 무역을 단절한다고 응수
하였다.8) 나폴레옹이 베르나도테(Bernadotte)에게 보낸 그 유명한 편
지에서 "나는 영국과 싸울 수 없고, 대륙체제에 의해서만 영국을 평
화로 이끌어 낼 수 있을 뿐이다"9)라고 말한 이래 이 봉쇄는 "대륙체
제"로 알려지게 되었다. 영국의 반응은 1807년 1월 7일과 11월 11일
의 칙령이었다. 첫 번째 칙령에서는 "어떠한 선박도 프랑스나 그의
동맹국들 소유하에 있거나 그들의 지배하에 있어서 영국 선박들이
그 때문에 자유로이 무역을 할 수 없는 한, 항구 간의 무역을 하도록

---

8) Martens, *Nouveau Recueil*, Vol. I, p.439.

9) Napoleon to the Prince Royal of Sweden, March 8, 1811, Martens, *Causes Célèbres*, Vol. V, p.145.

허용해서는 안 된다."10)고 선언하였다. 11월 11일의 칙령에서는 프랑스와 그 동맹국들의 모든 항구와 지역은 봉쇄상태에 있다고 선언하고, 영국 선박이 들어가지 못하는 이들 국가와 그들의 식민지로부터 생산되거나 제조되는 모든 물품의 무역이 불법적인 것으로 선언되었으며, 이들 국가나 식민지와 무역을 하는 어떤 선박이라도 그들이 영국 항구에 먼저 들어와서 관세를 지불하지 않는 한, 그 선박은 싣고 있는 모든 화물과 함께 몰수되어야 한다고 선언하였다.11) 나폴레옹은 1807년 12월 17일 자 밀란 칙령으로 '영국과 그 식민지를 향하거나 거기에서부터 나오는 모든 국가의 선박은 영국 정부에게 세금을 지불하였거나, 영국 배에 의한 검색에 복종한 경우에는, 어떤 화물을 싣든 관계없이 합법적인 포획물이 된다'라고 응수하였다. 이 제도는 적절하게도 "명목상 봉쇄"라고 불렸고, 따라서 법적인 봉쇄로는 인정될 수가 없었다. 이 모든 칙령과 대응칙령이 봉쇄로 선포되고 있는 동안, 그들은 법의 집행이라기보다 공개적인 위반일 뿐이었다. 그러므로 '봉쇄'라는 제목 대신에 '중립통상의 무시'라는 제목 하에서 이들 칙령에 대하여 간단히 설명하였다.

II. 미국의 중립관행

---

10) Martens, *Nouveau Recueil*, Vol. I, p.445.
11) Martens, *Nouveau Recueil*, Vol. I, p.446.

A. 일반적인 관행

영국의 1756년 전쟁규칙의 강행에 대한 보복으로, (미국) 하원은 1794년 3월 20일 일련의 통상금지법안 중 그 첫 번째 것을 채택하였다. 또한 같은 해 4월 7일 영국과의 교류를 중단시키는 결의안도 채택하였다. 영국 정부는 프랑스의 항구 간에 운송되는 프랑스 산물(産物) 및 프랑스 재산에 관한 것들을 제외하고, 서인도제도(西印度諸島)에서 미국의 무역이 조심스럽게 허용되도록 자신의 공격적인 칙령을 수정하였다.12)

1. 제이 조약 (The Jay Treaty)

워싱턴 대통령의 끊임없는 노력으로 1794년 제이 조약이 체결되어, 논란거리의 우호적 해결이 부분적으로 달성되었다. 이는 1794년 11월 19일에 체결되었지만, 하원에서 장시간 열띤 논쟁으로 그 다음해 6월 24일에 가서야 비준이 되었다.13) 협상에서 대부분 중요한 관점들이 합의되었지만, 징발과 중립무역에 대해서는 영국이 좀처럼 양보하지 않았다. 선원들의 징발에 대한 보상이나 징발 관행의 폐지를 위한 어떠한 약속도 제이 조약은 포함하지 못하였다. 제21조에 의하

---

12) Martens, *Recueil*, 2nd Ed., Vol. V, p.604.
13) Moore, *Digest*, Vol. V, pp.699-704.

면, 프랑스로부터 임관되는 미국 시민들은 해적으로 선언되었고, 또한 제12조에 의하면 "미국 선박은 미국 안에서만 화물을 운반하고 하역한다는 조건 하"에 영국 항구로부터 화물을 자유로이 운반할 수 있다고 규정하였다. 미국 시민이 영국에 의해서 불법적으로 체포된 데 대해, 영국 정부의 미국 시민에 대한 보상 지급은 이 조약에서 가장 호의적인 조항이었다.[14]

그러나 대체로 제이 조약에 의해 확보된 부분적 면책특권은 미국인들에게는 아주 이익이 되었으므로, 그들은 서인도제도와 번창하는 통상을 계속할 수 있었다. 조약 체결부터 나폴레옹 전쟁 발발까지 미국 선박들은 계속 번성하였는데, 이것이 영국 선박 소유주들의 질투심을 자극해서, 그들은 1756년 전쟁 규칙의 엄격한 이행을 촉구하였다. 영국이 사실상 미국에 대해 적대감을 가지게 되었다고 말할 수 있는 시기는 1805년에 들어서다. 1807년 제이 조약의 12년 유효 기간이 만료되기 전에 몬로(Monroe)와 핑크니(Pinkney)는 영국과의 한 조약에 서명을 하였는데, 제퍼슨 대통령은 그 조약안은 미국을 불명예스럽게 만드는 다수의 조항이 포함되어 있다는 이유로 상원에 회부하기를 거부하였다. 이들 중 가장 꺼렸던 것은 1756년 전쟁규칙에 관한 조항이었는데, 영국은 2퍼센트의 종가세(從價稅)를 지불해 오던 상품에 대해서만 더 이상 집행을 하지 않기로 동의하였다. 그것과 거의 비슷할 정도로 미국으로서 바람직스럽지 못한 또 하나는 영국이 고집스럽게 포기하기를 거부한 검문 및 검색권 문제였다.[15] 이렇

---

14) *Treaties and Conventions,* 1781, pp.318-332.
15) Carl Schurz, *Life of Henry Clay,* Vol. I, pp.70-71.

게 해서 두 나라 간에 이 협상은 결렬되었고, 미국 선원에 대한 징발과 미국 상품의 약탈은 1812년까지 지속되었다.

2. 프랑스공화국과의 관계

미국 선박에 실린 프랑스 화물과 관련해서 제이 조약은 명백히 1778년의 프랑스 조약과 상충되었다. 전자는 중립선박에 실린 적의 화물을 보호하는 것을 조문화한 반면에, 후자(제이조약)는 제17조에 의해 중립선박에서 발견된 적의 화물은 포획된다는 데 합의하였다. 이 조문에 대한 프랑스의 불평은 전혀 합리성이 없는 것은 아니었다. 그들의 분노는 나중에 베를린 칙령을 미국과의 무역에 대하여도 확대시킴으로써 잘 나타났다.16) 프랑스와의 평화적 관계를 복원하려는 워싱턴의 끈질긴 노력도 프랑스가 핑크니(Pinckney)를 새 미국 대표로 받아들이기를 거부한 데서 보듯이 프랑스 집정부의 마음을 되돌리지 못하였다. 날선 토론 후에 하원은 대통령의 견해를 받아들여 또 다른 노력을 해 보기로 결정하였다. 특별한 임무를 띠고 파견된 세 명의 특사가 1797년 10월 4일 파리에 도착하였다. 그들이 도착한 며칠 후 특사들은 그들의 편지에서 X, Y와 Z로만 표시된 세 사람의 비공식적 접근을 받았는데, 그들은 핑크니가 프랑스 집정부에 의해 받아들여지려면 미국 측이 달콤한 선물이란 이름하에 약간의 뇌물을 보내라고 알려줬다. 그리고는 어느 날 한 숙녀 외교관이 접근을 해서 "딸레랑

---

16) *Am. State Papers*, Vol. Ⅱ, pp.178,189−190.

(M. Talleyrand)씨가 대부(貸付)에 대한 약속이 있어야 한다는 것을 자기에게 확언하였다"고 그들에게 알려줬다.17) 이 발언은 딸레랑이 기자회견시 미국 특사에게 보여준 후 태워버린 서면 제의에 의해 확인이 되었다. 거기에는 "프랑스는 미국에게 늘 쓸모가 있었는데, 지금은 미국인들이 프랑스에게 쓸모가 있기를 바란다"18)라는 문구가 있었다. 이러한 요구에 대해 미국 외교관들은 아무런 화답을 하지 않았고, 그 협상은 갑자기 종결되었다.

그 사이에 1807년에 일어난 유명한 '레퍼드'와 '체사피크(Chesapeake)' 사건에서 미국 수병에 대한 영국 군함의 갑질 행세가 절정에 달하였다.19) 같은 해 가을 외국으로 출항하는 모든 미국 선박의 출항을 금지하는 출항금지 법안이 하원의 특별회기에서 채택되었다. 프랑스와 영국 칙령의 철회를 기대하면서, 프랑스와 영국과의 통상교섭 불가 법안이 1809년 (미국)하원에서 통과되었다. 에르스카인 조약(Erskine Treaty)의 협상 시도와 5월 1일 통상교섭 금지 법안 통과에서 보듯이, 미국은 되풀이해서 양 교전당사국들에게 어떤 호혜적인 조치를 취해 주기를 바란다는 뜻을 표현하였으나, 아무 소용없었다. 어디서든 발견되기만 하면 미국 선박들은 프랑스와 영국 프리게이트 함정들에 의해 보이는 대로 무자비하게 나포되어 어떤 구실로든 몰수 판정을 받았다. 이 투쟁 중에 영국에 의해 나포된 미국 선박의 수는 900척이 넘었

---

17) John Bach McMaster, *A History of the People of the United States*, Vol. II, p.374.
18) McMaster, History, Vol. II, p.373,n.
19) Richardson, *Papers of the Presidents*, Vol. I, p.432.

고, 프랑스에 의해 나포된 수는 550척이 넘었으며, 영국에 의해 징발된 미국인 수는 6천 명이 넘는 것으로 추정되었다.[20] 이러한 가혹한 조치를 강력히 옹호하던 스펜서 퍼세발(Spencer Perceval) 수상이 암살되고 나서야 영국의 칙령은 6월 23일 철폐되었다. 영국 칙령의 철폐 소식이 미국에 너무 늦게 도착해서 전쟁을 막을 수가 없었다. 왜냐하면, 메디슨 대통령은 1812년 6월 18일 영국에 대한 전쟁선포에 이미 서명하였기 때문이다.

일반적으로 말하자면, 영국의 칙령이 전쟁의 주요 원인이었다. 영국 측으로서는 가장 사악한 조치가 적대행위 개시 5일 후에야 철회되었다는 것이다. 어쨌든 영국의 해군병사 징발권은 너무 과하였지만 영국으로서도 양보할 수가 없었고, 결과적으로 전쟁은 지속되었다. 그 사이에 프랑스 측으로서는 흥미 있는 조그만 에피소드가 발생하였다. 늘 하는 정치놀음에서 나폴레옹은 미국 공사(대사)에게 보여줄 의도로 가공의 칙령을 만들었다. 이 칙령은 1810년 4월 28일로 되어있었다. 이 계획에 의하면, 그는 1812년 전쟁 선포 오래 전에 베를린과 밀란 칙령으로부터 미국이 면제될 듯한 의도를 가진 것처럼 보였다. 사실은 이렇게 해서 나폴레옹이 영국과의 대결에서 미국의 우의(友誼)를 사려고 시도하였던 것이다.[21]

1814년의 겐트(Ghent) 조약 협상에서 미국 협상가들은 평화협상의 기초로서 중립권 보호를 주장하였다. 그러나 영국 외교관들은 중립

---

20) Schurz, Clay, Vol. I, p.76.
21) *Ibid.*, p.87.

권, 봉쇄규칙과 검색과 징발권 원칙에 관한 어떤 것도 고려하지 않았
다. 양측이 조정한 결과 1814년 12월 24일 평화조약은 주요 문제는
해결되지 않은 채 서명되었다. 그럼에도 불구하고 이 전쟁의 결과는
결정적이었다. 1756년 규칙의 관행은 영국에 의해 다시는 들추어지
지 않았고, 내각 칙령의 실시는 일제히 중지되었으며, 미국 선원의
징발은 다시는 문제가 되지 않았다. 아버딘 경(Lord Aberdeen)은 1842
년 8월 9일 웹스터(Webster) 씨와의 교신에서 "나는 징발에 관해 모든
우려와 걱정을 잠재울 만큼 만족할 만한 해결책이 나올 것이라 확신
하는 이유가 있습니다."라고 말하였다.[22] 그 이외에도 미국의 공화주
의자들은 중립세력으로서 우뚝 서서, 호의와 우의로 유럽의 국제관
계에도 영향을 미친 것으로 세계인들의 눈에 비추어졌을 것이다.

3. 스페인계 미국인의 운동

남아메리카 식민지 문제는 곧 젊은 미국 정치인들의 주목을 끌었
다. 나폴레옹이 그의 형제를 스페인 왕위에 올린 1808년부터 나폴레
옹이 퇴위한 1815년까지 중앙아메리카 및 남아메리카와 멕시코에
있는 스페인계 아메리카 식민지는 다른 국가들과 통상의 자유를 누
렸다. 투쟁의 과정에서 그들은 모국에 대항해서 독립을 선언하였다.
스페인 정부는 너무 무기력해서 반란을 일으키는 식민지를 복종시
킬 수가 없었다. 영국인들과 마찬가지로 미국인들도 남아메리카 공

---

22) Wharton, *Digest*, Vol. III, p.228.

화주의자들에 대해 동조하고 있었고, 그 결과로서 미국은 중립을 유지하기 어려운 위치에 놓여졌다.

1818년에 클레이(Clay) 씨는 하원에서 미국의 공감을 표시하기 위하여 남아메리카 지역에 사절단을 보낼 것을 제안하였다. 그의 견해에 의하면, 봉기하는 세력들은 사실상 독립정부이기 때문에, 미국은 정당한 중립을 지키려면 공사(公使, 오늘날의 대사- 역자주) 교환으로 그들의 독립을 인정해야 한다고 하였다. 그는 미국이 불편부당하게 중립이 되자면 "교전중인 왕실(스페인) 대표가 우리 정부에게 자기들의 대표를 접수시키고 입장을 말하였듯이, 공화주의 교전당사국 또한 그렇게 하도록 해야 한다"고 주장하였다.23) 이 제의는 거절당하였고, 남아메리카 문제에 (유럽)연합 열강의 간섭을 두려워해서, 몬로 대통령은 그의 신년 연두교시에서 유럽 열강은 무력으로 개입해서는 안 될 것이며, 미국이 채택한 중립의 길을 따라야 할 것이라는 희망을 피력하였다.24) 잭슨의 세미놀 족 전쟁은 흔히 스페인 중립영토에 대한 침해로 비난을 받는다. 그러나 플로리다에서 그의 행동은 자위권 원칙으로 정당화되었다. 플로리다에 있는 스페인 당국은 전쟁무기와 여타 군수품을 지원함으로써 미국에 대항해서 싸우도록 세미놀 족을 부추기고 있었다. 펜사콜라(Pensacola) 총독은 적대적 행위를 제압하고 난동자들을 처벌하라고 지시를 받았지만, 그는 이를 거절하였다. 결과적으로 잭슨은 세미놀 족을 추적하기 위하여 필요할 때에는 플로리다로 진입하도록 허가를 받았다. 잭슨은 세인트 마

---

23) Schurz, *Clay*, Vol. I, p.149.
24) Richardson, *Papers of the Presidents*, Vol. II, p.44.

크스 요새를 점령할 때 대통령으로부터 받은 위임의 한계를 넘어섰
다. 그러므로 정부는 정당하게 요새를 접수할 권한이 있는 사람에게
그 자리를 무조건 넘기라고 명령하였다. "내부의 적이든 외부의 적
이든 우리의 적은 우리 정부에게 불이익을 주기 위해 세인트 마크스
요새를 이용할 것이다. 만약 우리 군대가 인디언 적을 추궁하여 스
페인 영역으로 진입한다면, 그들이 당면하게 될 모든 반대는 진압되
거나 그렇지 않으면 우리는 위험한 상태나 불명예 상황에 휩싸이게
될 것이다."라는 잭슨 성명의 진위를 입증할 충분한 증거들이 있
다.25) 잭슨은 나아가 다음과 같이 주장하였다.

> "총체적인 중립 위반이 재발하지 않도록 하고, 세인트 마크스와
> 같이 강력한 기지로부터 야비한 적을 축출하기 위해, 현재의 이 전쟁이
> 종결될 때까지 미국 군대로써 요새를 수비하는 것이 마땅하다고 생각한
> 다. 이 조치는 자주 방위라는 변할 수 없는 원칙에 의하여 정당화될 수
> 있으며, 현 상황에서 스페인 국왕 폐하에게도 만족스러울 수밖에 없을
> 것이다. 양국 정부 간의 현존하는 조약 하에서, 스페인 국왕은 그 자신
> 의 신민이나 그의 영역 내에 거주하는 모든 인디언 종족뿐만 아니라
> 미국 시민들과도 평화를 유지하여야만 할 것이다." 26)

모든 점을 고려하면, 스페인 식민 당국은 대체로 비난을 받아야
할 처지였다. 그러나 스페인 정부는 항상 불평을 하였기 때문에, 미
국 정부는 엄정하게 중립을 지키기로 결심하였다. 이것이 식민봉기

---

25) Wharton, *Digest*, Vol. I, pp.225-226, Jackson to Monroe, January 6, 1818.
26) *Ibid.*, p.226.

세력을 지지하는 반스페인 대중감정을 격화시켰고, 정부는 1818년 3월 3일 자 중립법 통과의 필요성을 인식하였다.

B. 1794년과 1818년의 중립법

지난 기간 동안 중립의 발전을 위해 취해진 모든 행동 중에 가장 중요한 것은 워싱턴의 중립선언(Washington's Neutrality Proclamation) 이었다. 위에서 본 바와 같이, 이 선언은 중립법 역사에서 새로운 기원을 구성한다. 그럼에도 불구하고 이 선언만으로는 워싱턴 내각이 제시한 규칙을 실천하기에는 부족하였다. 안으로는 전쟁과 같은 분위기와 밖으로는 소요를 선동하는 이 기간에 정부는 엄격한 중립을 유지하는 것이 필요하다고 생각하였다. 이 선언은 의회의 법률로 만들어졌고, 이 법률은 법원의 결정으로 엄격히 집행되었다.

그의 선언에서 제시된 규칙을 시행함에 있어서 정부의 약점을 알고 있는 워싱턴 대통령은 1793년 12월 회기의 개막에서 의회에게 중립의 보다 나은 유지를 위해 어떤 효율적인 조치를 채택하도록 촉구하였다. 그는 그의 선언문, 긴급지시문 및 회람을 그에 수반되는 모든 사실과 함께 의회로 보냈다. 그의 정책과 보조를 맞추어, 의회는 1794년 6월 5일에, 때로는 1794년의 중립법으로도 알려진 저 유명한 제1차 외국인 모병법을 통과시켰다.

제1차 외국인 모병법은 다음에 해당하는 사람에 대한 처벌 근거를 제공하였다.

(a) 미국 관할권 내에서 외국을 위해 육군, 해병 또는 해군에 봉사할
목적으로 (1) 직접 모집을 하거나 또는 (2) 모집을 할 사람을 고용하
여 모병을 시키거나 또는 모집할 목적으로 미국 관할권 밖으로 벗
어나게 하는 자.

(b) 미국과 평화 관계에 있는 여하한 국가에 대항하여 선박이 해상 순
시나 적대행위 복무에 종사할 것임을 알면서도, 미국의 관할권 내
에서 해당 선박의 장비를 갖추어 무장시키거나, 또는 이를 시도하
거나, 장비를 갖추어 무장시키기 위하여 물품을 조달하거나, 또는
고의로 설비하거나, 장비를 갖추어 무장시키는 데 관여하는 자.

(c) 미국 관할권 내에서 위에서 언급한 목적으로 사용할 의도로 특정
선박을 취역시키는 자.

(d) 미국 관할권 내에서 미국과 평화관계에 있는 다른 국가와 교전 중
에 있는 외국에 복무하는 군함의 전투력을 증강시키거나 증강에 고
의로 관계하는 자.

(e) 미국 관할권 내에서 미국과 평화관계에 있는 외국 군주나 국가의
영토 또는 영역을 목표로 군사적 정벌이나 기획을 위한 수단에 착
수하거나 준비를 하는 자.

미국 정부가 이러한 규정에 의거하여 결코 완수하기가 쉽지 않은
의무를 떠안은 것은 사실이다. 그들이 제시한 규칙들을 이행하는 데
는 거대한 경찰력이 요구되었다. 개별 주(州)의 민병대는 정부 권위
를 무시한 자들의 폭력적 저항을 진압할 정도로 강력하지 않았다.

때로 민병대는 "프랑스 사략선으로서 준비를 하고 있는 선박을 나포하기 위해 70, 80마일을 행군해야 하였다."27)

제1차 외국인 모병법에 의한 첫 기소는 미국과 평화관계에 있는 영국의 왕과 싸우고 있는 프랑스 공화국에 복무시키기 위하여, 미국의 관할권 내에서 '레 주모(Les Jumeaux)' 호의 장비를 갖추고 무장시키는 데 고의적으로 관여하였다는 혐의로 1795년 5월 11일 필라델피아 순회법원에 회부된 존 에티엔느 귀네와 존 바티스테 르메트르 사건이었다.

당초 영국 순양함이었던 '주모' 호는 프랑스 소유권으로 넘어갔다. 그 배는 1794년 12월에 20개의 포문 중 4개를 열어놓은 채 설탕과 커피를 싣고 필라델피아 항구로 들어왔다. 그 배의 첫 프랑스 소유자인 뱁티스트(Baptiste)는 곧 그 배의 모든 창문을 열고 수리를 시작하였다. 그러나 그 배는 짐을 싣지 않고 필라델피아를 떠나 윌밍턴(Wilmington)으로 가서 무기와 기타 장비를 실었다. 배심원의 결정은 "가벼운 무장 상선을 전함으로 개조하는 것은 전혀 무장한 적이 없었던 것을 개조하고 무장하는 것"과 같다는 이유로 유죄로 판결하였다. 귀네(Guinet)는 징역 1년에 500불의 벌금형을 선고받았다. 그 다음 '레 주모(Les Jumeaux)' 호는 델라웨어(Delaware)로부터 샌 도밍고(San Domingo)로 갔고, 1795년 2월 7일 프랑스 정부에게 팔렸다. '캐시어스(Cassius)'란 이름으로 개칭한 프랑스 군함은 부관으로 임명된 사무엘 데이비스(Samuel Davis)란 미국인을 태운 채 영국의 통상을 방해하는 항해를 시작하였다. 영국의 범선 '윌리엄 린제이' 호가 그의

---

27) Sparks, *Washington*, Vol. II, p.42.

첫 희생자였고, 그것은 프랑스 관할권 내에서 프랑스 법정에 의해
합법적인 포획물로 판정되었다. 이 사건의 주요 문제는 '케시어스'
호가 당초부터 미국의 관할권 내에서 장비를 갖추고, 미국 시민의
지휘하에 취역하였지만, 그 나포가 공해상에서 이루어져서 나포자
의 지휘 아래 프랑스 항구로 예인되었음에도 불구하고, 미국이 그
배에 대해 보상권을 가지느냐 여부에 있었다. 그러므로 그 나포는
미국의 중립과 부합되지 않았고, 정부는 그 사건에서 사법적인 절차
에 개입하기를 거부하였다.

1810년 남미에서 혁명이 발생하였다. 다소간 미국의 정치적 강령
에 고무되어서 그들은 스스로를 모국으로부터 독립된 공화국이라고
선언하였다. 미국 혁명의 아버지들은 당연히 독립을 위해 투쟁하는
이들 식민국에 대해 동정적인 감정을 가졌다. 더욱이 스페인과 미
국, 이 두 나라의 관계는 정치적으로든 종교적으로든 그렇게 우호적
이지도 않았다. 우호적인 태도로 마드리드 정부에 접근하려고 한 미
국 정치인들의 모든 노력이 헛되었다. 이러한 이유와는 별도로, 미
국인들은 전반적으로 구세계의 압제와 전제로부터 그들의 자매 대
륙이 자유롭게 되기를 바랐다.

그러나 포르투갈 공사는 1816년 12월 20일 몬로 국무장관과의
교신에서 (포르투갈) 정부 측으로서는, 중립규칙을 이행하는 데 어려
움은 위반자들을 처벌하려는 의지가 부족한 데 있는 것이 아니고,
1794년 법을 뒷받침하는 힘이 부족한 데 있다고 인정하였다.[28] 그는

미국 정부에게 포르투갈에 대항할 목적으로 부에노스아이레스의 반
란자들을 위한 볼티모어항의 사략선 장비를 구비한 것을 언급하면
서, "앞으로 이러한 시도를 방지할 어떤 조항"을 만들어 줄 것을 요
청하였다. 1816년 12월 26일 메디슨 대통령은 의회에 "평화 국가로
서 미국이 지고 있는 의무의 계속적인 침해와 미국 수역 내에서 장
비를 구비한 무장 선박들의 공해상 불법행위를 성공적으로 방지할
수 있도록" 예방적 권한을 확대시켜 달라는 특별 메시지를 보냈
다.29)

　　1817년 4월에 스페인 영사는 버지니아 지방법원에 '산티시마 트
리니다드(Santissima Trinidad)'와 '세인트 안더(St. Ander)'라는 스페인 선
박에 실린 화물의 일정 부분에 대해 명예훼손 소송을 제기하였다.
문제의 화물 부분은 공해상에서 리오데라플라타 연합(the United
Provinces of Rio de le Plata) 시민이 승선하여 지휘한 '인디펜덴시아 델
수드(Independencia del Sud)'와 '알트라비다(Altravida)'라는 두 무장 선박
에 의해 약탈당한 것으로 추정되었다. 노포크에서 스페인 측은 원
(原) 스페인 소유주를 대신해서 그 화물을 원래 스페인 주인에게 돌
려주어야 한다고 주장하였다. 스페인 영사에 의해 제출된 세 가지
주요 이유는 다음과 같았다 :

　　(1) '인디펜덴시아' 와 '알트라비다' 호의 선장은 미국 시민이다.
　　(2) 문제의 선박들은 미국에서 장비를 구비해서 설비되고 무장되었다.

---

28) Dana, *Wheaton*, p.540, M. J. Correa de Serra to Monroe.
29) Richardson, *Papers of the Presidents*, Vol. I, p.582.

그리고

(3) 그 화력과 무장은 미국영토 내에서 불법적으로 증설되었다.

지방법원은 원(原) 주인에게 돌려주라고 판시하였다. 순회법원에 항소되었을 때 그 판결은 재확인되었고, 대법원의 스토리(Story) 판사 또한 순회법원의 결정을 확인하였다. 대법원의 결정에서 스토리 판사는 다음과 같이 판시하였다.

(1) 당초 사략선이었던 '인디펜덴시아'는 볼티모어의 어떤 사람에게 팔렸다. 그는 그 배를 겉보기엔 북서 해안으로 끌고 갔는데, 사실은 부에노스아이레스로 끌고 갔고, 거기서 그 배는 부에노스아이레스 정부에 매각되었다. 그 배는 그 항구에서 국가 공공 선박으로 등록이 되어 차이토르(Chytor)라는 볼티모어 출신인 선장에게 맡겨졌다. 매각 영수증은 발행되지 않았지만 "차이토르 선장 위임의 진위에 관해 표명된 의심…"이 없는 한, 그 배는 법적으로는 그 나라의 공공 선박으로 간주되어야 하고 미국 시민의 개인 재산으로 간주되어서는 안 된다.[30]

(2) (원래의 불법적인 무장문제에 관해서) "전선(戰船)으로서 장비를 갖추고, 그 배는 상업적 개척, 즉 사실상 밀수 목적을 위해 부에노스아이레스로 보내진 것은 명백하지만, 우리 국가의 중립성에 관한 법을 위반하지 않았다.… 그러나 우리 국내법이나 국제법에 우리 시민들이 팔기 위해 전쟁 무기는 물론 무장 선박을 외국 항구에 보내는 것을 금지하지는 않았다."[31]

---

30) *U. S. Supreme Court Reports*, 7 Wheaton 283, 335.

(3) 세 번째 문제에서 관해서 "그러므로 법정은 '인디펜덴시아' 호는 미국영토 내에서 실질적으로 승무원을 증원함으로써 미국 국내법 뿐만 아니라 국제법과 우리의 중립을 위반하여[32] 불법적인 무력 증강을 하였다는 결론을 내리게 되었다."

1817년 3월 3일 의회는 "미국의 중립 관계를 더 효과적으로 보장하는" 법안을 통과시켰다. 이 법률에 의해 미국의 관할권 밖으로 나가는 어떠한 무장 선박이라도 선박과 화물 가치의 두 배 이상의 충분한 유가증권을 보증으로서 제공해야 하였는데, 이는 미국과 평화 관계에 있는 어떠한 군주나 국가에 대하여 또는 그 식민지, 지역, 사람들에 대항하여 군사적 조치를 돕거나 증강하는 데 그 배를 사용하지 않겠다는 약속에 대한 담보였다.[33]

스페인 정부는 여전히 미국 수역에서 스페인 통상을 방해하는 사략선이 무장되는 데 대해 불평을 하였다. 스페인의 항의를 뒷받침하는 30척의 사략선 명단도 함께 제시되었다. 메디슨 대통령은 아멜리아(Amelia) 섬과 갈베스톤(Galveston)에 군사기지 건설을 정부가 당장 착수해야 한다며 의회도 관심을 가져줄 것을 촉구하였다. 결과적으로 2년간 임시적이었던 1817년 법이 폐지되고, 새로운 법이 1818년 4월 20일 통과되었다. 이것은 1818년의 중립법으로 알려진 영구적

---

31) *Ibid.*, 283, 340.
32) *Ibid.*, 283, 344.
33) *Statutes at Large*, Vol. III, p.370, the words, "of any colony, district, or people", were added to the act of 1794.

인 법이다. 이 법은 약간의 수정 부분을 제외하고는 사실상 1794년
법률의 재입법이었다. 이 법을 이루는 중요한 부분은 다음과 같다.;

(1) 미국 시민으로서 미국 관할권 내에 있으면서 외국의 군주나 국가,
   식민지, 지역 또는 국민에 봉사하기 위한 임관을 수락하거나 이행
   하는 경우 높은 등급의 경범죄를 범한 것으로 간주된다 ;

(2) 모병하거나 스스로 입대하거나 입대시킬 목적으로 보수를 주거나
   매수해서 관할권 밖으로 데리고 가는 … 자는 … 유죄로 간주된
   다.….

(3) 선박의 장비를 갖추거나, 무장하거나, 또는 이를 시도하거나 또는
   장비를 갖추거나 무장을 하는 데 고의적으로 관여하는… 자는 …
   유죄로 간주된다.

(4) 군함, 순양함이나 기타 무장선박의 무력을 증강시키거나 또는 무
   력을 증강시키기 위하여 구입을 하거나 이러한 일에 고의적으로 관
   여하는… 자는… 유죄로 간주된다.

(5) 미국과 평화 관계에 있는 외국 군주의 영토나 지배지에 대항해서
   그곳에서 수행하려는 군사적 원정이나 기획을 시작하거나, 착수하거
   나, 그 수단을 제공하거나 준비하는 … 자는 … 유죄로 간주된다.

(6) … 미국의 수역 안에서 나포된 경우, 누구에 의해 제소된 것인지
   에 관계없이, 지방법원이 모든 제소에 대해 관장한다.

(7) 대통령은 이 법 조항을 효과적으로 … 이행할 목적으로 육군과 해
   군 및 민병대를 동원할 권한을 가진다.

(8) 동일한 군사력은 미국 국내법이나 미국이 외국과 체결한 조약에
   위배되는 선박을 강제로 축출하는 데에도 동원될 수 있다.

(9) 전체 또는 부분적으로 미국 시민이 소유하는 선박과 화물의 경우,
미국 항구로부터 출항하기 전에, 앞으로 이 법이 금지하는 것에 위
배되는 목적으로 사용되지 않을 것을 약속한다는 뜻에서, 그 선박
과 화물의 두 배의 가치에 해당하는 보증이 요구된다.

(10) 세무공무원은 명백히 군사적 목적으로 건조되었거나 장비를 갖
추는 어떠한 선박도 압류한다.

이것은 1819년 영국의 외국인 모병법과 그 후 여러 유럽 국가들
의 형법에 채택된 유사한 조항의 근거가 되었다.

III. 중립통상의 자유

이 기간 동안, 미국 정부는 중립통상의 처리에서 자유주의적 정
책을 추구하려고 노력하였고, 다른 국가들과의 여러 조약에서 '자유
선박, 자유 화물' 원칙(중립화물은 몰수배제-역자주)을 포함시키는 데
성공하였다. 1795년 스페인과의 조약에서 "배에 실린 상품의 주인이
누구인지에 대한 구분이 없다"는 뜻으로 자유 선박이 자유 화물을
만든다는 데 합의하였다.[34] 1796년 트리폴리(오토만 제국 치하의 도시
국가, 레바논 북부에 위치-역자주)와의 조약[35] 1797년 튜니지(Tunis)[36]

---

34) Art. XV, *Treaties and Conventions*, 1871, p.780.
35) *Ibid.*, p.837.

와의 조약, 같은 해 모로코와의 조약37)에서 미국은 '자유 선박, 자유 화물'이란 새로운 규칙과 나아가 적선(敵船)에 있는 자유 화물(중립 화물) 또한 자유(몰수배제)라는 것을 조문화하였다.

한편, 미국 정치인들은 자유주의적 원칙을 확립하기가 어렵다는 것을 깨닫기 시작하였고, 때로는 이것을 모두 포기하기도 하였다. 제이 조약(Jay Treaty)에 의해 자유 선박에 있는 적의 재산은 정당한 포획으로서 처벌되어야 한다는 데 합의하였다. 그러나 제이 조약의 협상 과정에서 미국 외교관이 제시한 초안은 미국 정부가 '자유 선박, 자유 화물'을 최대한 포함시키기를 제안하였던 것으로 드러났다.38) 그러나 영국 정부는 이러한 제안에 굴하지 않았고, 미국 정부는 "만약 영국과의 전쟁이 대안이라면"이라는 문구 없이 조약을 비준하는 것이 신중할 것이라고 생각하였다.39) 1785년 프러시아와의 조약 유효 기간이 만료되었을 때, 1796년 존 퀸시 아담스(John Quincy Adams)는 적선(敵船), 적의 화물에는 반대를 하지 않고, 다시 한번 '자유 선박, 자유 화물' 조항을 포함시키면서 그 연장을 도모하였다. 1796년 때까지 '자유 선박, 자유 화물' 원칙은 영국과의 조약을 제외하고는 사실상 미국이 체결한 모든 조약에서 채택되었다. 이것은 적선(敵船), 적의 화물을 포함하든 포함하지 않든 행해졌다. 이 원칙이 보편적 원칙으로 확립되도록 하려는 미국의 지속적인 노력의 결과는 만족스럽게 나타나지는 않았다.

---

36) *Ibid.*, p.846.
37) *Stat, at Large*, Vol. VIII, p.101.
38) Wharton, *Digest*, Vol. II, p.162.
39) Moore, *Digest*, Vol. V, pp.702-704.

휘튼(Wheaton)은 다른 국가들이 미국과의 조약에서 채택한 이 원칙을 미국에게 해로울 때는 준수해야 한다고 주장하면서도, 그들에게 유익할 때는 그 원칙을 무시해 버렸기 때문에 "그 원칙을 두고 볼 때 어느 면에서 보더라도 미국은 패자(敗者)"라고 말하였다.[40]

결과적으로 1798년 미국의 특명전권공사인 아담스는 당시 협상 중이던 조약에 '자유 선박, 자유 화물' 조항의 포기를 프러시아 내각에 제의하라는 지시를 받았다.[41] 아담스는 본국 정부와의 교신에서 큰 해군력을 가지지 않은 모든 해양 국가들은 영국에 대항해서 세운 무역의 자유를 기대하고 있고, 영국의 요구를 지지하는 어떠한 행동에도 분개할 것이라고 말하면서, 처음에는 이 포기에 대하여 반대하였다.[42] 한편 그는 양당사자의 한 당사국과 제3국 사이에 전쟁이 발생할 경우, 이러한 조약의 의무가 미국에 역작용하게 될지도 모르기 때문에 조약의 의무를 지는 것이 바람직하지 않을 수 있음을 인정하였다. 이러한 상황에서 그는 본국 정부의 지시에 따라 이러한 예(例)에서와 같이 만약 교전 국가의 적이 동일한 원칙을 인정한다면 중립 화물선은 적의 화물도 실을 수 있을 정도로 협정은 조건부여야 한다고 주장하였다.[43] 이렇게 해서 그는 상호주의 원칙 위에서 이 규칙의 적용을 조건부로 내세웠다. 휘튼은 "이것은 쉽게 자유주의적 원칙에 대한 미국의 선호를 발견할 수 있도록 하지만, 아직은 그들의

---

40) Dana, *Wheaton*, p.588.
41) *Am. State Papers*, Vol. IV, pp.38-47.
42) Wharton, *Digest*, Vol. III, p.225, letter of July 17, 1797.
43) *Am. State Papers*, Vol. I, p.251.

적들이 위반을 할 때 이 원칙을 고수함으로써 발생하는 희생을 용인
하지는 않게 하는 것이다"라고 말하였다.44)

일련의 긴 커뮤니케이션이 있고 난 뒤에 이 조약은 마침내 1799
년 7월 11일 체결되었다. 이것은 자유주의적 원칙을 포기한 것이다.
이 포기의 이유는 다음과 같이 이 조약 제12조의 언급에서 명백히
나타나 있다:

　　　"지난 두 번의 전쟁에서 자유 선박이 자유 화물을 만든다는 원칙
이 충분히 지켜지지 않았다는 것을 증명한 경험… 두 체약 당사국은
전반적인 평화의 회복 후에 미래의 전쟁에서 중립국의 항해와 교역의
자유와 안전을 공고히 보장하기 위한 제도와 항구적 원칙을 그들 자신
간에 따로 또는 타국과 공동으로 유럽의 해양 대국들과 보조를 맞추어
만들기로 합의할 것을 제안한다. 그리고 만약 일방 체약국이 참여한 전
쟁에 타방 체약국이 중립을 유지하고 있다면, 교전국의 군함과 사략선
은 전쟁의 진행과정이 허용하는 한, 중립국가의 상선에 대하여 호의적
으로 행동해야 한다…45)

1800년 프랑스와의 조약에서 미국은 '자유 선박 자유 화물' 원칙
과 '적의 화물 적의 선박' 원칙을 채택하였다.46) 이 조약의 협상에서
미국 공사는 이렇게 말하였다.

---

44) Dana, *Wheaton*, p.593.
45) *Treaties and Conventions*, 1871, pp.718-719.
46) *Ibid.*, p.270.

"많은 예에서 여러 나라들이 개별 조약을 통하여 적의 선박은 적의 화물을 만들고, 친구의 선박은 친구의 화물을 만든다는 그들 간의 각기 다른 원칙을 소개하였다 ; 그러나 이것은 국제법의 일반원칙에 우선하는 개별조약의 효과로서, 국가들 간에 통용하기로 합의한 경우에만 효력을 발생한다."

이것은 영국이 미국 측의 저항 없이 미국 선박에서 빼앗은 프랑스 화물에 대한 프랑스 측의 불평에 대한 회답에서 제퍼슨이 이미 말하였던 것의 재확인이다. 1812년 전쟁 기간 동안, 미국의 포획 법정은 일률적으로 미국과 상호주의 원칙을 이행하는 나라에 속한 화물을 제외하고는, 자유 선박에 실린 적의 화물을 몰수하는 "공인된 국제법 규칙"을 적용하였다.47) 상호주의 원칙이란 조건을 붙인 이 같은 제한이 이 기간 후반과 그 이후 조약에 반영되었다.48)

IV. 중립통상의 제한

A. 전시 금제품

(1) 일반 전시 금제품 ― 미국 정부의 경향은 항상 금제품 리스트

---

47) Dana, *Wheaton*, p.603.
48) *U. S. Supreme Court Reports*, 2 Wheaton Appendix, Note 1, pp.54-56.

를 제한해 왔던 반면에, 영국의 경향은 전시 금제품 리스트를 확대
해 왔다.

양국 간의 이러한 차이 때문에 종종 분쟁이 발생하였다.[49] 식료
품에 대하여 영국의 금제품으로서 몰수 판정은 미국 측의 심각한
항의를 받았다. 이 문제는 최종적으로 혼성위원회에서 결정되었는
데, 내각 칙령에 따라 영국 순양함에 의해 나포된 선박과 화물의
소유주에 대해 영국 정부는 $11,000,000 정도의 보상금을 지불하도
록 하였다.[50]

(2) 연속항해 ― 연속항해 문제는 1756년 전쟁 규칙과 관련하여
처음으로 돌출되었다. 이 규칙이 재현된 프랑스 혁명 전쟁에서, 미
국의 중립 선박들은 처음엔 화물을 미국 항구에 끌고 온 다음 이것
을 본국(프랑스) 항구로 운반함으로써 이 규칙의 적용을 회피하려고
하였다. 이러한 방식의 상업거래를 종식시키기 위하여 윌리엄 스코
트(William Scott) 경은 그 이후 연속항해 원칙으로 알려진 원칙을 적용
하였다. '머큐리(Mercury)'호 사건은 실제로 이 원칙에 의해 선박과 화
물의 몰수판정을 받은 초기 사건 중의 하나였다.[51] 이것과 유사한
수많은 경우에서 영국 법정은 위장 수입을 하기 위하여 단순히 중립
항구를 거치는 화물은 몰수할 수 있다고 주장하였다.[52] 이 주장에

---

49) Wharton, *Digest*, Vol. III, pp.411-413.
50) Moore, *Arbitrations*, Vol. I, pp.341-344.
51) *Admiralty Reporter*, Robinson, Vol. V, p.400.
52) The "Sarah Christina", 1 Robinson 199; the "Carolina", 2 Robinson 210; the

대한 주요 근거는, 만약 그 배가 선박 서류에서 어떤 증거를 제시하였거나 또는 그 배가 금지된 항구로 가고 있다는 충분한 이유를 제시하였다면, 그 배가 어떤 항구로 즉각 향할 것인지는 중요하지 않다는 것이다. 이 원칙은 항해의 후반부, 즉 그 배가 중간의 중립 항구에 잠깐 스친 이후에만 적용되었다. 최종 목적지가 적의 항구인 선박은 첫 통관 항구와 중립 항구 사이에 항행하는 첫 부분은 진행하도록 허용될 수도 있지만, 중립 항구와 적대국 목적지 사이에 항해하는 최종 부분에서 발견되자마자 나포되어 불법무역을 수행한 데 대해 몰수되기 십상이다. 이것은 연속항해에 관한 영국의 원칙이었다.

B. 봉쇄

이 시기에 봉쇄의 역사상 두 가지 가장 괄목할 만한 사건이 있었다. 소위 '대륙제도(continental system)'는 서류상 봉쇄에 불과하였다. 이 제도는 부분적으로 위에서 논의하였으므로 더 이상의 논의는 여기에서는 불필요할 것으로 보인다. 봉쇄의 실효성과 봉쇄의 존재에 대한 통고(notification) 문제는 18세기 동안, 유럽의 외교관뿐만 아니라 유럽의 법학자들에 의해 자주 논의되었지만, 일반적 관행은 늘

"Nancy", 3 Robinson 71; the "Phoenix", 3 Robinson 154; the "Edward", 4 Robinson 56. American edition published in Philadelphia. All of these cases were decided between the years 1799 and 1802.

일정하지 않았다.

통고 문제에 관해서, 미국은 1794년경부터는 특별 통고의 실행을 선호하였다.[53] 아마도 미국의 영향으로 영국 해군법정은 1804년 마르티니크와 구아델루페(Martinique and Guadeloupe) 봉쇄와 관련한 훈령에서, 코모도르 후드(Commodore Hood)에게 "만일 그들이 미리 경고를 받지 않았다면 이러한 항구로 향하는 선박을 나포하지 말라…"고 하였다.

봉쇄의 실효성 문제가 나폴레옹 전쟁에서의 서류상 봉쇄의 결과로 심각한 토론에 부쳐졌다. 영국 정부는 1803년부터 이런 종류의 봉쇄를 실행해 온 것으로 보이는데, 나폴레옹 전쟁이 끝날 때까지 지속되었다. 미국은 항상 확대된 봉쇄의 남용에 대해서 항의하였다.[54] 나폴레옹과의 격렬한 투쟁을 하고 있던 영국은 1807년 미국의 항의에 굴복하여, 봉쇄는 충분히 타이트해서 (봉쇄 선박 간의 배치가 촘촘해서) 선박의 출입이 임박한 위험에 처한 것으로 간주될 수 있어야 한다는 원칙을 인정하였다.

스페인에 의해 서류상 봉쇄의 관행은 1816년 카르타헤나(Carthagena)가 봉쇄상태에 있다는 것을 선언할 때까지 유지되었다. 이 선언에 의해 스페인 정부는 총 연장 3천 평방마일에 이르는 지역에

---

53) By Art. 18 of the Jay treaty it was agreed that if "vessels sail for a port or place without knowing that the same is besieged, blockaded, or invested every vessel so circumstanced may be turned away from such port or place…" *Treaties and Conventions*, 1871, p.328.
54) Moore, *Digest*, Vol. VII, pp.788-789.

봉쇄를 하는 척하였다. 미국 정부는 "명백히 국제법에 일치하지 않
는 것"으로서 즉시 이를 부인하였다. 이 결과로서 스페인의 총독은
공개적으로 국제법의 존재를 몰랐었다고 자백하고, 1817년 9월 2일
에 봉쇄를 철회하였다.

C. 검문 및 검색권

(1) 일반 검문 및 검색권 ─ 검문 및 검색권과 관련하여 미국의
일반적 경향은 호송하에 있는 중립선의 면제를 인정하였고, 영국의
엄격하고 가혹한 관행55)에 대해서는 항상 반대해 왔다.

호송하에 있는 선박에 대한 교전국의 검문 및 검색으로부터 면제
받는다는 주장을 영국은 항상 거부해 왔고, 미국은 이를 지지해 왔
다. 이 주제에 대해 근래 저술은 "미국 법정의 결정과 미국 법학자들
의 의견은 영국 견해를 지지한다"56)고 주장하였다. 그러나 사실은
이것은 단지 부분적인 진실일 뿐이다. 그들은 교전국 군함의 호송하
에 있는 중립상인의 경우와 자국 군함의 호송하에 있는 중립상인들
간의 입장 차이를 간과하였다. 전자의 경우, 미국 법률가들 간에 견
해가 엇갈리고 있는 듯하지만, 후자의 경우 미국은 결코 영국의 입
장을 지지하였다는 사실이 발견되지 않았다.

---

55) I *Robinson* 287, Am. Ed.
56) Atherly-Jones, *Commerce in War*, pp.322-323.

(a) 교전국의 호송하에 있는 중립상인 ― 영국 법정은 적의 호송하에 있는 중립 선박은 적대적인 성격을 가질 것이고, 따라서 적으로서 다루어야 한다고 주장하였다. 이 견해는 미국 정부에 의해 받아들여졌고, 스토리(Story) 판사의 지지를 받았다. 1815년 '네레이드(Nereide)' 케이스에서 그는 교전국의 호송은 당연히 호송받는 선박이 중립이든 아니든 적의 선박에 의한 어떠한 검문에도 저항하게 된다. 교전국의 보호를 받는 중립은 역시 적의 호송이 제압당할 때까지 적에게 항복하지 않을 것을 선언할 것이다.[57]라고 말하였다.

(b) 자국 호송하에 있는 중립상인 ― 자국 선박의 호송하에 있는 중립상인들에 관해서 영국과 미국 간의 일치된 의견이 없었다. 영국은 교전국의 호송과 중립국 자신의 호송 간에 차이를 두지 않았다. 영국 법정은 교전국과 중립국의 호송권을 부인하였다. 그에 비해 미국은 항상 "그의 보호하에 있는 선박은 그 배가 달고 다니는 기(旗)의 국가에 소속된다는 것과 적의 항구로 향할 때에는 그 배에 금제품이 없다는 호송선 사령관의 명예를 건 구두 선언만으로 충분하다는 주장을 하였다." 1837년 5월 18일 포르시스(Forsyth) 국무장관은 멕시코 장관과의 교신에서 이러한 조건으로 "미국은 항상 이에 따를 것"이라고 말하였다.[58] 이 원칙은 1797년 튜니스[59]와 1800년 프랑스[60]와의 조약에서 반영되었다.

---

57) *U. S. Supreme Court Reports*, 9 Cranch 388, 441.
58) Warton, *Digest*, Vol. III. p.318.
59) *Treaties and Conventions*, 1871, p.847.
60) *Ibid*, p.272.

그러나 영국은 1801년 6월 17일 그 유명한 세인트 피터스버그 해양회의(Maritime Convention of St. Petersburg)에 합류함으로써 비로서 호송의 면제를 인정하였다. 영국이 피호송 선박의 전반적인 면책 규칙을 공식적으로 인정하지는 않았지만, 영국으로서는 결단을 내린 타협이었다. 호송 하에 항해하는 상선(商船)은 필요시 사령관이 증명을 할 수 있도록 호송선 사령관에게 여권과 선박 서류를 제출하도록 합의를 보았다. 나아가 이러한 인증이 확인되면 어떠한 검색도 요구되지 않아야 한다고 언급하였다.[61]

---

61) Martens, *Recueil*, 2nd Ed., Vol. VII, p.263.

제 4 장
중립의 역사
― 1818년에서 1861년까지 ―

I. 영국의 1819년 외국 모병법

1815년 유럽 전쟁이 끝난 후, 영국의 군인들과 수병들은 남미 각 지역에서의 복무를 위해 영국 관할권 내에서 자유롭게 모집되고 조직되었다. 이와 같은 상황에서, 미국의 예를 따라, 영국 정부는 "영국 왕의 신민이 외국 복무에 근무하기 위하여 입대 또는 고용되는 것을 막고 있다. 영국 왕의 허가 없이 영국 내에서 전쟁 목적을 위하여 선박을 설비하거나 장비를 장착하는 것을 금지시키기 위하여" 1819년 외국 모병법을 제정하였다.

이 법은 1794년 미국의 법률에 기반을 두었으며, 법 제정 시 가능한 한 미국의 입법 과정의 전철을 긴밀히 따르려고 노력했다. 캐밍(Camming)은 미국의 중립제도에 대하여 최고의 찬사를 보냈다. 1819년의 법률을 폐기시키는 법안이 1823년 의회에 제안되었을 때,

그는 "만약 본인이 중립제도에 관한 지침을 원한다면, 워싱턴 대통령과 제퍼슨 장관 시절 미국이 수립하였던 것을 택하겠다"고 연설하였다.

미국의 모병법은 출항하려는 선박과 화물이 위법한 복무에 종사하지 않을 것이라는 약속을 받고, 그 선박과 화물의 두 배에 해당하는 보증을 요구하였다. 이 조치 부분이 1819년 영국의 법에서는 생략되었다.

II. 필리버스터

이 시기의 미국의 중립 관행은 각기 다른 상황하에서 수많은 사례와 관련되었다. 유명한 '볼리바르(Bolivar)호' 사건에서 미국 법원은 볼리바르호가 미국의 관할권을 떠나기 전에 (어떤) 의도를 품지 않았다는 이유에서 퀸시(Quincy)는 무죄라고 판단하였다. 미국 시민인 퀸시는 볼티모어에서 세인트 토마스(St. Thomas)까지 수로 안내선인 볼리바르호를 그의 지휘하에 운행하였다. 세인트 토마스에 도착하자마자 볼리바르호의 선주인 암스트롱은 자금을 조달하여 이 배를 부에노스아이레스 깃발 하의 사략선으로 개조하였다. 공해에서 여러 척의 스페인 배를 나포한 후 볼리바르호는 퀸시와 암스트롱을 계속 태운 채 미국으로 귀환하였다. 퀸시는 "외국 군주를 위해 복무하려는 의도로써" 고의로 선박을 개조하는 데 관여하였다는 이유로 기소되었다. 법원은 "범죄는 주로 적대 행위를 범할 준비를 하는 의도에 있다. 이들 준비는 미국의 영토 내에서 이루어졌어야 하며… 그러한 의도는 그 배가 미국을 떠나기 전에 형성되었어야만 한다"라고 판시하였다.[1] 그 같은 의도가 미국의 관할권 범위 밖에서 형성되었다면, 퀸시는 유죄라고 할 수 없었다.

1848년경 독일에서 자유주의 운동이 벌어지던 때, 미국 회사로부터 군함을 구입하기 위하여 독일 정부가 파견한 대리인에게 미국 정부가 제공한 편의와 후원은 이에 대한 항의가 제기되자 철회되었다. 그 선박이 막 출발하려 할 때 미국 정부는 $900,000달러에 상당한 보증을 요구하였다.

헝가리의 자유주의 운동에 대하여 미국의 동정 여론이 크게 일어나서 미국 대통령이 포르테(Porte, 오늘날의 터키)에 피신 중인 헝가리 애국자 코슈스(Kossuth)를 미국으로 데려올 수 있도록 의회가 1851년 3월 양원 합동결의를 통하여 대통령에게 군함을 파견할 권한을 주었을 때, 미국의 중립성은 심각하게 시험을 받게 되었다.[2] 미국에 도착한 코슈스는 정부 당국과 국민으로부터 열광적인 환영을 받았다.[3] 그러나 그가 왜 미국으로부터 감성적 지원뿐만 아니라 재정적, 국민적 또는 정치적인 지원의 형태로 이어질 수 있는 '효과적인 동정'을 얻으려고 노력했지만 실패한 이유는, 다름이 아니라 미국 정치인들

---

1) *U. S. Supreme Court Reports*, 6 Peters 445.
2) *Statutes at Large*, Vol. IX. p.647.
3) Richardson, *Messages*, Vol V, p.119, the President's Message of Dec. 2. 1851.

이 미국은 중립국에 이어서 헝가리 문제에 개입하지 못할 것임을 깨
달았기 때문이었다. 헨리 클레이(Henry Clay)는 코슈스에게 "귀하는
당신이 미국에게 제안한 정책에 제가 반대하는 것을 허용하여야만
합니다."라고 말하였다. 나아가 그는 "우호와 타국 문제에 대한 불간
섭이라는 우리의 전통적 정책"은 포기될 수 없다고 말하였다.4)

1849년과 1851년 쿠바봉기 때, 남부에서는 로페즈(Lopez)와 그의
추종자들에 대한 동정적 여론이 매우 강해서 중립법을 시행하기 어
려웠다. 미국 관할권 내에서 미국 시민에 의하여 조직된 적대적 원
정대는 매우 위협적이어서, 테일러(Taylor) 대통령은 적대적 원정을
금하는 포고령을 내렸다.5) 그러나 그것만으로는 충분하지 않아서,
필모어(Filmore) 대통령은 모든 위법 행위에 대하여 또 다른 경고를
하였다.6) 로페즈의 첫 번째 원정대는 성공적으로 저지되었다. 그러
나 또 다른 원정대는 도주에 성공하였지만 로페즈의 추종자들은 스
페인에 의하여 해적으로 체포되었다. 로페즈는 미국의 중립을 침해
한 혐의로 남부의 배심재판을 받고 풀려났다. 그는 흩어진 추종자들
을 모아 1851년 8월 두 번째로 쿠바를 급습하였다. 그는 체포되어
교수형을 받았고, 50명의 그의 추종자들도 죽었다는 소식이 미국에
알려지자 뉴올리언스의 폭도들은 스페인 영사관을 깨부수고, 스페
인 여왕의 초상화를 훼손하였다. 스페인과의 외교 관계를 복원시키

---

4) Schurz, *Clay*, Vol. II, p.394.
5) Richardson, *Messages*, Vol. V, p.7.
6) *Ibid*, p.III.

기 위하여 웹스터는 모욕 행위에 대한 보상을 제안하는 한편, 피해
에 대한 배상을 허용해 줄 것을 의회에 건의하였다.

유명한 캐롤라인(Caroline)호 사건은 매우 중요한 원칙을 낳았다.
1838년 캐나다의 반란이 진행 중일 때 일단의 사람들이 영국 영토를
침범하기 위하여 미국 영토 내에서 캐롤라인 호를 개조하였다. 이
배가 나이아가라의 미국 쪽에 닻을 내리고 있을 때, 영국군의 공격
을 받아 폭포 쪽으로 떠내려갔다. 미국 정부는 중립국 영토의 침범
에 대해 항의하였으나 영국 정부는 자위 행동이라며 그 행동의 정당
함을 주장하며 대응하였다. 공문이 오고 간 끝에 워싱턴 정부는 "절
박하고, 저항할 수 없으며, 다른 선택의 수단이 없고, 숙고할 시간이
없는 경우"에는 자위가 필요하다는 영국 측의 주장을 묵인하고, 이
문제를 종결시켰다.[7) 이 사건은 국가가 자신의 의무를 게을리하여
숙고할 시간조차 없을 정도로 타국을 극단적인 위험에 빠뜨리게 되
면, 영토 불가침의 원칙은 자기 보전의 원칙에 종속된다는 원칙을
지지한다는 선례를 만들어냈다.

III. 먼로주의

---

7) Senate Documents, Foreign Relations, 1st Session, 27th Congress, 1841, pp.15-20,
   Webster to Fox, April 24, 1841, and Parliamentary Papers, 1843, Vol. LXI,
   pp.46-51, Lord Ashburton to Webster, July 28, 1842.

신성동맹의 결성 이후 엑스라샤펠(Aix-la-Chapelle), 트로포(Troppau), 라이바흐(Laibach), 베로나(Verona) 등지에서 개최된 회의에서 유럽 동맹국들은 '합법성'의 원칙이라는 것을 공포하여 유지시키려고 시도하였다. 조지 캐닝(George Canning)이 유럽의 단합에 대항하여 미국이 영국과 공동행동을 취할 것을 촉구하자 워싱턴 정부는 영국 측 제안에 대한 수락 여부로 의견이 크게 나누어졌다. 이때 존 퀸시 애덤스(John Quincy adams)의 영향을 받은 먼로(Monroe) 대통령은 1823년 12월 교서를 의회로 송부하였는데, 그 연두교서의 내용은 후일 '먼로주의'로 알려지고 있다.8) 이 교서의 일부분에서 그는 미국의 중립적 입장을 분명히 정의하였다.

그는 그 부분에서 다음과 같이 말했다.

"유럽 국가들이 그들의 문제로 벌어진 전쟁에, 우리는 결코 어느 편에도 편들지 않았다. …우리의 권리가 침해되거나 심각하게 위협을 받았을 때에만 우리는 상처에 대하여 분개하거나 우리의 방위를 위해서 준비를 해왔다…신생 정부와 스페인 간의 전쟁에서 그들의 승인이 대두되는 시점에서 우리는 중립을 선언하였고, 우리는 이를 고수해 왔으며, (앞으로도) 미국의 안보에 불가결한 변화에 상응하는… 어떠한 변화가 발생하지 않는 한, 우리는 이를 고수할 것이다."9)

---

8) Richardson, *Messages*, Vol. II, pp.207-220.
9) *Ibid*, p.218.

IV. 파리선언

1856년 4월 16일, 영국, 오스트리아, 프랑스, 프러시아, 사르디니아, 터키에 의해 작성된 파리선언은 다음과 같은 원칙을 채택하였다.

(1) 사략선은 계속 폐지된 상태에 놓이게 된다.

(2) 중립국의 선박은 전시 금제품을 제외한 적의 화물을 운반할 수 있다.

(3) 전시 금제품을 제외한 중립국의 화물은 적의 선박에 있더라도 나포 대상이 되지 않는다.

(4) 봉쇄가 구속력을 가지려면 반드시 실효적이어야 한다. 즉, 적국 연안으로의 접근을 실질적으로 저지시키기에 충분한 무력에 의하여 봉쇄가 유지되어야 한다.

또한 다음과 같은 내용이 추가로 선언되었다:

"전시의 해양법은 오랫동안 개탄스러운 분쟁의 대상이 되어 왔다는 점:

여사한 문제에서 법과 의무 내용의 불명확성은 중립국과 교전국 간에 심각한 어려움이나 심지어 분쟁까지 발생시킬 수 있는 의견 차이를 야기하였다는 점:

중요한 부분에 관하여는 통일된 원칙을 수립하는 것이 결과적으로

도움이 된다는 점 등을 생각하면서,

　　아래 서명한 전권대사들의 정부는 이 선언을 파리회의에 참석하지
않은 국가들에게도 알리고, 이에 가입하도록 (이 국가들을) 초청할 것을
약속한다."10)

　　이들 원칙 중 사략선에 관한 첫 번째 원칙과 관련하여 미국은 조
약규정을 통하여 이 제도를 없애려는 분명한 노력을 기울여 왔었
다.11) 그 결과 많은 유럽 국가들도 이 입장을 채택하였다.12) 파리선
언의 두 번째와 세 번째 원칙, 즉 자유 선박, 자유 화물은 몰수배제
라는 원칙과 적의 선박 위의 자유 화물도 몰수배제라는 원칙 역시
미국이 항상 견지하였던 내용으로서, 미국이 체결한 대부분의 조약
에 이를 삽입시키는 데에도 성공하였다. 1813년 미국은 이들 원칙의
확립을 위해 특별한 노력을 기울였다.

　　애덤스 국무장관은 자신의 편지에서 "그러나 (적의 선박 위의 중립국
화물의 몰수라는) 관행은 자연권에 근거를 두고 있지 않으며", 특별한
조약규정을 필요로 한다는 점을 분명히 하였다.13) 그는 나아가 "친
구의 선박에서 적국의 재산을 검색하고 나포한다는 것은 야만시대
의 야만스러운 전쟁의 유산…"이라고 말하였다.14) 또한 그는 미국
정부는 (적의 선박 위의 중립화물은 몰수로부터 배제되어야 한다는) 또 다른

---

10) Moore, *Digest*, Vol. VII, pp.561-562.
11) Wharton, *Digest*, Vol. III, pp.276-302.
12) T. G. Bowles, *Defense of Paris*, pp.166-175.
13) Wharton, *Digest*, Vol. III, p.259, Adams to Anderson, May 27, 1823.
14) Wharton, *Digest*, Vol. III. p.259, Secretary Adams to Canning, June 24, 1823.

원칙과 "사적인 해양 전쟁의 전면적인 폐지"를 달성하기 위한 첫 걸음으로서, (자유 선박, 자유 화물) 원칙의 보편적 확립을 희망한다고 말하였다.15) 그는 후일 다음과 같이 말하였다. "미국 정부가 이제 문명 세계에 이러한 제안을 제시하는 원칙은, 해안에 있는 사유재산을 전쟁의 파괴나 약탈로부터 면제시켜 주는 데 영향을 미친 기독교적인 정의, 자비, 평화의 가르침과 같은 가르침이 바다에서도 사유재산을 전쟁의 파괴나 약탈로부터 면제시켜 주는 데 영향을 미칠 기독교적 가르침이 요구된다."16)

1854년 크리미아 전쟁이 발발하자 미국은 몇몇 해양 강국들에게 아래의 두 가지 제안을 하면서 대통령은 그들에게 이것을 국제법상의 항구적 원칙으로 만들자고 제안하였다.

첫째, 자유(중립) 선박상의 자유 화물은 금제품이 아닌 한 몰수되지 않는다는 원칙;

둘째, 적국 선박에 선적된 중립국 재산은 금제품이 아닌 한 몰수되지 않는다는 원칙17)

러시아 등 일부 중립국은 미국의 제안에 대한 지지를 통고하였으나, 영국과 프랑스는 이를 거부하지는 않았지만 이 두 원칙에 대해 반응을 하지 않았다.18) 미국 정부가 (자국의) 해외주재 공사를 통하여 유럽 각국 정부들이 이 원칙을 항구적으로 채택하도록 설득될 수 있

---

15) *Ibid.*, p.261, Secretary Adams to Rush, July 28, 1823.
16) *Ibid.*, p.261, Secretary Adams to Mr. Middleton, Aug. 13, 1823.
17) Moore, *Digest*, Vol. VII, p.570.
18) Richardson, *Messages*, Vol. V, p.412, President Pierce's Message, Dec. 2, 1856.

을 것인가에 대해 확인하려고 노력하고 있는 동안, 당시 파리에 모
인 열강들은 "이(미국) 정부가 약 2년 전 해양강국에 대하여 고려하라
고 제시한 두 개의 원칙에 더하여, 다음의 제안을 추가한 선언을 내
놓았다. 즉 '사략선 제도가 폐지될 것'과 '봉쇄가 구속력을 가지려면
실효적이어야 한다'는 내용이었다"[19] 열강들이 파리에서 선언한 봉
쇄에 관한 원칙은 바로 "이 나라(미국)가 항상 주장하여왔던 봉쇄의
정의"와 거의 같았다.[20] 열강들이 해전에서 사유재산에 대한 면제를
인정하지 않았기 때문에 정작 미국은 파리선언에 가입하기를 거부
하였다.

　당시 대부분의 유럽 국가들은 지상전에서는 적국의 사유재산이
전시 몰수로부터 면제되어왔지만, 해전은 그 목적상 해운 자산의 파
괴가 불가피하다는 입장을 취하였고, 그 입장은 여전히 변함이 없었
다. 이런 이유에서 적국에 속하는 재산은 그것이 공공재산이든 사유
재산이든 포획의 대상이 되고 있었다.

　이 같은 주장에 대하여 미국은 해전에서 적국의 개인 사유재산에
대한 포획은 국제법 원칙에 위배된다고 주장하였다. 1856년에 미국
이 파리선언에 가입하도록 초대를 받았을 때, (미국) 대통령은 "사략
선은 폐지된다"는 제1조가 "공해상에서 교전국의 신민 또는 시민의
사유재산은, 금제품이 아닌 한, 타 교전국의 공공 무장선박의 포획
으로부터 면제된다"는 취지의 조항이 추가되도록 개정된다면 미국

---

19) *Ibid.*
20) Richardson, Vol. V, p.413.

도 파리선언에 가입하겠다고 답변하였다. 마르시(Marcy) 장관의 답신에 표현된 이 원칙은 마르시 수정안 또는 미국 수정안으로 알려졌다. 마르시 수정안은 파리선언의 여타 당사국들로부터 환영을 받았으나, 영국이 완강하게 이의 수락을 거부하여, 결국 미국은 파리선언의 당사국이 되기를 거부하였다.[21]

V. 교전단체 승인 및 독립의 승인

미국 독립전쟁 이전이나 그 직후에는 교전 단체 승인 문제나 독립의 승인 문제가 심각한 분쟁을 일으킬 여지가 별로 없었다. 미주의 식민지들이 식민 모국에 대한 반란을 시작하여 성공적으로 독립해서 신정부를 구성한 이래, 그리고 혁명의 원칙과 어우러진 민족정신이 두 대륙에 널리 퍼진 이후, 수많은 소규모 공동체가 새로운 예를 따라 공개적인 반란을 일으켜서, 타국에게 그들의 독립을 승인해 달라고 호소하였다. 혁명적 선전활동 기간 중 국제법 역사상 처음으로 이 문제가 아주 활발한 토론의 주제가 되었으며, 흔히 치열한 논쟁을 불러일으켰다.

한 공동체가 식민 모국의 속박으로부터 자유를 얻으려고 투쟁하는 경우, 중립국은 적대행위가 존재함으로써 자신의 상업적 이익이

---

21) Moore, *Digest*, Vol. VII, pp.562–572.

영향을 받거나 자신의 안위나 존재가 위협을 받게 되자마자 곧 바로 교전단체로서 반란국을 승인할 수 있다. 이에 중립국은 자신의 중립성을 훼손시키지 않으면서 전쟁법이 교전당사자에게 부여하는 특권과 권리를 반란세력 측에게도 인정하게 된다. 이는 엄밀하게 말하자면 승인국 측에서는 정책이나 분별성의 문제일 뿐이며, 이에 대한 공식적인 인정이나 거부 행위가 법적인 소송의 근거가 될 수는 없다.

독립의 승인은 교전단체의 승인과 다소 비슷하기는 하지만 훨씬 더 중요한 문제이다. 중립국 측으로서는 승인을 하기 위한 법적 기초를 구성할 일정한 조건들이 있다. 이러한 조건들에 관하여는 의견이 엇갈리고 있으며, 미국 독립전쟁 이전까지는 기준이 없었다. 휘튼(Wheaton)은 "프랑스에 의한 미국 독립의 승인은 프랑스 왕실이 반란 식민지에 대하여 비밀리에 제공한 지원과 결부되어 영국으로서는 정당화될 수 없는 침략으로 받아들여졌으며, 그런 상황하에서는 그렇다고 밖에 볼 수 없었다"고 하였다.22) 이런 이유에서 영국의 선전포고가 정당화될 수 있었던 것으로 간주되었다.

반면에 프랑스는 자신의 미국 독립 승인은 미국이 스스로의 독립을 선언하였을 뿐만 아니라, 미국이 사실상의 정부를 유지시킬 능력을 갖추었다는 점에 근거하였다고 주장하였다. 여기서 다시 이러한 능력의 구비 여부를 누가 결정할 것인가 하는 문제가 제기되었다.

1810년 스페인령 미주 전역에서 반란이 일어났다. 부에노스아이

---

22) Wheaton, *History of Law of Nations*, pp.220-294.

레스의 반란군은 완전히 성공하여 1816년 공식적으로 스스로 독립을 선언하였다. 칠레는 1818년 독립을 선언하여 이를 평온하게 유지하였다. 클레이(Clay)는 1818년 의회에서 당시 스페인으로부터 사실상 해방된 반란지역을 승인하자고 제의하였다.23) 이 제안은 거부되었는데, 그 이유는 식민 모국이 일부 지역에서는 아직도 합리적인 성공 가능성(반란 진압 가능성)을 갖고 있으며, 만약 그 지역이 진압된다면, 식민지의 나머지 다른 지역에 대한 작전의 근거지로서 역할을 할 수가 있을지도 모른다는 것이었다. 이들 두 지역에서 기존질서가 지속되는 동안, 콜롬비아가 1823년에 스페인을 물리쳤고, 그 투쟁은 곧 종결되었다. 먼로 대통령은 의회에 대한 교서에서 "이제 싸움은 식민지 측이 결정적인 승리를 거두는 단계에 이르렀기 때문에, 독립국가로서의 지위에 대한 그들의 권리가 완전한지 아닌지 여부에 대해 심사숙고해야 할 필요가 있다"고 선언하였다.24) 이 문제를 회부받은 상원 외교위원회는 "(이 결정을 함에 있어서) 타국에 피해를 주지 않아야 한다고 전제하고, 남미 공화국들의 독립 승인과 관련한 미국의 정치적 판단 기준은 정의가 아니라 독립의 현실적 성립 여부다"라는 원칙을 주장하며, 승인에 찬성하였음을 보고하였다. (외교)위원회는 또한 신정부에 대한 승인은 "첫째, 독립국가로서 존속할 수 있는 능력의 인정과, 둘째, 해당 정부가 외국에 대하여 지고 있는 윤리상, 법률상 의무를 이행하고 완수할 수 있는 능력을 포함한다"고 주장하였다.25) 곧 미국은 승인을 하였고, 그 직후 영국 정부도 그 예를

---

23) Wharton, *Digest*, Vol. I, pp.527-529.
24) Richardson, *Messages*, Vol. II, p.116, President Monroe's Message.

따랐다.

　　1837년 미국에 의한 텍사스 독립의 승인은 다른 어떤 나라의 승인보다도 먼저 부여되었으나, 텍사스의 독립은 시기상조의 승인으로 생각되지 않았다. 왜냐하면, 멕시코와의 모든 실질적 투쟁이 1836년 종료되었고, 텍사스의 독립은 기정사실화 되었기 때문이다.[26] 1836년 텍사스가 멕시코로부터 스스로 독립을 선언하자 텍사스 깃발 하의 선박은 마치 교전국으로 완전한 권리를 누리듯이, 뉴욕항으로의 입항이 허용되었다. 멕시코 정부의 항의에 대하여 미국 측은 "당자사가 독립을 선언하였고, 그리고 그 당시 실제로 독립을 유지하고 있는 것으로써 충분하다고 생각한다"고 응답하였다.[27] 상원 외교위원회가 텍사스의 독립이 미국에 의하여 인정되어야 한다고 상원에 건의하였을 때, 1836년 12월 21일 잭슨 대통령은 특별교서를 의회로 보내서 승인을 연기하자고 권고하였다. 그 내용의 일부는 다음과 같다.

　　　　"새로운 국가가 독립하여 국제사회의 한 일원으로 자리매김할 자격을 인정하는 것은 언제나 대단히 민감하고 책임이 따르는 행위로서 특히 이 국가가 과거 단일체를 형성하였고, 아직도 지배권을 주장하는 다른 국가로부터 강제적으로 분리되는 경우에는 더욱 그러하다. 이런 상황에서는 시기상조의 승인이 비록 전쟁의 정당한 원인으로 간주되지는

---

25) Wharton, *Digest*, Vol. I, p.531.
26) Boyd, *Wheaton*, p.42.
27) Wharton, *Digest*, Vol. I, p.509, Forsyth to Gorostiza, Sept. 20, 1836.

않을지라도, 항상 대립되는 당사국 중 일방에 대해서는 비우호적 정신의 증거로서 간주되기 쉽다. 구세계든 신세계든 외국정부와 관련된 모든 문제는 미국 정부에 의하여 사실의 문제로만 취급되어 왔다. 우리의 전임자들은 일단 한번 결정된 이상 어떠한 하찮은 비난으로부터라도 그 결정을 옹호할 수 있도록 아주 명백한 증거를 확보할 때까지 그 문제들에 대한 결정을 신중하게 자제하여 왔었다.28)

텍사스와 관련해서는 멕시코의 민간 당국이 축출되었고, 침입한 군대가 패퇴되었고, 공화국 수반 자신이 포로로 되었고, 새로 조직된 텍사스 정부를 통제할 모든 현실적 권력이 그 영역 내에서 소멸된 것은 사실이다. 그러나 반면에 최소한 외견상으로는 물리적 힘이 멕시코 측에 거대한 불균형을 이루고 있다. 새로운 집행부 하의 멕시코 공화국은 잃었던 영역을 회복하기 위하여 새 지도자 아래 군대를 집결시켜 새로운 공격을 위협하고 있다.

이러한 침략의 위협을 받고 있는 상황하에서는, 텍사스의 독립은 중단된 것으로 간주될 수 있다. …따라서 우리는 아직 일정한 거리를 두고 현재의 태도를 유지하는 것과 같이 신중함을 보여야만 한다. …" 29)

텍사스의 경우 미국이 보통 이상으로 주의를 기울였던 사실은 웹스터 장관과 스페인 공사 간의 연락에서도 광범위하게 드러나 있다.30) 그러나 알려진 바와 같은 멕시코의 새로운 공격 시도가 최종

---

28) Richardson, *Messages*, Vol. III, p.266.
29) *Ibid.*, p.268.
30) Webster's *Works*, 5th Ed. Vol. VI, p.434.

적으로 포기되자 결과적으로 미국은 1837년 3월 텍사스의 독립을 인정하였으며, 1840년 영국과 프랑스도 이 과정을 따랐다. 멕시코 정부의 항의에 대한 답변에서 웹스터 장관은 앞서 지적된 편지에서 다음과 같이 그 이유를 설명하였다.

"텍사스의 독립이 멕시코에 의하여 승인되지 않은 것은 사실이다. 마찬가지로 멕시코의 독립이 최근에야 스페인으로부터 승인된 것도 사실이지만, 멕시코가 텍사스의 독립을 아직 인정하지 않았다는 것을 인지하고 있는 미국이 텍사스를 인정한 것은 두 정부(멕시코와 텍사스)에 대하여 동일한 입장을 취한 것이다. …1836년 4월 21일의 산 하싱토 (San Jacinto) 전투 이래 금년 초까지 텍사스를 정복하려는 멕시코의 노력은 더 이상 없었다. 이 기간에 텍사스는 독립정부를 유지하였고, 통상을 하였으며, 양 대륙의 국가들과 조약을 체결하였고, 자국 영토를 침공하려는 모든 시도로부터 초연해 있었다."[31]

헝가리 독립문제에 대한 미국 정부의 행동은 "오스트리아에 대한 정당화될 수 없는 행동"으로 맹렬한 비판의 대상이 되었다.[32] 이 문제와 관련하여 우리의 주목을 끄는 중요한 점은 반란지역의 정치적 상황을 조사하기 위하여 중립국이 비밀요원을 파견하는 것은 시기상조의 승인에 해당되지 않는다는 원칙의 주장이다.

헝가리 독립을 승인하라는 요구가 쇄도할 때인 1849년 테일러 대통령이 파견한 미국 요원 더들리 만 박사(Dr. Dudley Mann)의 임무

---

31) *Ibid*.
32) Boyd, *Wheaton*, p.42.

는 미국이 독립을 승인하여도 헝가리의 상황이 정치적으로 정당화
될 수 있는가를 알아보는 것이었다. 이 활동에서 가장 공격 대상이
되고 논란거리가 될 수 있는 사항은 헝가리가 독립을 유지할 능력이
있는 경우, 미국 정부가 이의 독립을 승인할 용의가 있음을 선언할
권한을 더들리 만 박사에게 부여하였느냐 하는 점이었다.33) 오스트
리아 공사는 이러한 행동이 중립적이지 않다고 항의하였는데, 이 항
의에 대하여 웹스터 장관은 그의 유명한 휠즈만(Hülsman) 서한에서
훌륭히 대답하였다.34)

　　미국이 헝가리를 독립국으로나 심지어 교전단체로도 승인하지 않았
으나, (앞으로) 추가적인 행동이 취하여지기 전에 그 근거를 명확하게 할
자신의 조치를 비밀리에 취한 것은 사실이었다. 미국으로 파견된 헝가
리 대표가 헝가리 독립의 승인을 요청하였을 때, 테일러 대통령은 즉각
적인 행동을 취하기를 거부하고, 반란의 실제 상황에 관하여 믿을 만한
모든 정보를 수집하라는 비밀 지시와 함께 더들리 만을 헝가리가 아닌
유럽의 다른 지역으로 파견하였다. 실제로 더들리 만은 헝가리에는 전
혀 가지 않았고, 다른 유럽 국가에 머물면서 모든 정보를 수집하였
다.35) 조사 결과 더들리 만은 그가 (종전에) 생각해 왔던 것과 상황이
다르다고 보고하면서, 미국 정부는 헝가리의 독립을 승인하지 말 것을
강력히 건의하였다. 더욱이 그는 자신의 임무를 공개하지 않았는데, 이
점 역시 그가 워싱턴으로부터 받은 지시와 일치하였다.36) 그 외에도

---

33) Webster's *Works*, Vol. VI, p.488, Hülseman to Webster, Sept. 30, 1850.
34) *Ibid.*, p.491 et seq.
35) Dana, *Wheaton*, p.46.
36) *Ibid.*

러시아의 개입이 없었더라면 헝가리 애국자들은 자유를 위한 투쟁에서
성공하였을 수도 있었다. 그러나 1849년의 궤멸적 패배 이후 의회는
헝가리 망명객들에게 도피처를 부여하자고 제의하였지만, 웹스터는 매
우 조심스럽고 외교적이어서 어떠한 공식적 행동도 취하지 않았다.

보이드(Boyd)는 "미국인들이 헝가리인에 대하여 분명히 느꼈던
동정은 공식적으로 표출되지 말았어야 했다. 무엇보다도 특히 양국
의 지리적 위치가 미국으로 하여금 이 문제에 어떠한 형태로든 관여
하지 못하게 만들었기 때문이다"라고 인정하였다.37) "대중적 공감이
라는 표현"은 1849년 12월 테일러 대통령의 연례교서와 1850년 3월
28일 자 상원의 명령에 따른 더들리 만에 대한 지시들에 나타났었
다.38) 그러나 실제로는 이 지시들은 헝가리 전쟁이 끝난 후 발표되
었다. 웹스터는 다음과 같이 주장하면서 대통령이 취한 태도를 훌륭
하게 정당화시킬 수 있었다.

　　"대중이 선호하는 제도를 적대시하는 정부는 자유국가 국민들의
동정과 감정의 시위에 직면할 것을 예상해야만 하며, 그러한 표현은 정
부 자체의 내부 비밀교신에서 나타날 수도 있다. 투쟁기간 중 그들과의
관계에서 정부가 국제법에 의하여 자신에게 부과된 의무를 충실히 이행
하고, 공개적으로나 공식적으로는 반란에 대하여 어떠한 도의적 지원도
하지 아니하며, 독립이 사실로서 성립될 때까지 독립을 승인하지 아니
하고, 투쟁 과정 중의 모든 물질적 지원에 관하여 중립 의무를 충실히

---

37) Boyd, *Wheaton*, p.42.
38) Wharton, *Digest*, Vol. I, pp.189-200.

이행한다면 해당 정부는 할 일을 다 한 것이다"

VI. 중립국 권리의 일반적 행사

A. 전시 금제품

크리미아 전쟁 기간 중에 미국인들은 목적지가 어디냐를 묻지 않고 화약, 무기 및 모든 종류의 군수물자를 모든 교전국에게 판매하였다. 미국인들은 영국과 프랑스에 의해 고용되어 병력, 식량과 전쟁 물자를 군사작전 지역으로 수송하였고, 병들고 부상당한 병사들을 귀국시키는 일을 하였다. 러시아 정부의 항의에 대한 답변에서 미국 측은 다음과 같이 주장하였다.[39]

> "우리의 상선이 그렇게 사용되는 것은 국제법이나 우리 국내법에 의하여 금지되지 않고 있으며, 그러므로 미국과 러시아와의 중립관계를 손상시키지도 않는다"

1864년 12월 3일 자 피어스(Pierce) 대통령의 교서는 다음과 같이 선언함으로써 중립 교역에 관한 제퍼슨의 이론을 재확인하였다.[40]

> "미국법은 자국 시민이 교전 당사국에 전시 금제품을 판매하거나,

---

39) Richardson, *Messages*, Vol. V, p.331.
40) *Ibid.*

군수물자나 병력을 수송하기 위하여 개인 선박을 사용하는 것을 금하지
않고 있다. 그러한 행동을 함에 있어서 각 개인은 자신의 재산과 인명을
전쟁의 위험에 노출시키게 될지라도, 그의 행동이 국가의 중립의무 위
반에 관여하는 것은 아니다… "

세인트 할람피(St. Harlampy) 사건에서는 마르시(Marcy) 장관은 중립
국이 교전국의 상선을 구매할 완벽한 권리가 있다는 것을 적극적으
로 강조하였다.[41]

그동안 미국은 전시 금제품의 목록을 가능한 한 최대한 제한하는
방향으로 많은 조약을 유럽 및 중남미 국가들과 체결하였다.[42] 1849
년 과테말라와의 조약은 금제품에 관한 한 미국 조약의 전형적 형태
이다. 이에 비해 군용의류와 군복을 금제품에 포함시킨 1825년 브라
질과의 조약과 이 시기에 체결된 몇 개의 조약은 예외이다. 크리미
아 전쟁기간 동안 모든 주요 교전 당사국들은 금제품을 무기와 군수
물자로 엄격히 제한하였다.

B. 봉쇄

---

41) Wharton, *Digest*, Vol. III, pp.652−653, Marcy to Mason, Feb. 19, 1856.
42) The treaty of 1800 with France, *Treaties and Conventions*, 1871, p.270; that of
1825 with Brazil, p.98; that of 1831 with Mexico, p.549; that of 1836 with
Venezuela, p.878; that of 1736 with the Peru−Bolivian Confederation, p.667; that
of 1839 with Ecuador, p.232; that of 1850 with San Salvador, p.749; and that of
1849 with Guatemala, p.440.

나폴레옹의 실각부터 파리선언에 이르기까지 다수의 봉쇄가 발틱해안, 남미의 여러 항구와 기타 지역에 설치되었으나, 이들 봉쇄는 봉쇄의 통고, 실효성이나 합법성에 관하여 정확하고 일관성 있는 규칙을 따른 것은 아니었다. 일부 봉쇄 선언은 "우리는 봉쇄 가능한 모든 항구를 봉쇄할 것이다"라고 말하는 식으로 광대한 연안 지역에 펼쳐져 있었다. 1849년 덴마크 공사는 슐레스비그(Schleswig)와 홀스타인(Holstein)의 모든 항구의 봉쇄를 통고하였고, 어떤 경우에는 장래의 봉쇄 의도까지 표명하기도 하였다. 1825년 브라질은 위도상 20도가 넘는 부에노스아이레스와 우루과이에 대한 봉쇄를 선언하였는데, 이 봉쇄는 한 척의 프리게이트함, 한 척의 코르벳함(목조 전함), 세 척의 쌍돛 범선으로 유지되었다. 브라질 정부는 이를 '봉쇄'라고 부르며, 출항하려는 모든 중립국 선박에 대하여 부에노스아이레스에 대한 봉쇄를 위반하지 않겠다는 약속과 함께 보증금을 제시하라고 요구하였다. 미국은 이러한 요구의 합법성과 타당성에 대하여 공식적으로 항의하였다. 헨리 클레이(Henry Clay) 국무장관은 브라질에 있는 미국 대표에게 "그 조치는 국제법상 전혀 정당화될 수 없다…. 봉쇄는 그 자체로서 실천되어야만 한다. …교전국은 다른 보조적 수단을 강구할 권리가 없다"는 취지의 서한을 보냈다.[43] 이 분쟁에서 미국은 봉쇄가 개별적 또는 특별 통고 원칙을 지지하였다.

이 사건 및 다른 유사 사례는 명목뿐인 봉쇄의 관행을 보여주고 있다. 1856년의 파리선언 이전까지는 그 같은 위법한 관행을 저지시키려는 유럽 국가들의 단합된 노력이 없었다. 미국은 항상 (유럽)대륙

---

43) Atherly—Jones, *Commerce in War*, pp.133 ff.

식 제도에 반대하였다. 1806년과 1807년 영국과 프랑스 간 전쟁의
와중에서 프랑스의 순양함과 사략선에 의하여 미국의 운송 선박이
입은 피해에 대하여 보상청구를 많이 제기하였다. 중립국 상선의 불
법 나포에 대하여 늘 배상을 요구하였으나 아무 소용이 없었다.
1829년 잭슨 대통령은 의회에 보낸 교서에서 "그들은 유쾌하지 않은
논쟁거리와 충돌 가능성을 계속 제공하려 한다"고 주장하였다.44) 이
오랜 분쟁은 양국의 정부 관계를 긴장시켰다. 1831년 루이 필립
(Louis Philippe)은 500만 달러의 배상금 지급을 약속하면서 파리에서
미국과 조약을 체결하였다. 미국은 1832년 즉각 이 조약을 비준하였
으나, 프랑스 의회는 이 돈의 지출 승인을 거부하였다. 루이 필립은
주불 공사를 통하여 대통령과 의회가 진지한 메시지를 보내면 프랑
스 의회도 이 문제에 주목하게 될 것이라고 암시하였다. 이러한 암
시의 결과로, 1834년 12월 1일 자 잭슨 대통령의 메시지는 프랑스
재산에 대한 보복을 인가하는 법률의 통과를 촉구하였다.45) 이 메시
지에서 사용된 강경한 용어는 거의 선전포고에 가까웠고, 결과적으
로 프랑스는 워싱턴 주재 공사를 소환하였지만, 곧 (배상에 대한) 지출
이 있었다. 마침내 미국의 중립적 요구(중립을 바탕으로 한 배상요구)는
이루어졌다.

---

44) Schurz, *Clay*, Vol. II, p.52.
45) Richardson, *Messages*. Vol. III, p.105 et seq.

C. 검문 및 검색권

이 시기에 타결된 또 다른 논란거리는 덴마크와 미국 간의 교전
국 호송 문제에 관한 것이었다. 당시 덴마크의 적국인 영국의 호송
을 받던 중립국 미국의 상인들이 1810년 칙령에 따라 덴마크 순양함
에 의하여 나포되었다. 양국 간의 오랜 논란 끝에, 1830년 그들의 재
산 포획에 관하여 미국 측 청구권자들에게 덴마크가 보상금을 지급
하기로 규정한 조약이 체결되었다.46) 미국측 위원들은 당시 적국 호
송 하의 항해가 몰수의 정당한 원인이 될 수 있음은 인정하였지만,
미국 상선들은 덴마크 순양함의 수색을 회피하기 위해서가 아니라
덴마크의 동맹국이던 프랑스의 밀라노 칙령과 베를린 칙령의 적용
을 회피하려고 영국의 호송을 받았다고 주장하였다.47) 양측이 각기
자기 측 입장을 강력히 옹호하였으나, 일부 미국인 법률가들조차 이
분쟁에서 미국이 견지한 입장의 정당성에 대하여 의구심을 표시하
였다.

1824년부터 1858년간 미국은 호송선 사령관의 선언만으로도 상
인의 결백을 입증하는 데 충분한 것으로 간주한다는 원칙을 담은 십
여 개의 각기 다른 조약을 체결하였다.48) 베네수엘라와의 1860년 조

---

46) Martens, *Nouveau Recueil*, Vol. VIII, p.350.
47) Dana, *Wheaton*, p.709.
48) Treaties that stipulated the exemption of convoy are : That of 1824 with Colombia,
    Treaties and Conventions, 1871, p.174; that of 1828 with Brazil, p.100; that of

약을 통해서는 통상적인 조항에 추가하여 금제품을 수송하고 있는 상선은 이러한 호송에 의하여 보호되는 것을 인정하지 않기로 합의 하였다. 독일, 오스트리아, 스페인, 이탈리아, 발틱 국가들은 모두 미국의 관행에 동의하고 이를 수락하였으며, 이 기간에 프랑스는 미국 및 다른 미주 공화국들과 동일한 원칙을 채택한 6개의 조약을 체결하였다.

1831 with Mexico, p.551; that of 1832 with Chile, p.124; that of 1836 with the Peru-Bolivian Confederacy, p.669; that of 1836 with Venezuela, p.879; that of 1839 with Ecuador, p.234; that of 1846 with New Granada, p.184; that of 1849 with Guatemala, p.442; that of 1850 with San Salvador, p.751; that of 1851 with Peru, p.683; that of 1858 with Bolivia, p.87; and that of 1860 with Venezuela, p.891.

제 5 장
중립의 역사
1861년~1872년까지

I. 교전단체의 인정

분리독립 운동이 미국 남부지역을 위협하고, 모든 유럽 국가들, 특히 영국이 이 같은 사태 발전을 긴밀하게 주시하고 있을 때, 1861년 2월 28일 블랙(Black) 국무장관은 유럽 국가들에게 남부 분리주의 독립을 승인하거나 그들의 (남북)분리운동을 부추기지 말 것을 강력히 요청하였다. 해외 주재 미국 공사들에게 보낸 회람에서 그는 "미국 정부는 남부 분리주의 혁명운동을 부추기거나 아직도 충성심을 갖고 있는 이들이 모반할 위험을 높이게 될 조치를 외국 정부가 취하지 말도록 요구할 권리가 있다"고 말하였다.[1]

이 경고에 대하여 러셀(Russell) 경은 영국은 분리를 인정하게 될 어떠한 조치도 취하는 데 조심하겠지만, 상황이 바뀔 수 있는 일에 관하여 영국으로서도 어떤 약속을 할 수는 없다고 답변하였다.[2] 블

---

1) *Diplomatic Correspondence of the United States*, 1861, p.15.

랙 장관의 후임인 시워드(Seward)는 해외의 미국 공사들에게 외국의 개입을 요청하려는 남부 연합의 요원들은 출국을 저지시켜야 한다는 취지의 지시를 하였다. 1861년 3월 9일 자 공람에서 그는 "나의 선임자는 … 귀하에게 적절하고 필요한 모든 수단을 사용하여 스페인 정부의 독립 승인을 획득한 것으로 발표된 남부 임시정부를 대표한다고 주장하는 사람들에 의한 노력이 성공하지 못하도록 하라고 지시하였다"고 말하였다.[3]

1861년 초 남부 7개 주가 헌법상의 정부를 완전히 조직한 별도의 연합을 결성하였다. 실제 적대행위는 1861년 4월 12일 섬터(Sumter) 요새의 포격으로부터 시작되었다. 이틀간의 전투 끝에 이 요새는 남부군의 수중에 떨어졌다. 그달 말(4월 말) 전에 20만 명이 연방정부에 대항하여 무장을 하였다. 15일 자 링컨 대통령은 "통상적인 사법 절차나 법으로 군 통수권자에게 부여된 힘으로 진압되기에는 그들이 너무 강하다"고 천명하면서, 4월 15일 분리주의를 진압하기 위한 75,000명의 지원병 모집을 요청하는 포고를 발포했다.[4]

이렇게 해서 지상전투가 시작된 후, 4월 17일 남부연합 대통령이 북부의 교역을 단속할 선박에 대하여 강제나포 허가장이 발급될 수도 있다고 선언하자, 이에 대한 응답으로 링컨 대통령은 전 남부 연

---

2) Lord Russell to Lord Lyons, May 6, 1861.
3) *Dip. Cor.*, 1861, p.16.
4) Richardson, *Messages*, Vol. VI, p.13.

안이 봉쇄되었다고 선언하는 포고령을 발표하였다… 이 포고령에서
링컨 대통령은 다음과 같이 말하였다.

"반란에 가담 중인 일단의 사람들이 가짜 나포 허가장을 발급하여
이의 소지자에게 공해와 미국 수역에서 합법적으로 교역을 하도록 위협
하고 있으므로, 나는 앞서 말한 주(州)들의 항구 봉쇄를 시작함이 타당
하다고 판단하였다. … 앞서 언급한 항구로부터 선박의 출입을 막기 위하
여 충분한 군사력이 배치될 것이다. 따라서 만약 봉쇄를 위반할 목적으
로 언급한 항구들로 선박이 접근한다거나 출항하려고 한다면 그 선박은
봉쇄 선박들 중의 한 선박의 사령관으로부터 적절한 경고를 받게 될
것이다. … 같은 선박이 재차 봉쇄된 항구로의 입항이나 출항을 시도한
다면, 이는 권고된 대로 나포되어 포획물로서 선박과 화물에 대한 절차
를 밟기에 가장 가깝고 편리한 항구로 예인될 것이다…" 5)

이 포고령의 공식 사본이 5월 10일 런던에 도착하자, 여왕은 바
로 14일 남부연합을 교전단체로 승인함과 동시에 중립선언을 발표
하였다. 이 행동은 미국에 의하여 비우호적이며 비중립적으로 간주
되었으며, 이 문제는 되풀이되는 불만의 대상이 되었다. 영국의 승
인에 대한 정당화는, 영국 측이 주장한 바와 같이, 다음과 같은 사실
에 근거하였다.

즉, 전쟁상태가 실제로 존재하며, 남부연합은 승인의 요건인 사실상
의 정부를 수립하였으며, 나포 허가장이 발급되고, 전쟁이 해상 작전으
로까지 확대되어 중립통상에 영향을 미치게 되었으며,6) 무엇보다도 링

---

5) *Ibid.*, pp.14−15.

컨 대통령의 봉쇄 선언은 연방정부가 남부연합을 교전단체로 사실상 승인한 것에 해당한다.

반면에 미국은 자신이 분리주의에 대한 합법적 주권을 갖고 있는한 공적으로 전쟁은 존재하지 않으며, 따라서 영국 정부의 승인이있기까지 연방정부가 발표하였던 모든 포고는 싸움을 공적인 전쟁이 아닌 국내 분쟁으로 선언하였다고 주장하였다. 그러므로 영국이남부연합을 교전단체로 승인한 행위는 필요성이나 도덕적 권리에근거해서도 정당화될 수 없다. 더욱이 승인할 당시는 어떠한 중립통상도 전쟁에 의하여 심각한 영향을 받은 바 없었으며, 해전이 진행되면 피해가 예상된다는 영국의 우려는 이러한 행위의 확실한 근거가 되지 못한다고 주장하였다.[7]

영국이 남부연합을 교전단체로 승인한 데 대한 분쟁은 그랜트(Grant) 대통령이 의회에 대한 교서에서 "억압적이라고 믿는 정부로부터 자신들을 해방시키려고 투쟁하는 인민들에게 교전권을 부여할것인가, 상호 전쟁중인 독립국가에 대하여 부여할 것인가는 우리 스스로가 판단해서 결정하겠다"는 점을 공개적으로 확인한 1869년까지 지속되었다.[8] 미국 연방대법원은 포드(Ford) 대 시르제(Surget) 사건[9]에서, 미합중국과 남부연합 간의 싸움은 처음부터 전쟁이었으

---

6) *Dip. Cor.*, 1861, p.26.
7) Seward to Adams, Jan. 19, 1861, *State Papers*, 1862, Vol. II; and also of Jan. 12, 1867, *Ibid.*, Vol. I, 1867.
8) Richardson, *Messages*, Vol. VII, p.32.
9) 1 Otto, 594 ff.

며, 또 그렇게 선언되었다…고 판시하면서 다음과 같이 선언하였다.

　　"미합중국은 남부연합 정부를 법률적으로든 사실상으로든 결코
인정하지 않았지만, …남부연합 정부는 미국 내의 일정 지역에 근거지
를 둔, 미합중국의 군사력에 의한 통제를 막을 수 있는 일부 지역을
제외한 나머지 전역에서는 현실적으로 조직되고 군사력에 의해 유지된
정부였다. 그렇지만 미합중국도 인도주의와 편의주의적 동기에서 남부
연합 정부에게 교전국으로서의 일정한 권리와 의무를 인정하였다"

　　대부분의 현대 법률가들은 봉쇄선언이 그 증거가 된 전쟁이 실제
로 존재하였다는 이유에서, 남부연합에 대한 교전단체 승인이 정당
화되었다는 견해를 나타냈다.[10]

　　영국의 예를 따라 프랑스도 남부연합을 교전단체로 승인하였다.
프랑스의 승인은 프랑스와 미국의 외교 관계에 처음에는 커다란 영
향을 미치지 않았으나 이후 프랑스 정부가 취한 태도로 인하여 미국
정부의 공식항의가 제기되기에 이르렀다. 시워드 장관이 파리 주재
미국 공사 데이턴(Dayton)에게 보낸 편지가 그 상황을 설명해 준다.
시워드 장관은 1863년 4월 24일 자 그의 서한에서 다음과 같이 말하
였다.

　　"우리가 생각하기에는 불필요하게 반도(叛徒)들을 교전단체로 승
인한 프랑스의 최초의 실수 이외에는, 황제의 정부가 프랑스의 항구에
서 실시해 온 정당하고 불편부당한 중립의 준수에 감사하다고 말씀드릴

---

10) *International Law*, Hall, 5th Ed., pp.38-39.

수 있게 되어 대단히 기쁩니다." [11]

그러나 프랑스 정부에 대한 1864년 3월 21일 자 항의에서 시워드는 다음과 같이 불평을 토로하였다.

"…다른 해양국가들과 마찬가지로 프랑스도 하나의 항구나 해사 (海事)법원도 갖추지 못한 이 나라의 반란군을 해상교전 당사자로 승인한다는 결정은 국제법을 훼손하는 것이며, 미국의 존엄과 주권을 침해하는 것입니다. … 미국은 이전 사건에서 발생하였던 유사한 성격의 그것과 마찬가지로 플로리다와 조지아에 관한 최근의 진행이 정당한 항의의 대상이라고 간주합니다. … 우리는 프랑스 군함에 대하여 제공한 것과 동일한 예우로서 우리의 국적을 가진 선박도 프랑스 항구로 입항할 권리가 있으며, 반도들 소유의 진짜 선박이든 위장 선박이든 프랑스 항구로부터 모두 축출될 것을 … 우리는 요구합니다."

프랑스 항구 내의 미국 전함에 대하여 특권 부여를 요구한 점이 의미심장한데, 시워드는 프랑스 혁명전쟁 기간 중 프랑스가 미국에 대하여 요구하였던 것을 프랑스에게 요구하였던 것이다.

II. 봉쇄와 금제품에 적용되는 연속항해

---

11) *Dip, Cor.*, 1863, p.662.

윌리엄 스콧(William Scott) 경이 주장한 연속항해에 관한 영국의 견해는 항해의 후반부에만 적용된다. 즉, 선박이 중간 지점에 위치한 중립국 항구를 떠나 적국의 목적지로 직접 향하고 있을 때를 의미한다. 그러나 미국의 법원은 영국식 해석의 한계를 넘어 이 원칙을 확대했다. 미국 법원은 봉쇄나 금제품의 경우에는 이 원칙을 자유롭게 적용하였으며, 중립국 항구로부터 나오거나 중립국 항구로 항해하는 선박들도 나포되어, 남부 항구의 봉쇄를 돌파할 의도를 갖고 있다는 점을 이유로, 금제품 수송선으로서 몰수 판정을 받았다. "이렇게 해서 실제 잘못된 행동 때문이 아니라 이미 행해진 행동이 정당하고, 항해 전체를 잘못된 것으로 만드는 데 연관될 수 있는 어떠한 사전 행동이 없었더라도, 선박들이 실제 행동 때문이 아니라 어떤 행동을 할 의도에 대한 단순한 의심만으로 몰수되었다. 미국의 사건과 영국의 사건에 대한 판결 근거 사이에는 아무런 유사점도 없었다. 미국의 판결들은 미국 밖에서는 광범위하게 커다란 비난을 받았으며, 이제는 아마도 그들 자신의 나라(미국) 내에서조차도 옹호자를 찾기 어려울 것이다."12) 그러나 미국의 법률가 측은 선박 서류나 선장의 인정, 선박 항로의 현지 상황 등에 의하여 선박이나 화물 또는 그 둘 모두의 의도를 입증할 증거만 충분하다면, 최종 목적지가 적국의 항구이거나 봉쇄된 지역이 중요하지, 선박이 출항한 항구의 성격이나 선박이 향하고 있는 항구의 종류 등은 별로 중요하지 않다고 주장하였다.

---

12) *International Law*, Hall, 5th Ed., pp.669~670.

영국에서 나소(Nassau)로 항해하던 도중 나포된 버뮤다(Bermuda)호
사건에서 미국 연방대법원은 다음과 같이 판시하였다.13)

"…반군 항구로의 행선지가 최종적이냐 직접적이냐 여부는 상관
없다; 화물을 다른 배로 환적하는 것이 의도적이라 하더라도 이로 인하
여 화물 수송의 연속성이 중단되는 것은 아니므로, 나소에서의 환적에
의하여 최종 목적지 문제는 영향을 받지 않는다. 중립국의 출발지와 교
전국 내 목적지 사이에 중립국 항구를 끼워 넣는 것은 금제품 수송선과
봉쇄 돌파선이 항상 선호하는 수단이다. 그러나 최종 목적지가 확인된
다면 이것(중립항구 끼워 넣기)은 아무 소용이 없는 일이다."

피터호프(Peterhof) 호는 영국으로부터 멕시코의 중립항인 마타모
라스(Matamoras)로 항해하던 도중에 갈베스톤(Galveston) 연안에서 나
포되었다. 체이스(Chase) 연방대법원장의 견해는 다음과 같다.

"…피터호프 호 화물의 상당 분량은 3급품(평화적 목적에만 사용되
는 물건)에 해당되었다. …아마 가장 많은 분량은 2급품(평시와 전시 모두
사용이 가능한 물건)이었지만, 우리가 생각하기에 이것이 실제로 전쟁용
으로 사용될지는 입증되지 않았으며, 따라서 금제품으로 취급될 수는
없다. 나머지 부분은 우리가 판단하기에 1급품(주로 그리고 통상적으로 전
시에는 군사용으로 제작된 물건)이거나, 2급품이라도 반군의 군사적 서비
스를 직접적인 목적으로 하는 것이었다."14)

---

13) 3 Wallace 553.
14) 5 Wallace, 59.

피터호프 호가 나포되었을 때 남부연합 영토였던 브라운스빌
(Brownsville)은 봉쇄된 상태였다. 브라운스빌 맞은편의 리오그란데 강
건너에 중립항 마타모라스가 있었다. 이 항구가 처한 지리적 상황의
특수성은 영국식 번역으로는 연속항해를 거의 불가능하도록 만들었
다. 봉쇄가 지속되는 한, 궁극적으로 봉쇄된 항구를 최종 목적지로
하면서 해상으로만 수송되는 모든 중립국 선박과 화물은 영국식 봉
쇄 원칙이나 미국식 봉쇄 원칙 어느 쪽에 의하더라도 합법적 포획물
로서 몰수되게 된다. 그러나 이 금제품의 경우, 어떤 중립국 항구로
부터 또 다른 중립항인 마타모라스로 운송된 다음 육로로 남부연합
영토로 이송된다면, 영국식 봉쇄 원칙이 적용될 수 없다. 왜냐하면,
운송로의 후반은 육로이기 때문에 운송이 중단되었다고 할 수 없기
때문이다. 이러한 상황 아래서 피터호프 호는 봉쇄 돌파 혐의로 뉴
욕 지방법원에서 합법적 포획물로 몰수 선고를 받았다. 연방대법원
으로 상소되자 대법원장은 그가 작성한 판결문에서 다음과 같이 법
원 의견을 견지했다.[15]

  " …금제품이 아닌 물건은 봉쇄에 의하여 통신이 차단되지 않은
  마타모라스와 그 너머의 반군 지역으로 보내질 수도 있겠지만, 실제로
  반군 지역으로 향하고 있거나 반군이 사용할 금제품 성격의 물품은 일
  시적으로 마타모라스를 주목적지로 할지라도 나포를 명할 수가 없다"

  '스프링보크(Springbok) 호' 사건은 매우 중요한 사건으로서 많은
논란의 대상이 되었다. 스프링보크 호는 1862년 12월 9일 금제품을

---

15) *Ibid.*, 59.

일부 선적하고 런던을 떠나 나소로 출항하였는데, 나소는 "봉쇄를 조직적으로 위반하며 전시금제품 수송에 종사하는 자들이 방문하여 화물을 환적하는 항구로 항상 이용되기 때문에 악명 높던 곳이었다."16) 이 배는 나소로부터 150마일 가량 떨어진 곳, 즉 공해상에서 봉쇄를 돌파하려 하였다는 혐의로 연방 순양함 '소노마(Sonoma) 호'에 의하여 나포되었다. 선박과 화물은 모두 뉴욕 지방법원에 의하여 몰수 선고를 받았다. 그러나 선박에 관한 한 그 판결은 1866년 12월 연방대법원에 의하여 번복되었다. 왜냐하면, 선장이 그의 화물 중 어느 부분이 금제품인지 몰랐다고 주장하였기 때문이다. 연방대법원은 선주에게 알려진 화물의 최종 목적지가 적국이라는 증거가 충분치 않다고 하고, 따라서 선박을 석방하였다.

체이스 연방대법원장은 '스프링보크 호'의 화물에 대하여 다음과 같이 몰수판정을 하였다.

"…지금 우리는 화물이 금제품으로 몰수 대상인지 여부를 판단하기 위한 목적이나 진정한 목적지를 확인하기 위한 목적으로 화물의 성격을 조사하는 것이 아니다. 왜냐하면, 다시 말하자면, 진정으로 나소를 목적지로 하고 그 이상의 지역으로 넘어가지만 않는다면 전시 금제품이든 아니든 몰수될 수가 없다. 그리고 … 반군의 모든 항구는 봉쇄되었기 때문에 반군의 어떠한 항구로 향하더라도 이는 몰수되어야만 한다. …전체 상황을 보면, 화물이 처음부터 봉쇄를 위반하려는 의도에서 선적되었다는 것과, 화물의 화주는 스프링보크 호보다 좀 더 안전하게 봉쇄된 어떤 항구에 도달할 수 있으리라고 생각되는 다른 선박으로 나소

---

16) 5 Wallace, 1.

에서 화물을 옮겨 실을 예정이었다는 것과, 화물에 관한 한 런던으로부터 봉쇄된 항구까지의 여정은 법적으로나 당사자의 의도에서나 한 개의 여정이었다는 것과, 몰수의 책임은 … 항해 초부터 화물에 귀속되고 있었다는 것을 의심할 수가 없다…"17)

영국 정부는 즉각 공식항의를 제출하였고, 이 사건은 두 나라 사이의 심각한 분쟁으로 이어졌다. 이 사건들은 최종적으로 혼성위원회에 회부되었다. 와턴(Wharton)씨는 "영국은 물론 유럽 대륙의 많은 외국 법률가들이 이 판결에 항의하였지만, 위원회의 청문회 석상에서 모든 영국 측 위원들이 단합해서 몰수를 인정하였다는 점은 심상찮은 중요성을 지닌다"라고 적절히 지적하였다.18) 그러나 스프링보크 호 사건은 이 시기의 연속항해의 원칙 하에서 발생한 모든 사건 중 가장 많은 논란과 비판의 대상이 될 수 있음이 인정되어야 한다. 피쉬(Fish) 장관도 미·영 고위 합동위원회의 미국 측 위원에 대한 1871년 2월 22일 자 비밀 지시에서 167건의 사건 중, " …스프링보크 호 사건 하나만을 제외하고는 국무성은 포획사건에 대한 미국 연방대법원의 최종판결에 반대하는 영국정부 측의 의향을 알지 못한다"고 말한 바 있었다.

성격상 어느 정도 유사성을 갖는 이 모든 사건들 중에서 가장 중요한 것은 '스티븐 하트(Stephen Hart) 호' 사건이었다. 이 배는 군수품과 군용 장비를 싣고 런던으로부터 표면상으로는 쿠바의 카디나스

---

17) *Ibid,*, 26, 27-28.
18) Wharton, *Digest*, Vol. III, pp.404-405.

(Cardenas)로 향하던 중 플로리다 남부 연안에서 미국의 군함 '서플라이(Supply) 호'에 의하여 나포되었다. 선박과 화물은 합법적 포획물로 몰수 판정을 받았다. 남부뉴욕 지방법원은 다음과 같은 판결을 내렸다.

"… 영국 항구를 출항할 때부터 금제품이 적국 항구를 목적지로 한다는 의도가 있었다면, 도중에 중립국 항구를 방문하겠다는 순수한 의도가 있었다고 하더라도 이러한 의도는 없어지지 않는다. …그리고 중립국 항구에 기항하는 유일한 목적도 단지 항해의 목적지를 외견상 중립국으로 선박 서류에 기재하기 위함이 틀림없다. …본 법정은 그러한 모든 사건에서 금제품의 수송이나 항해는 선적항구로부터 적국 내 운송 항구까지가 하나의 단위로 간주되어야 하고, 항해나 운송의 일부분이 위법하다면 전체가 위법하고, 그리고 이에 중립국 항구에서 적국 항구로의 항해나 수송과 마찬가지로, 영국을 떠난 선박이 방문할 첫 번째 중립국 항구에 도달하기 전에도 역시 그러한 선박과 화물은 나포 대상이 된다고 본다. 따라서 선박과 화물 모두를 몰수해야 하는 판결이 있어야 한다."

리버풀과 버뮤다에서 나소로 향하던 영국의 증기선 '아델라(Adela) 호'는 나소로 가는 영국의 우편물을 싣고 있었는데, 남부 연안의 봉쇄를 돌파하려고 하였다는 혐의로 나포되어 몰수판정을 받았다. 이 배는 대 아바코(Great Abaco) 섬 부근에서 발견되었는데, 서류를 충분히 갖추지 못하여 목적지에 대한 입증을 충분히 하지 못하였고, 화물의 많은 부분은 금제품이었다. 그리고 많은 편지가 봉쇄된 항구 중 한 곳을 착신지로 하고 있었는데, 1등 항해사는 "이 배가 봉쇄선을 돌파하려고 하였음을 시인하였다."[19] 선장과 다른 증인들은 이 배가 봉쇄선을 넘으려 하였다는 점을 부인하였음에도 불구하고, 1등 항해사의 자백에 근거하여 아델라 호는 몰수 판정을 받았다.

이 사건 역시 심각한 국제적 분쟁으로 이어졌고, 이 판결의 결과 네덜란드 국무장관은 국회 상원에서의 연설에서 "… 이제 이것이 명백한 길 아닙니까? 다른 해양국가들과 함께 미국 정부를 설득해서 (이미 취한) 조치들을 재조명하도록 미국과 교섭하는 것은 휴고 그로티우스의 탄생국인 네덜란드 정부의 의무가 아닙니까?"라고 주장하였다.

이 판결들은 "미국 밖에서는 범세계적으로 비난을 받고 있으며, 이제는 아마도 미국 내에서조차 옹호자를 찾기 어려울 것"이라는 홀(Hall)의 단호한 설명에도 불구하고, 러셀 백작 자신은 1863년 5월 18일 영국 상원에서 행한 연설에서, 미국 포획재판소의 판결들이 국제법 원칙을 무시한 것은 아니라는 점을 공개적으로 인정하였다. 또한, 그는 왕실 법률자문관들이 그들 앞에 놓인 이 판결을 주의 깊게 연구하고 검토한 결과 내린 의견은 다음과 같았다고 말하였다:

" …미국 포획재판소의 판결에 대한 불만은 합리적 근거가 없고, 그리고 중립국 선박의 검색과 나포에 관한 국제법은 미국 정부에 의하여 완전하고도 철저히 준수되었다 …남부 항구에 대한 봉쇄를 돌파하고 그곳으로 화물을 운반하기 위하여 배를 보내는 것은 이윤이 매우 큰 사업이었다. …봉쇄를 돌파하여 찰스턴(Charleston)으로 입항한 배의 화

---

19) 6 Wallace, 266.

물은 100만 달러에 달하였으며, 이 거래의 이윤은 막대하였던 것으로 알고 있다. 이 무역은 이 나라에서 그러한 이윤을 노리는 사람들의 주목 을 크게 끌었으며, 찰스턴, 윌밍턴, 기타 다른 항구의 봉쇄를 돌파하기 위하여 선박들이 나소로 보내졌다는 사실은 잘 알려져 있다. …(이런 상 황에서) 나는 (솔직히) 미국 법원이 법을 충실하게 적용하지 못하였다거 나, 법에 의한 판결이 아닌 자신들의 감정이나 민족적 편견에 따른 판결 을 내린 것 같다는 주장을 할 수가 없으며, 그렇게 주장할 근거도 없 다."

어쨌든 미국식 연속항해의 원칙이 최소한 한 번의 경우에 영국과 이탈리아에 의하여 채택되었음은 주목할 만하다. 교전국 영토에 인 접한 항구를 갖고 있는 중립국, 특히 교전국 자신이 항구가 없는 경 우에 봉쇄와 금제품에 관한 모든 규칙을 손쉽게 무력화시킬 수 있다 는 이유에서, 이탈리아는 표면상으로는 홍해 연안으로 향하고 있었 으나 실제로는 아비시니아(Abyssinia: 에티오피아의 옛 이름-역자주)를 목적지로 하는 화물을 몰수하였으며, 영국은 금제품 혐의의 물품을 선적하고 포르투갈령 아프리카의 항구를 향하고 있었지만 사실은 트랜스발(Transval : 오늘날 남아프리카 공화국의 동북부-역자주)로 가고 있는 선박을 검색하였다.[20]

---

20) The cases of the "Bundesrath", 1900, and the "Doelwijk", 1896, *The London Times*, Jan. 4, 1900; and *State Papers*, Vol. LXXXVIII, p.212, and Vol. XCIV, pp.973 *et seq.*

 It was formally agreed by the Declaration of London in 1909, that [Articles 30−31] absolute contraband is liable to capture if it is shown to be destined to territory belonging to or occupied by the enemy, or to the armed forces of the

III. 전시 금제품 유사물과 검문 검색권

미국은 남북전쟁 기간 중 중립국의 우편 증기선에 관하여는 유례 없이 자유로운 규칙을 제시하였다. 당시까지 중립 선박을 통한 속달 이나 기타 우편 업무에 관하여 확립된 관행이 없었다. 멕시코 전쟁시 부터 미국은 베라 크루즈(Vera Cruz) 항을 출입하는 영국의 우편증기선 에 대해 검문검색을 면제시켜 주었다. 1862년 10월 31일 시워드 국무 장관이 해군장관에게 보낸 훈령은 곧 워싱턴의 각국 외국공사에게 다 음과 같은 취지로 즉시 통보되었다.

"나포된 선박에서 발견되어 …정히 확인되고, 인증된 우방국이나 중립국 공공우편물"은 "수색되거나 개봉되지 않으며, 편리한 경로를 따라 지정된 목적지로 신속하게 보낸다." 21)

해군 사관들은 그 같은 우편 배낭을 개봉하지 않은 채 워싱턴의 국무부로 보내거나, 우편 배낭이 속한 나라의 해군 무관이나 영사 대표에게 그 우편물을 직접 전달해서 교전국 정부가 권리를 가지고 있는 문서가 그 정부에 전달되어져야 한다는 양해하에 그에 의해 개 봉되도록 지시를 받았다.

---

enemy. It is immaterial whether the carriage of the goods is direct or entails either transshipment or transport over land.
21) *Dip. Cor.*, 1863, p.402.

'피터호프' 사건에서 미국 포획재판소는 처음에는 선박에서 발견된 우편물을 영국 영사 앞에서 개봉하라고 명령하였다. 그러나 영국 당국이 국무장관에게 항의하자, 조사해야만 할 우편물이 일부 포함되어 있다고 믿을 만한 이유가 있었음에도 불구하고, 뉴욕에 있는 대리인에게 모든 우편물을 개봉하지 말고 목적지로 보내라는 지시가 내려졌다. 시워드 장관은 1863년 4월 21일 자로 애덤스에게 보낸 편지에서 다음과 같이 말하였다.

"그러나 나는 이 사건을 교전권의 수색에 따라 검문한 선박에서 발견된 공공우편물의 면제 문제에 관한 견해를 제시하는 기회로 활용할 것입니다. … 즉시 중립국 우편물을 불필요한 간섭이나 노출로부터 보호하고, 동시에 우방국을 전쟁의 참화 속으로 끌어들이려는 무책임한 사람들의 불법적 계획의 도구로 우편물이 활용되는 것을 방지할 규정을 만드는 것은 미국이나 다른 해양 국가들에 못지않게 영국에게도 바람직할 것이라고 대통령께서는 믿습니다."

남북전쟁 때까지 미국은 금제품목을 가능한 한 줄이려고 항상 노력해 왔다. 그러나 전쟁이 발발하자마자 미국 정부는 특별히 전쟁용으로 적합한지 여부와는 상관없이 사용될 수 있는 거의 모든 물건을 절대적 금제품 목록에 포함시킴으로써 대단히 포괄적인 금제품 목록을 발표하였다. 처음으로 엔진, 보일러, 보트와 철도 기관차의 기계장치, 객차 등이 금제품 목록에 포함되었다. 그때까지 미국이 항상 금제품의 오명으로부터 면제시키려고 노력하였던 식료품까지도 포함되었다.

교전국 인사(人士)가 일종의 금제품으로 취급될 수 있는가에 관하여도 심각한 문제가 일어났다. 아주 기묘하게도, 중립국인 미국 선박으로부터 영국 선원을 징용하던 영국의 관행에 미국이 늘 반대하였다는 사실에도 불구하고, 미국은 저 유명한 '트렌트(Trent)호' 사건에서 영국의 중립 선박에 있는 적국인을 체포할 권리가 있다고 주장하였다. '트렌트호'는 영국의 우편증기선으로, 여기에는 남부연합의 외교사절로 런던과 파리로 향하던 남부연합의 판무관 메이슨(Mason)과 슬리델(Slidell)이 타고 있었다. 이 배는 영국 해군장교의 지휘 하에 1861년 11월 7일 하바나에서 세인트토머스를 향하여 출항하였다. 쿠바 연안으로부터 9마일 떨어진 공해상으로 바하마 해협을 통과하던 도중 '트렌트호'는 미국의 프리게이트함 '산 하씬토(San Jacinto)호'에 의하여 정선당하여, 메이슨과 슬리델은 강제로 끌려 나와서 전쟁 포로로서 보스턴으로 이송되었다. 한편 트렌트호의 항해는 계속 허용되었다. 영국 정부에 의하여 즉시 남부연합 판무관들의 원상회복이 요구되었으며, 동시에 중립국인 영국의 권리를 침해한 점에 대하여 미국의 사과가 요구되었다. 오스트리아, 프랑스, 이탈리아, 러시아 및 프러시아 정부는 워싱턴의 자국 대표에게 영국 측 요구를 지지하라고 각각 지시하였다. '산 하씬토호'의 윌크스(Wilkes) 선장은 판무관들이 교전국의 유형화된 인물 급파에 해당한다고 주장하였고, 시워드 장관은 그들이 전시 금제 인물이라고 선언하였다. 시워드가 1861년 12월 26일 자로 리욘(Lyons) 경에게 보낸 편지에서 다음과 같이 말하였다.

"이 사건에서는 금제품을 수송하던 선박이 아니라, …전시 금제

인물에 관한 절차 형태가 문제입니다." … "교전국의 나포자는 전시금
제 사관, 병사, 선원, 공사, 연락관, 운송인 등이 위법한 여행을 계속하
여 그의 불법적 임무를 수행할 목적지에 도달하는 것을 저지시킬 권리
가 있습니다."

같은 편지에서 시워드 장관은 또 이렇게 주장하였다;

"모든 학자들과 판사들이 적국에 복무중인 해군이나 군사요원을
전시 금제 인물이라고 단언한다. 바텔도 전쟁에서는 우리가 적으로부터
모든 자원을 차단시키는 것이 허용되며, 지원을 얻으려고 사절을 파견
하는 것을 저지시킬 수 있다고 말한다. 그리고 윌리엄 스콧 경도 적국
대사의 진로를 차단시킬 수 있다고 한다. 급송 문서는 명백히 전시 금제
품이며, 이의 운항을 담당하는 소지인이나 운송인 역시 같은 몰수 대상
에 속한다. 윌리엄 스콧 경은 전시 금제 인물로 체포, 억류된 지방장관
에 관하여 언급하면서 이렇게 말한다. '그 같은 인물이 공무를 위하여
공적 경비로써 파견될 정도로 적에게 매우 중요한 경우, 적대 활동과
밀접하게 관련된 목적으로 파견된 선박과 동일한 몰수 근거가 되는 것
이 나로서는 원칙적으로 합당하다고 본다.'"[22]

영국 정부는 이 입장에 대하여 강력하게 항의하였다. 러셀 백작은
문제의 사람이나 이들의 급송문서는 전시 금제품이 아니며, 양 교전
당사국과의 통신과 우호관계를 유지할 수 있는 중립국의 일반적 권
리 의무는 논란의 대상이 될 수 없다고 주장하였다. 양국 정부 간의

---

22) *Senate Doc.*, Vol. IV, 1861-1862, *Ex. Doc.*, No: 8, p.7 ff.

견해 차이는 수많은 분쟁의 근거가 되었다. 시워드 장관은 해사법원
은 "전시 금제품에 대한 청구만을 심판할 원칙을 갖고 있으므로, 전
시 금제 인물에 관한 청구에 대하여는 재판을 할 수가 없다." 그러므
로 "법원은 금제 인물 혐의에 대하여 소송절차를 진행할 수도 없고,
가부간에 판결을 내릴 수도 없다"고 주장하였으며,23) 다나(Dana)도
'트렌트' 호가 미국 포획재판소로 보내졌다면, 메이슨과 슬리델은
"법원에 의하여 유죄판결을 받을 수도 없었고, 석방될 수도 없었을
것"이라고 말함으로써 이 견해를 지지하였다.24) 울시(Woolsey)는 다
음 말에서 충분히 자신의 견해의 요점을 밝혔다:

(1) 국가가 공해상에 있는 중립국 선박으로부터 적국 대사, 반역자, 기
타 범죄자 등을 끌어내릴 수 있는 절차는 국제법상 존재하지 않는다;

(2) 배 위에 적국의 급송물(급송 공문서)이 있었다면. 그 선박은 나포되
어 법적 심판을 받으러 항구로 예인될 수 있다.

(3) 중립국 항구에서 또 다른 중립국 항구로 우편과 승객을 수송하는
선박이 유죄로 될 모든 가능성을 배제한다.

(4) 중립국의 권리를 언제나 열렬히 주장한 국가였던 미국이 문명국
의 행위에서 근대적 선례(를 따르기)보다 공해상에서 중립국 선박으
로부터 선원을 징용하던 과거 영국의 관행과 같은 조처를 취한다는
것은 잘못된 일이었고, 게다가 영국 측의 이런 절차에 항의하여 그
것이 전쟁의 원인으로까지 되었다. 다른 국가들로 봐서는 이 트렌
트호 사건이 영국으로 하여금 해상에서의 중립국 권리를 지지하게

---

23) Seward to Lord Lyons, December 26th.
24) Dana, *Wheaton*, p.650.

만들었다는 점에서 유용한 일이었다.25)

이 분쟁으로부터 교전국의 외교관은 전시 금제 인물로 간주될 수 없으며, 중립국 선박이 중립국 목적지로 그들을 수송하는 것은 비중립적 복무가 아니었다는 점, 그리고 무엇보다도 나포자는 스스로 문제되는 물건이나 사람이 전시 금제품인가 여부를 결정할 권리가 없다는 점이 분명해졌다.

IV. 알라바마(Alabama) 호 사건

남북전쟁 기간 중 남부연합은 미국의 상업해운을 심각히 괴롭힐 수 있는 해군을 창건하려고 노력하였다. 남부 항구에서는 전함을 건조할 방법이 없었으므로 영국 조선업자에게 위탁하였고, 그 결과 수많은 전함의 전부 또는 일부가 영국 조선소에서 설비를 갖추어졌다. 미국은 교전국으로서 당연히 영국 정부에게 남부연합의 대리인과 영국 신민들이 남군 해군용 선박의 설비를 하고 무장하는 것을 허용함으로써 중립 위반을 하는데 대하여 이를 방지해줄 것을 영국 정부에게 요청하였다. 이 요청에 대한 답변에서 영국은 자국 신민의 통상의 자유는 방해될 수 없다고 주장하였다. 이러한 견해 차이와 영국에서 건조된 남군 선박의 파괴 활동의 결과 발생한 분쟁이 일어났고, 1872

25) Woolsey, *International Law*, 6th Ed., pp.338-339.

년 이른바 '알라바마호' 사건에 관한 제네바 중재재판에서 최종적으
로 해결되었다.

영국 측 입장에서 버나드(Bernard)는 다음과 같이 말하였다.

"이번 전쟁은 이 나라를 매우 새로운 상황에 처하도록 하였고, 영
국에게 뼈아프지만 유익한 교훈을 안겨 주었다. 영국은 처음으로 중립
국 의무의 실행에서 스스로를 교육시켜야만 하였고, 중립국의 권리에
관심을 갖게 되었다. 영국은 과거 자신도 자주 휘둘렸으며, 국제법이
교전국에게 부여한 난폭하고 (남을) 고통스럽게 하는 무력행사에 저항하
지 말고, 다소 위축될지는 모르지만 참아야만 하였다. 영국 선박의 선장
은 외국 순양함에 의한 정선 명령과 조사에 복종해야 한다는 것을 알았
다; 영국의 상인과 선주들은 그들 자신의 재산이 나포되어 외국 항구로
이송되는 것을 보며, 그곳 포획재판소의 지루하면서도 미심쩍은 재판을
기다려야만 하였고, 그 사이 그들의 시장과 기대이익은 상실되었으며,
만약 포획이 근거 없다고 입증되어도 적절한 보상을 얻을 가능성은 희
박하였다. 우리의 주요 산업은 …만 2년간이나 생명을 보존해 오던 식
량을 상실함으로써 굶주리게 되었다…26)

일부 학자들은 영국이 공해상에서는 교전국 재산의 나포 면제를
주장한 미국 측의 견해에 동조하기를 거부하였던 사실에 유감을 표
명하였다. 왜냐하면, 그렇게 하였다면 알라바마호 사건으로부터 야
기된 모든 분쟁을 회피할 수 있었을 것이기 때문이었다. 한 법률가
는 다음과 같이 주장하였다.

---

26) Bernard, *Violations of Neutrality by England*, p.3.

"만약 1856년에서와 같은 합의에 도달할 수 있었다면 알라바마호 사건은 결코 발생하지 않았을 것이다. 왜냐하면, 당시 유럽 국가들이 해상에서 교전국 사유재산의 나포 면제를 선언한 미국 측의 입장을 수락하였다면, 미국은 그 선언에 단단히 구속되었을 것이며, 그러면 남부연합은 알라바마호를 상선 공격에 사용함으로써 자신의 초창기의 대의를 그렇게 악명 높게 몰락시키지는 않았을 것이다."

처음에는 영국 정부도 1819년의 중립법을 성실히 준수하려고 시도하였다. 1861년 6월 1일 자 명령은 교전국의 모든 군함과 사략선이 포획물과 함께 영국 항구로 입항하는 것을 금지시켰으며,[27] 1862년 1월 31일 자 훈령은 영국 정부의 선의를 표시했다.[28]

전쟁이 발발한 직후·미국 정부는 영국과 프랑스에 대하여 파리선언에 의하여 합의된 중립국 선박의 특권과 봉쇄규칙에 관한 약정을 채택하자고 제안하였다. 그들은 사유재산은 공해상에서 나포로부터 완전히 면제시켜 주자는 제안을 추가하였다. 중립국 선박과 봉쇄에 관한 제안에는 반대가 없었으나, 사유재산의 나포 면제에 관하여는 영국 공사가 다음과 같이 응답하였다.

"어제 프랑스 대사가 저를 방문하여 미국 공사가 투베넬(Thouvenel)에게 두 가지 제안을 하였다고 알려주었습니다. 첫 번째는 전시에 사유재산을 해상 나포로부터 보호하자는 계획을 파리선언에 추가시키는 데

---

27) Appendix to the Case of Great Britain laid before the Tribunal of Arbitration at Geneva under the Provisions of the Treaty between the United States of America and Her Majesty the Queen of Great Britain, Vol. 3, p.18.

28) *Papers Relating to the Treaty of Washington,* Vol. I, pp.226–227.

프랑스가 동의하라는 제안이었습니다. 투베넬은 영국 정부의 견해를 알고 싶어 하였습니다. 영국 정부는 첫 번째 제안에 단호히 반대합니다. 그러한 조치는 해군은 물론 상업선단을 갖춘 모든 국가의 힘을 전쟁기간 중 약화시킬 것으로 보입니다."

그러나 제네바 중재재판에 따라, 남북전쟁 기간 중 영국에서 건조되고 설비를 한 남부연합 선박의 미국 통상에 대하여 자행된 파괴 활동 때문에 미국에게 배상금을 지불하게끔 되었다. 이때, 영국은 비로소 프랭클린이 이미 1783년에 하였던 예언적 경고의 진실을 깨닫게 되었다.

"공해에서 상인을 강탈하는 관행은 고대 해적의 유산으로 우연히 특정 사람들에게는 이득이 될 수도 있지만, 관련되는 모든 사람에게 이득이 될 수는 없다"

그러나 영국 조선업자와 개인 상인들은 남부 연합의 해군에게 주어질 군함을 건조하고 설비를 갖추게 하여 불법적인 이득을 취하고, 미국의 통상을 저해하게 함으로써 얻을 수 있는 기회를 많이 가졌다. 영국에서 전쟁용으로 전부 또는 일부가 건조되었거나 설비를 갖춘 순양함으로 미국 측에 의하여 이름이 밝혀진 것은 다음과 같았다.

섬터(Sumter)호, 내쉬빌(Nashville)호, 플로리다호 및 그 부속선 클레런스(Clarence)호, 타코니(Tacony)호 및 아처(Archer)호, 알라바마호 및 그 부속선 투스칼루사(Tuscaloosa)호, 리트리뷰션(retribution)호, 조지아호, 탈라하스(Thallahasse)호, 칙카마우가(Chickamauga)호, 셰난

도(Shenandoah)호.[29]

이 모든 선박들이 관련된 사건은 '알라바마호 청구 사건'이라는
제목하에 일괄적으로 포함되었다.

전체 남군의 순양함 중에서 미국 해운에 가장 많은 피해를 야기
하였고, 많은 미국 선박들로 하여금 영국 깃발의 보호를 모색하도록
만들었던 선박이 처음에는 '290호 배'로 알려졌던 알라바마호였다.
이 배는 리버풀 부근 버켄헤드(Birkenhead)에 있는 레어드(Laird) 조선
소에서 군함으로 건조되었으며, 대리인이나 조선업자 모두 이 사실
을 숨기려 하지도 않은 듯하였다. 이 배는 모든 설비를 갖추었으나
비무장으로 1862년 5월 15일 진수하였다. 이 배가 최종적으로 설비
를 갖추고 있을 무렵, 애덤스는 러셀 백작에게 '290호 배'로 알려진
이 배는 외관상 군함으로서의 설비를 갖추고 있으며, 악명 높던 남
부 연합의 대리인이 책임자라는 사실을 지적하는 편지를 보냈다.[30]
영국 왕실 법률 담당관에게 가능한 한 신속히 이 문제를 조사하라는
임무가 떨어졌다. 그들은 조사를 하였으나, 이 배는 어떠한 무장도
하지 않았기 때문에 우려할 이유가 전혀 없을 것 같다고 보고하였다.
그러나 리버풀의 세관원에게 이 배를 면밀히 주시하라는 지시가 있
어야 할 것임을 덧붙였다.[31]

---

29) *Papers Relating to the Treaty of Washington*, The Case of the United States, p.320.
30) *Papers Relating to the Treaty of Washington*, Vol. 3, p.81.
31) Appendix to the British Case, Vol. I, p.181.

런던에서 영국 정부가 '290호 배'에 대하여 어떠한 조치를 취할 것인가를 논의하던 무렵, 이 배는 일단의 신사숙녀를 태우고 조용히 정박지를 미끄러져 나갔다. 분명히 시운전을 하는 것 같았으나, 이 배는 머시(Mersey) 강까지 내려가서는 손님들을 예인선 허큘리스 호에 태워 돌려보냈다. 이 배는 7월 28일 리버풀을 떠나 8월 10일 아조레스 군도의 한 섬인 테르세이라(Terceira) 섬에 도착하였다. 그곳에서 무기를 선적하고 있던 영국 선박 애그리피나(Agrrippina)호와 바하마(Bahama)호를 만나 설비를 하고 완전무장을 하였다.32) 이제는 알라바마호로 알려진 '209호 배'는 셈너(Semner) 선장과 대부분이 영국인인 그의 선원들에게 인계되었다. 약 2년 동안 알라바마호는 대서양을 돌아다녔으며, 심지어 인도양까지도 파괴 활동의 범위를 넓혔다. 애덤스는 러셀 백작에 대한 편지에서 다음과 같이 기술하였다.

"처음에는 포함 290호 배로, 이제는 알라바마호로 알려진 이 배는 국제법에 의하여 인정된 그 어떤 권위로부터도 합법적으로 권한을 부여받은 바 없이, 해적과 같은 전쟁 방식을 억제하기 위하여 문명국들의 공통된 합의에 의하여 설립된 모든 재판소를 공공연히 무시하면서, 미국의 선박들을 나포, 방화, 격침, 파괴하며 바다를 돌아다니고 있다"33)

그러나 마침내 이 배는 1864년 6월 9일 체르버그(Cherbourg) 연안에서 미국 군함 키어사르즈(Kearsarge) 호에 의하여 격침되었다.

---

32) *Papers Relating to the Treaty of Washington*, Vol. I, pp.150-151.
33) Adams to Earl Russell, Oct. 23, 1863.

알라바마호 및 같은 종류의 여타 남군 순양함에 의한 피해는 막대하였으며, 미국 전역에서는 격렬한 반영(反英) 감정이 일어났다. 영국 변호사인 데이비드 로스(David Ross)는 1867년 9월 다음과 같은 이야기를 하였다.

"1865년 미국을 상당히 장기간 방문하였을 때 나는 북부와 서부 여러 주에서 다양한 사람들과 자유롭게 그리고 자주 이야기하였다. 내가 기억하는 한 트렌트호 사건으로 인하여는 그 누구도 영국에게 조그만 악의도 갖고 있지 않았다. 왜냐하면, 그들은 극단적인 조치를 취한 영국이 옳았다고 생각하는 듯하였다. 그러나 상대적으로 알라바마호의 파괴 활동에 관하여 인내심을 가지고 이야기할 수 있었던 사람을 만나기는 힘들었다. 미국 대통령이 전쟁을 통하여 배상을 받기로 결정하였다고 하더라도 평화를 위하여 목청을 높일 사람을 만날 수 있을지 의심스러웠다."

이러한 상황에서 영국에 대한 주의의 부족, '위장된 전쟁', '반도들에 대한 불공평한 지원의 계속' 등과 같은 모든 혐의 내용은 다소 과장된 것이었지만, 실제로 영국 당국이 중립국으로서의 의무를 준수하지는 못하였다. 남부 연합을 위하여 영국에서 제작된 쇠를 두른 군함의 최종 행선지와 용도에 관하여 애덤스가 러셀 백작에게 제공한 수많은 증거에도 불구하고, 러셀은 애덤스에게 보낸 편지에서 "영국 정부는 이들 선박에 관하여 어떠한 관여도 할 수 없다는 자문을 받았다"고 대답하였다.[34] 같은 해 10월 26일 그는 애덤스에게 다

---

34) Earl Russell to Mr. Adams, Sept. 1, 1863.

시 편지를 보내어 다음과 같이 주장하였다.

　　"한편 영국 정부에 의해 논쟁이 되고 있는 원칙은 교전국 일방을
해상 순시하기 위하여 우리의 항구에서 선박을 취역시키고, 설비를 하
고, 승무원을 배치하는 것과 관련된 것이 아니라는 것을 믿어 주시길
요망합니다. 1793년에 미국 대통령에 의하여 정당하고도 명백하게 비
판되던 원칙은 그해 5월 13일자 제퍼슨이 해먼드에게 보낸 편지에 기록
되어 있습니다. 그러나 영국 정부는 상선으로 보이게끔 설비를 하고,
영국 법원의 관할로부터 멀리 떨어진 항구나 수역으로 이 배를 보내어,
그곳에서 이를 군함으로 취역시키고, 설비를 하고, 승무원을 태운 당사
자의 행동에 대하여는 책임을 질 수 없습니다."

　　그러나 영국이 준수했어야 할 중립국으로서의 엄격한 자세를 게
을리하였다는 이유에서 미국 정부는 영국에서 건조된 남부연합 순
양함에 의하여 야기된 피해의 배상을 요구하였다.

　　러셀 백작이 이들 피해에 대한 영국의 책임을 모두 부인하였음에
도 불구하고, 미국은 자신들의 청구가 마침내 1871년 제네바 중재재
판에 회부될 때까지 끈질기게 이의 수락을 요구하였다.

　　이 청구를 중재재판에 회부하자는 제안은 미국이 먼저 하였으나,
러셀 백작은 이에 강력히 반대하였다. 영국 정부는 시종일관 중재재
판이나 어떠한 조정의 가능성도 명백히 배제시키겠다는 태도를 취
하였다. 1865년 8월 30일 러셀 백작은 애덤스에게 편지를 보내 다음
과 같이 말하였다.

　　"귀하는 1863년 10월 23일 자 편지에서 미국 정부는 어떠한 형태

의 중재재판이라도 수락할 준비를 갖추었다고 통보하였습니다. 이에 영국 정부는 강력한 권한이 배정될 특정 군주나 국가에게 어떠한 문제가 제기될 수 있겠는가를 검토하여 보았습니다. 영국 정부로서는 보상청구 문제의 판단 기준이 될 수 있는 두 가지 문제가 있다고 보았습니다.

첫째, 영국 정부는 적절한 주의 의무를 다하였는가? 다시 말하자면 성실하고 정직하게 자신이 선언한 중립을 준수하였는가?

둘째, 왕실 법률 자문관들이 1862년 6월 알라바마호를 억류하고 나포하도록 권고하기를 거부하였을 때와 영국 항구에서 건조되거나 설비를 갖추고 있던 다른 선박들을 억류하도록 요청받았을 때, 그들이 외국 모병법을 적절히 이해하고 있었는가?

영국 왕의 존엄과 성격을 조금이라도 존중한다면 영국 정부는 이 중 어떠한 문제도 외국 정부에게 회부될 수 없다고 생각합니다. 영국 정부는 그 자신의 명예를 위한 유일한 수호자입니다. … 따라서 영국 정부는 알라바마호에 의한 포획에 대하여 배상이나 보상을 한다거나, 이 문제를 외국에 회부하는 것을 거부하여야만 합니다. 영국 정부가 이와 달리 행동한다면 앞으로의 모든 전쟁에서 중립국의 지위를 위태롭게 만들 것이라고 생각합니다…"35)

그러나 1865년 10월 14일 백작은 애덤스에게 다시 편지를 보내어 다음과 같이 말하였다.36)

"영국 정부는 지난 남북전쟁 기간 중 발생한 것으로 양국이 합의

---

35) *Dip. Cor.*, 1865, Part I, p.545.
36) The Official Correspondence on the Claims of the United States in Respect to the Alabama, Earl Russell, 1867, p.165.

하는 모든 청구권 문제를 회부할 위원회의 임명에 동의할 준비가 되어
있습니다"

이에 대하여 애덤스는 클레렌던(Clarendon) 백작에 대한 1865년
11월 21일 자 편지에서 다음과 같이 답하였다.[37]

"따라서 저는 합동위원회를 창설하자는 귀국 정부의 제안이 정중
히 거절되었음을 귀국 국왕에게 알려드리라는 지시를 받았습니다."

이 문제를 다시 검토하는 것이 바람직한가에 대하여는 1866년
후반기까지 영국 언론에서 논의의 대상이 되었다. 러셀의 외무장관
직을 승계한 스탠리(Stanly) 경의 정부는 분쟁의 우호적 해결을 선호
하였던 것으로 이해되었다. 당시 더비(Derby) 수상은 런던시장 관저
에서의 연설에서 그 같은 입장에 지지를 표시하였다.[38] 런던 타임스
도 러셀 백작이 애덤스의 요구를 거부한 것은 옹색한 처사였다는 견
해를 지지하였으며, 이 문제가 "미국인에 의해서는 잊혀지지 않고
있으며", 이 문제가 '공정한 재판'에 회부될 때까지 결코 잊혀지지
않을 것임을 강조하였다.[39] 스탠리 경 자신을 포함하여 1868년 3월
6일 하원에서 알라바마호 사건에 관하여 발언한 대부분의 의원들은
미국에 대하여 타협적인 자세를 취하는 데 찬성하였다.[40]

---

37) The Official Correspondence on the Claims of the United States in Respect to the
Alabama, p.223.
38) Papers Relating to Foreign Affairs, Accompanying the Annual Message of the
President to the Second Session of the Fortieth Congress, Government Printing
Office, 1868, Part I, p.25.
39) *The London Times*, November 17, 1866, and January 4, 1867.

1868년 6월 존슨(Johnson) 대통령은 몇 개의 성가신 문제에 대한 우호적 해결을 모색하라는 지시와 함께 리버디 존슨(Reverdy Johnson)을 애덤스의 후임으로 런던 주재 미국 공사로 임명하였다. 존슨 공사는 영국에 도착하여 스탠리 경 및 그의 후임자 클레렌던과 수 개월간 협상하였다. 드디어 1869년 1월 14일 개인청구위원회에 의한 해결을 규정한 존슨-클레린던 협약이 서명되었다. 이 합의에 대하여는 중요한 현안 문제들을 미해결로 남겨 두었다는 이유로 미국에서 강력한 반대가 제기되었다. 찰스 섬너(Charles Sumner)는 선동가들 중에 가장 적극적이고 영향력이 있었다.41) 상원은 이 조약의 비준을 거부하였으며, 양국 간의 긴장 관계는 변함없이 지속되었다.

그랜트(Grant) 대통령은 1870년 12월 5일 자 의회에 보낸 교서에서 양국 정부가 이 문제에 대해 합의에 도달하지 못한 데 대해 유감을 표명하였다. 1871년 1월 초, 존 로즈(John Rose) 경이 양국 관계의 개선을 위한 영국 정부의 요망을 피력하라는 비밀 임무를 띠고 워싱턴을 방문하였다. 1871년 2월 3일 피시(Fish) 장관은 영국 공사에게 대통령이 양국 간의 여러 이견의 원인을 해소시키기 위한 조치로서 합동위원회를 만들자는 제안에 동의하였다고 썼다. 그 결과 워싱턴에서 1871년 2월 7일 고위 합동위원회가 구성되었다.42) 여러 번의 오랜 토의 끝에, 마침내 1871년 5월 8일 위원들은 합의하여 조약에 서명하였으며 이 조약은 후에 워싱턴 조약으로 알려지게 되었다. 바

---

40) *Ibid.*, March 7, 1868.
41) *Memoirs and Letters of Charles Simmer*, Edward L. Pierce, Vol. 4, p.312.
42) *Papers Relating to the Treaty of Washington*, Vol. I, p.9.

로 이 유명한 조약에 의하여 알라바마호 청구 사건은 제네바에 소재하는 중재재판소로 회부하게 되었다. 이 재판부는 미국 대통령, 영국 여왕, 이탈리아 왕, 스위스 대통령, 브라질 황제가 각각 임명한 5명의 중재재판관으로 구성하도록 되었다. 이렇게 해서 임명된 위원들이 저명한 제네바 중재재판소를 구성하였다. 재판 진행을 위한 지침은 워싱턴 조약 제6조에 의해 지원된다고 되어있는데, 여기에 의하면 중재재판소에 제출되는 사안을 결정하는 데는 다음의 세 원칙을 따른다.

"중립국 정부는 다음을 준수하여야 한다 :

첫째, 자국과 평화 관계에 있는 국가를 상대로 해상 순시를 하거나 전쟁을 수행하려 한다고 믿을 만한 합리적인 이유가 있는 선박이 자국 관할 내에서 설비를 하고, 무장하고, 장비를 갖추는 것을 방지하기 위하여 적절한 주의를 기울여야 하고, 또한, 전부 또는 일부가 자국 관할 내에서 전쟁 목적으로 특별히 개조되어 위와 같은 해상 순시나 전쟁을 수행하려는 선박이 자국 관할로부터 출발하는 것을 방지하기 위해서도 유사한 주의를 기울여야 한다.

둘째, 교전국 일방이 항구나 수역을 타방에 대한 해군작전의 기지로 사용하거나, 또는 군용장비나 무기를 교체 또는 증강하거나, 또는 선원을 충원하기 위한 목적으로 사용하는 것 등을 허용하거나 방치하지 말아야 한다.

셋째, 전술한 의무의 위반을 방지하기 위하여 자국 관할 내의 모든 사람에 대하여 자국 항구와 수역 내에서 적절한 주의를 다하여야 한다."43)

미국이 재판부에 검토를 요구한 청구는 두 가지였다.

　(1) 반란군의 순양함에 의하여 선박과 화물이 파괴됨에 따른 직접적인 손실과 순양함 추적에 소요된 경비에 대한 청구

　(2) 미국의 상업 해운에 대한 방해, 보험요율의 증가와 전쟁의 장기화에 따른 간접 손실과 손해에 대한 청구

각기 자신의 청구를 지지하기 위하여 양국 정부가 제시한 모든 주장을 여기서 상세히 설명할 필요는 없지만, 무엇이 '적절한 주의'를 구성하느냐는 문제에 관한 견해의 차이가 어디에 있느냐를 살펴보는 것은 흥미로운 일이다. 워싱턴 조약의 세 원칙은 '적절한 주의'의 원칙을 영국의 행동에 적용하여 미국 측 청구의 타당성을 결정하라는 임무를 위원회에 부여하였다. 어느 쪽이 이길 것이냐는 이 점에 달려 있었기 때문에 자연히 양측의 주장은 주로 이 용어의 정의에 달려 있었다.

'적절한 주의'라는 용어의 세 가지 견해 또는 정의는 논쟁들과 제네바 중재재판의 결정에서 발견될 수 있다 : 즉, 미국 측 견해, 영국 측 견해와 재판부의 견해가 그것이다. 미국의 경우, 우리는 그 나라의 입장을 다음과 같이 정의된 문제에서 찾을 수 있다 :

　"미국은 워싱턴 조약상의 원칙에 의하여 요구되는 주의란 적절한

---

43) *The Treaty of Washington*, Article VI.

주의라고 이해한다. 즉, 이는 주제의 중요성과 이를 행사하여야 할 국가의 존엄성과 힘에 비례되는 주의이다. 또한, 적극적인 경계와 중립국 권한에서 다른 모든 수단을 행사하여 어떠한 거래단계에서도 자국의 영토가 침해되지 않도록 방지하여야 하는 주의이며; 중립국의 뜻에 거슬려서 음모자가 그 영토 위에서 전쟁행위를 행함으로써 자칫하면 (중립국이) 피하려는 전쟁에 휘말릴 가능성을 (전쟁에) 유사한 방법으로 저지시켜야 하는 주의이며; 중립국으로서의 선의에서 금지된 행위를 하려는 어떤 목적을 발견하기 위하여 최대한 적극적인 조치를 취하도록 촉구하며, 이러한 행위를 저지하려는 의도를 알게 되었을 때 자신의 능력 범위 내에서 이를 저지시키기 위하여 모든 수단을 동원할 의무를 부과하는 정도의 주의이다."

"이에 미치지 못하는 주의는 '적절' 하다고 할 수 없다; 즉, 이는 부주의의 결과에 따른 위급성이나 중대함에 상응한다.44)

반면에 영국은 '적절한 주의' 라는 용어에 대해 미국과 같이 엄격한 해석을 부여하지 않았다. 영국 측은 다음과 같이 주장하였다.

"주권국 정부 측으로서는 적절한 주의란 해당 정부가 주어진 어떤 목적을 위하여 국제적 의무로서 해야 할 주의의 정도를 의미한다. 이 정도가 국제적 관행이나 합의에 의하여 정의되지 않은 경우에는 의무 자체의 성격과 국제법의 기반이 되는 정의, 형평, 일반적 편의성을 고려하여 추론되어야 한다"

---

44) *Papers Relating to the Treaty of Washington*, Vol. I, p.67.

이 정의는 뒷부분에서 좀 더 간결한 표현으로 제한되고 있다.

"그러나 문명국 정부가 자국의 안보문제나 자국민의 문제에서 통상 채택하는 정도 이상을 요구하는 것은 일반적으로 비합리적이고 비현실적이다."45)

영국 측 서면에서의 이 두 가지 인용으로부터 볼 때, 영국의 견해에 따르면, 중립을 위반하여 교전국 일방에 해가 되는 행위를 한 중립국의 책임은 해당국 국내법의 요구에 의하여 제한받는다고 이해될 수 있다. 반면에 미국은 '적절한 주의'에 대한 이 같은 해석에 동의하지 않았으며, 국내법이 국가 책임의 한계를 규정한다고도 생각하지 않았다.

"중립국이 자국 내에서의 중립 위반을 방지하여야 할 의무는 모든 국내법이나 현지법과는 관계가 없다. 국내법은 그러한 의무를 인정하여야 한다. 그러나 국내법은 중립 의무를 창조할 수도 파괴할 수도 없다. 왜냐하면, 중립국 영토를 적대적 목적으로 사용하는 것을 금하는 의무는 국제법으로부터 직접 유래하기 때문이다.

사실 국내법은 단지 국제적 의무의 국가적 평가의 증거로서 간주될 수는 있겠지만, 국제법의 눈으로 볼 때 그러한 의무의 한계로 받아들여질 수는 없다."46)

이 문제에 대한 재판부의 견해는 매우 일반적으로만 표현되었고,

---

45) *Ibid.*, pp.237−238.
46) *Papers Relating to the Treaty of Washington*, Vol. I, p.47.

이에 대해 적절히 정의내리지도 않았다. "…'적절한 주의'는 … 교전국 일방이 노출하게 될 위험에 정확히 비례되도록 중립국 정부에 의하여 행사되어야 한다 … ."[47] 그러나 재판부는 이러한 표현, 즉, "…영국 정부는 스스로 행동을 위한 법적 수단이 불충분함을 핑계로 하여 적절한 주의를 다하지 못한 점을 정당화시킬 수 없다."[48]면서 국내법이 국제적 의무의 척도가 될 수 없다는 미국 측 주장을 지지하였다.

중재재판부 판정의 기준이 될 세 가지 행동원칙을 제시한 것 외에도 워싱턴 조약 제6조는 다른 해양 국가들도 '적절한 주의'에 관한 원칙을 수락하도록 권고하였지만, 어떠한 국가도 이에 동참하려 하지 않았다. 왜냐하면, 재판부가 이 용어에 대하여 적절하거나 엄격한 해석을 제시하지 못하였다는 단순한 이유 때문이었다. 그러나 그 토의는 국제법에 영향을 미쳤는데, 일반적으로 볼 때는 그때부터 오늘날까지 각국의 이행에 영향을 미쳤고, 특정해서 보자면 제2차 헤이그 만국평화회의 제13협약에 영향을 미쳤는데, 이 협약은 다음과 같이 규정하였다.[49]

　　"중립국 정부는 자국과 평화관계에 있는 국가에 대한 해상 순시나 적대적 작전을 수행하려 한다고 믿을 만한 근거가 있는 선박을 자국 관할 내에서 설비하거나 무장하는 것을 저지하기 위하여 가능한 수단을 강구하여야 한다. 중립국은 돌아다니거나 또는 적대 활동에 참여할 목

---

47) *Ibid.*, p.50.
48) *Ibid.*, p.51.
49) Second Hague, XIII Convention, Art. 8.

적으로 자국 관할 내에서 전체 또는 일부가 전쟁용으로 개조된 선박이 관할지역으로부터 출항하는 것을 저지시키기 위해서도 동일한 주의를 보여야 한다."

재판부는 미국의 직접 피해에 대하여는 총액 1,550만 달러의 보상 판정을 내렸으나 간접 피해에 대한 청구는 남부연합 순양함의 파괴 활동과 관계없는 전쟁 자체의 일반적 필요경비와 혼동되어 있다는 점을 이유로 이를 인정하지 않았다.[50]

워싱턴 조약에 따라 최종적으로 제네바 중재재판부를 설립하기까지 나타난 논쟁의 결과, 영국의 1819년 외국 모병법이 개정되었다. 영국의 중립제도 실행에 관련된 기존 법률의 조항을 검토하고 기존 조항보다 더 나은 조항의 필요성을 조사하기 위하여 왕실위원회가 1867년 1월 임명되었다. 이 조치의 결과 위원회는 1870년도 외국 모병법으로 채택된 법안을 만들었다. 이 법은 영국법의 관할 내에 있는 영국 신민이나 기타 누구라도 중립 의무를 더 이상 위반하지 못하게 할 예방적 조치를 규정하였으며, 영국의 조선업자들에게도 엄격한 규제(근거)도 넣었다. 주로 이 법은 과거의 어떤 법보다 더욱 미국의 1818년도 중립법을 모방하였다. 중립 의무 부담감은 보다 엄격해졌으며, 중립국인의 자유는 한층 제한되었다. 불법적으로 모집된 사람들을 고의로 승선시키거나 승선시키기로 약속한 선장이나 선주까지 포함하여 불법 모병죄는 무거운 벌금형과 형벌로 금지되

---

50) *Papers Relating to the Treaty of Washington*, Vol. IV, p.53.

었다. 이 법은 어떠한 군사적 원정대도 영국 수역으로부터 출항하는 것을 금지하였으며, 이 같은 불법적인 원정 작전을 준비하는 것도 금지한다고 규정하였다. 또한 장비를 준비 또는 제공하거나, 장비의 준비나 제공에 조력하거나, 불법적 원정에 참여하는 자를 형사범으로 규정하였다. 이 법은 군사력의 증강을 금지하였으며, 총 등의 군사 장비를 보강시킴으로써 그같은 군사력 증강에 고의로 관여한 사람의 처벌도 규정하였다.

무엇보다도 중요한 점은 불법 조선의 금지였다. 이 법은 영국과 평화관계에 있는 외국의 군사적 해군 작전에 이용하려는 의도로 또는 그러한 사실을 알면서 국왕의 허가 없이 누구라도 선박을 건조하거나, 건조하기로 합의하거나, 취역을 허가하거나 인도하거나, 장비를 장착시키거나, 파견하거나, 파견을 허용하는 것을 금지시켰다. 전쟁발발 이전에 체결된 계약에 따라 일방 교전국을 위하여 선박을 건조하거나 장비장착을 하여야 할 경우, 당사자는 정부에 의하여 요구되는 담보를 제공하여야 한다. 그 배가 영국의 수역으로부터 떠나는 것을 방지하기 위하여 정부가 적절하다고 판단하여 부과하는 어떠한 조치도 수락하여야 하며, 더욱이 해당 선박은 전쟁이 종료되기 이전에는 정부의 허가 없이 파송되거나 밖으로 나갈 수가 없다. 이러한 규정은 의심이 가는 선박의 장비 장착, 건조, 파견의 합법성 확인 문제는 조선업자의 책임으로 하는 대신에, 정부 당국이 해당 선박의 수색이나 억류에 관한 모든 책임을 지는 것으로 규정하고 있기 때문에, 과거의 법에서 취하였던 예방조치보다 단연 만족스러웠다.

이 법은 제네바 중재재판 이전에 미국에 의하여 요구되던 내용
이상을 담고 있었으며, 영국 이외의 국가에서도 이 법은 국제법의
요구를 앞서가는 내용이라는 평가를 받았다. 이러한 법이 존재한다
면 중립의 준수와 관련된 국가의 행동을 국내적 기준에 맡겨도 안심
할 수 있을 것이며, 만약 남북전쟁 당시 이것이 영국에서의 기준이
었고, 이 기준이 엄격히 준수되었더라면, 영국이 제네바 중재재판이
라는 국제법정으로 불려 나가는 일도 없었을 것이다. 많은 학자들은
이 문제에 관한 치밀한 연구의 결론을 다음과 같이 내렸던 워커
(Walker)의 견해에 기꺼이 동의하는 경향을 보인다.

　　　"영국 각료들이(중립에 대해) 확고한 입장을 가지고, 영국의 하위직
　　공무원들이 신의 성실과 합리적 주의를 다해 집행을 한다면, 그들은 어
　　떠한 경우에도 영국을 또 다른 제네바 법정에서의 비난으로부터 지킬
　　수 있을 것이다. 그리고 최소한 그들은 훌륭한 국제의무를 수행하려고
　　하는 이 섬 왕국의 진정한 희망을 증명하게 될 것이다."51)

---

51) Walker, *The Science of International Law*, p.502.

제 6 장
요약 검토

제
6
장

이제 우리가 알게 된 것처럼 국제법 역사의 초창기에는 중립과 같은 개념은 허용되지 않았다. 중립의 아주 초보적인 개념은 로마교회와 신성로마제국의 점진적인 쇠락과 함께 시작되었다. 휴고 그로티우스로 시작되는 국제법의 초기 학자들은 중립에 대한 정의를 정립하기 위해 노력하였고, 그들의 견해는 중립의 발전에 상당한 기여를 했다. 그러나 중립에 대한 그들의 생각은 다소 모호하고 불완전하였는데, 어떤 상황하에서는 교전국에 대한 중립국의 군사적 지원도 중립에 위배되지 않는다면서 합법성을 인정하기도 하였다.

중립국과 교전국 간의 관계를 규정짓기 위한 분명한 규칙이 없었기 때문에 국제 통상은 전반적으로 교전국의 처분에 맡겨졌고 어떠한 보호책도 마련되어 있지 않았다. 오늘날 중요하게 되어 있는 중립 영토의 불가침 원칙은 18세기 후반까지는 사실상 미지의 것이었다. 교전국들은 전적으로 자유롭게 그들의 군대를 중립 지역 너머로 운송하였고, 중립국 내에서 육군 및 해군력을 양성하였고, 중립 관할권 안에서 전함을 무장시키고 장비를 갖추었다. 반면에, (중립)

국가들은 자국 영토 내에서 중립적인 작전을 방지하거나, 자국 신민들의 외국 복무에 종사하는 행위에 대해 책임을 질 수도 없었고, 교전 당사국 중 일방에 대해 적대적인 복무에 종사하는 것을 막을 수도 없었다. (중립) 국가들 자신은 물론, 중립국 국민들은 개인의 이해관계나 감정에 따라 교전 당사국의 일방 또는 모두에게 온갖 종류의 군사적 지원을 하는 것은 전적으로 자유였다.

중립의 기초적인 아이디어는 유럽 국가들의 초기 해양법전 일부에서 발견되었는데, 그 중에서 콘솔라토 델 마레(고대 해양법전)가 가장 잘 알려져 있다. 콘솔라토의 원칙, 즉, '친구를 도우면 적을 해롭게 한다'에서 후자(중립국)를 보호하기 위하여 중립을 교전국들로부터 구분하려는 점증하는 욕구를 표현한 것이었다. 이 원칙의 정당성을 인정한 영국은 항상 친구의 선박과 화물은 석방한 반면, 적의 선박과 화물은 몰수할 것을 주장하였다. 어떤 유럽 국가들은 이 원칙을 이행하기도 하였으나 누구도 영국이 한 것만큼 하지는 않았다.

16세기 공해상에서 교전국의 수색을 피하고자 하였던 네덜란드는 '자유 선박, 자유 화물'(중립 선박과 중립 화물은 몰수 배제)이라는 자유주의적 원칙을 제시하였다. 대부분의 유럽 해양국가들은 이 새로운 원칙의 도입을 원하지 않았고, 네덜란드는 다른 나라들과의 조약에서 이 원칙을 포함시키려는 노력에서 적의 선박, 적의 화물(적의 선박과 적의 화물은 몰수)이라는 반대적인 원칙도 제시하였다. 나중에 스페인도 따랐던 프랑스의 교전권 행사는 모든 유럽 국가들 중 가장 극단적인 것이었다. 적성감염 원칙 아래 그들은 적의 화물을 운반하는 중립 선박을 몰수하였다. 이러한 상황하에서 국제 무역은 18세기 말까지 아주 개탄스러운 지경에 이르렀음은 물론이다.

    1776년 미국의 독립선언은 중립법 역사에서 새로운 시대의 도래를 기록한다. 존 W. 포스터(John W. Foster)는 "미국은 정치적 성립 초기부터 자유통상, 진지하고 진정한 중립, 전시 사유재산의 존중, 아주 진전된 개념의 자연권과 정의의 옹호자였고, 짧은 역사 속에서도 끈질긴 주장으로 이들 고귀한 원칙들이 인식되도록 하는 데 세계 어느 나라보다 더 큰 영향력을 발휘하였다"라고 말하고 있다. 주로 미국의 영향을 받아 해결된 가장 중요한 문제들은 (1) 독립의 인정, (2) 중립 관할권의 불가침성, (3) 중립통상의 자유였다.

    미국 독립 전쟁 중, 중립 프랑스는 주로 미국 외교의 영향으로 영국과의 전쟁에 말려들었다. 이 기간 동안 프랑스 왕실은, 처음에는 은밀하게 지원을 하였지만, 점차 중립의 통상적인 방식대로 독립 투쟁을 하고 있는 미국인들에게 모든 군사적 지원을 마음대로 해줬다. 미국과 프랑스 간의 우호통상조약에 의한 미국 독립의 공식적 인정은 시기상조였는데, 그 결과로서 영국은 프랑스에 대해 전쟁을 선포하였다. 이 예로부터, 식민국에 대한 중립국의 조기 독립 인정은 그 중립국에 대한 식민 모국의 선전포고를 정당화한다고 보편적으로 이해되었다.

    미국 공화국의 성공적인 수립 이래 독립국과 교전단체의 인정 문제는 국가들 간의 아주 활발한 토론 주제가 되었다. 미국 혁명에 다소간 영향을 받아 서반구에 있는 많은 유럽 식민지, 특히 스페인과 포르투갈의 식민지들이 모국에 반란을 일으키고, 중립국들에 대하여 자신의 정치적 존재를 승인해 달라고 요구하였다. 오늘날 이해되고 있는 이러한 승인에 관한 일반원칙은 주로 유럽과 남미 혁명운동과의 관계에서 미국의 영향을 통하여 형성되었다. 당시 외교문서에 나타난 미국 정치인들의 현명한 분별력과 신중한 발언은 세계 국가들이 본받아야 하는 올바른 선례를 제시하였다.

남북전쟁 기간 중 영국이 남군을 교전단체로 승인한 것은 미국 내에서 엄청난 분노와 함께 반영(反英) 감정을 불러일으켰다. 그러나 미국 정부는 승인에 대한 영국의 해석을 묵인함으로써 그것이 시기상조의 승인이 아님을 인정하였다. 이 논란으로부터 다음과 같은 조건에서는 여사한 승인이 정당화될 수 있음이 명백해졌다:

영국의 무역이 남북전쟁에 의하여 영향을 받은 것과 같이 중립 통상이 전쟁에 의하여 영향을 받을 때와

링컨의 봉쇄선언에 의하여 명백해진 것과 같이 전쟁이 실제로 존재할 때.

유명한 지네(Genet) 사건은 중립의 역사상 매우 중요한 쟁점을 해결하였다. 중립국 영토의 불가침 원칙은 1793년 워싱턴 대통령에 의하여 최초로 선언되었다. 영국과 프랑스 간의 전쟁이 진행되는 동안 미국의 중립을 유지하기 위하여 워싱턴은 그의 유명한 중립선언을 통하여 미국 시민에게 그 전쟁에서 어떠한 군사적 참여도 회피하라고 경고하였다. 이 선언은 또한 중립국은 자국민이 중립국과 평화관계에 있는 타국에 대항하여 외국의 복무에서 적대행위를 하는 것을 금지시킬 적극적 의무를 지닌다는 새로운 원칙의 탄생을 의미하였다.

이 선언에 규정된 중립 의무를 이행하고 정부 당국의 명령을 집행하는 데 있어서의 어려움을 해결하기 위하여, 의회는 1794년 어떠한 사람도 미국의 관할권 내에서 미국과 평화 관계에 있는 국가를 적대시하는 비중립적 복무를 행하지 못하도록 하는 내용의 제1차 외국 모병법을 제정하였다.

남미에서의 혁명적 반란 시기에 미국 정부는 미국 항구 내에서 독립투쟁을 하는 반란 식민지를 지원하기 위하여 일상적으로 장비를 갖추던 원정대를 막아보려는 절차적 수단으로서의 제1차 외국 모병법이 부적절함을 알게 되었고, 그 결과로 1818년 제2차 법안이 통과되었다. 이 법에 의하여 미국 대통령은 불법적인 원정대를 방지하기 위하여 육군과 해군 병력을 사용할 수 있는 권한을 부여받았으며, 지방법원은 선박이 법 규정을 위반하여 사용되지 않을 것이라는 약속과 함께 보증금을 제출하지 않고 출항하려는 어떠한 선박도 억류할 수 있는 권한을 부여받았다. 이 법은 나중에 많은 유럽 국가들의 입법의 바탕이 되었으며, 그 중에서도 영국의 1819년 법은 가장 두드러진다. 남미에서 혁명봉기 기간 중 중립 유지에 어려움을 겪던 영국 정부는 출항 예정 선박에 대한 보증금 제출 요구를 제외한다면 1818년 미국법을 그대로 추종하였다. 미국의 남북전쟁 기간 중 이러한 요구의 필요성을 입증하는 기회가 많이 주어진 이후, 영국은 1871년 외국 모병법에서 미국법의 그 부분까지도 따왔다. 영국 정부가 미국의 중립법을 철저하게 따랐다는 사실은 "만약 내가 중립제도에서 지침을 원한다면, 나는 워싱턴 대통령과 제퍼슨 장관 시절 미국이 닦아 놓은 것을 선택하겠다"는 캐닝(Canning)의 유명한 발언보다 더 잘 나타낼 수가 없다.

　만약 알라바마호 분쟁이 영원히 미해결로 남겨졌다면, 영국의 행동은 장래 전쟁에 있어서 중립국에 대하여는 불행한 선례를 제공할 수도 있었을 것이다. 영국정부 대표 러셀(Russell) 백작은 '알라바마'호 및 다른 남군 선박들의 원정에 대하여 사적인 밀무역 원칙을 적용하려고 노력하였으며, 따라서 "영국 정부는 이들 선박에 대하여 전혀 개입할 수가 없다"는 점을 거듭 주장하였다. 더욱이 백작은 이 분쟁을 중재재판에 회부시키자는 미국의 요구를 거부하였다. 이를 밀무역이 아닌 적대적 원정으로 본 미국은 그 선박들이 영국 수역을 떠나지 못하도록 잡아 두어야 하는 중립국 의무가 영국 정부에 있음에도 불구하고 영국이 이 의무를 게을리하였으므로, 영국 정부는 미국의 통상에 가해진 손해에 대하여 미국에게 보상해야 한다고 주장하였다. 이 주장은 결국 영국이 이 사건을 제네바 중재재판에 회부하기로 동의할 때까지 결코 포기되지 않았고, 최종판정은 영국에게 미국 시민이 입은 직접적인 피해에 대하여 무거운 배상금을 지불하라고 명하였다. 이 중재재판에서는 영국 정부가 (중립국으로서) 적절한 주의 의무를 다하지 못하여 알라바마호 등의 선박이 영국 관할 구역을 출항하도록 하였고, 또한 이후 이들 선박이 남부의 공용 선박으로서 여러 식민지의 항구들에 받아들여졌다고 판단하였다. 이 분쟁의 해결 이후 어떠한 중립국도 자국 관할권 내에서 자국과 평화 관계에 있는 국가에 대항하기 위하여 장비를 갖추어 적대적 원정을 하는 것을 밀무역으로 다루는 실수를 범하지 않게 되었다.

혁명시기에 미국은 중립 통상을 다룸에 있어 영국의 관행을 따랐다. 적의 선박과 적의 화물은 몰수되었고, 중립 선박과 중립 화물은 놓아 주었다. 그러나 미국 정부는 곧 이 관행을 포기하였고, 프랑스와의 1778년도 조약에서는 '중립 선박 상의 중립 화물'이라는 원칙이 채택되었다. 과거에는 적성감염 원칙을 채택하였음에도 불구하고 미국과의 조약 규정에 따라 프랑스 정부는 적국 항구를 출입하는 모든 중립국 선박들은 나포에서 면제된다는 칙령을 발표하였다. 그러나 영국의 엄격한 규칙 시행으로 인하여 이 칙령은 그 후 프랑스 정부에 의하여 곧 취소되었다.

미국이 중립무역에 대한 영국식의 엄격한 처우를 완화시켜 보고자 시도한 이래 콘솔라토 델 마레 원칙을 결코 거론하지 않았다. 미국의 주요 노력은 중립 선박 위의 화물은 몰수 배제라는 원칙을 영구히 확립시키려는 데 있었다. 따라서 미국은 중립 선박 위의 화물은 몰수 배제라는 원칙과 적의 선박 위의 화물은 몰수라는 두 원칙이 서로 분리될 수 없는 것은 아니라는 점을 거듭 강조하였다. 이 시기에 미국이 다른 나라들과 체결한 어떤 조약에서는 이 두 개의 원칙이 동시에 채택되기도 하였지만, 미국은 결코 적의 선박 위에 있는 화물은 몰수라는 원칙만을 따로 수락하지는 않았다. 미국은 이 자유주의적인 원칙을 프러시아와의 조약에서 의도적으로 포기하였던 1799년 이전까지는 적 선박 위의 화물은 몰수라는 조항의 존재와 관계없이, 실제로 모든 조약에 중립 선박 위의 화물은 몰수 배제라는 원칙을 최대한 삽입시켰다. 미국의 정치가들은 자유주의적 원칙을 실행하여도 다른 국가들이 동일한 원칙을 채택하지 않는다면 미국은 항상 손해를 보게 된다는 사실을 경험을 통하여 알게 되자, 자유주의적 원칙의 수립을 더 이상 주장하지 않기로 결정하였다.

나폴레옹과 영국이 바다에서 상대방을 무력화시키려고 노력하면서 투쟁하는 동안, 미국은 중립 통상의 자유를 계속 주장한 유일한 국가였다. 이러한 주장의 결과로서 프랑스 정부는 프랑스 순양함이 미국 선박에게 가한 피해에 대하여 배상을 지불하게 되었다. 영국 정부는 1756년 전쟁 규칙과 공해상에서 미국 선박으로부터 영국 선원을 징발하는 오랜 관행을 여전히 고수하였다. 미국은 거래금지 및 금수법에 의해 이러한 불법행위에 대하여 보복을 하였다. 1794년 제이 조약(Jay treaty)에 의해 영국은 협의회 명령으로 영국 군인들이 저지른 불법체포에 대하여 배상금을 지급하기로 합의하였다. 그러나 선원의 징용과 중립통상권의 무시는 미국이 마침내 영국에 대하여 선전포고를 한 1812년까지 계속되었다. 이 전쟁이 끝난 이후에는 영국이 실시해 왔던 징용권과 1756년도 전쟁규칙상의 원칙이 다시는 심각한 국제분쟁의 대상으로 대두되지 않았다.

크리미아 전쟁이 발발하자 미국은 유럽 국가들에게 다음의 두 가지 원칙을 채택하자고 제안하였다.

(1) 금제품이 아닌 한 중립 선박상의 화물은 몰수에서 배제된다는 것,
(2) 금제품을 제외하고는 적의 선박 위에 있는 중립국 화물은 몰수 배제된다는 것이 그것이다.

전쟁이 끝나자 각국은 파리에 모여 유명한 파리선언에서 이들 원칙들을 다른 두 원칙과 연계시켜 제시하였다.

미국의 제안에 추가된 규정은 (1) 봉쇄 선언이 구속력을 갖기 위해서는 실효성이 있어야 한다는 것, (2) 사략선 제도가 폐지되어야 한다는 것이었다. 1783년 프랭클린이 영국과의 협상의 일부를 구성하고 있었던 사략선의 금지를 포함하여, 이 두 개는 수년간 미국이 주장해 오던 것이었다. 미국은 지상봉쇄의 해악(害惡)을 항상 비난하였는데, 특히 나폴레옹 전쟁의 격동기 동안과 그 이후에 그러하였다. 파리회의 참가국들이 마시 수정안(Marcy Amendment)의 채택을 거부하였고, 따라서 미국은 파리선언의 당사국이 되기를 거절하였지만, 미국이 파리선언에 미친 직접적인 영향은 참으로 헤아릴 수 없을 만큼 컸다.

미국은 그 역사 초기부터 금제품의 목록을 확대하려는 영국의 경향에 맞서서 이를 가능한 한 최대한도로 축소시키려고 진지하게 노력하였다. 프랭클린은 금제품의 운반에 대한 징벌로서 이를 몰수하는 규칙은 너무 가혹하므로 억류하는 것으로 이 규칙을 대체하자고까지 주장하였다. "우리 시민은 언제나 자유롭게 무기를 제조하고, 판매하고, 수출해 왔다"는 제퍼슨의 유명한 주장은 이후 확립된 원칙으로 수락되었다. 즉, 상품이 선의의 상업적 거래의 일부분이라면, 중립국 정부는 사적인 금제품 무역에 간섭하는 것이 허용되지 않는다는 것이었다.

영국이 식료품을 금제품으로 몰수한 행위는 미국의 강력한 항의를 받았다. 미국의 선박과 화물에 대한 불법적 포획에 대하여 제이 조약에서 합의한 대로 영국 정부가 지불하기로 합의한 보상은 주로 식료품에 관한 논란의 결과였다.

중립국의 우편 증기선은 포획으로부터 면제되어야 한다는 매우 중요한 원칙이 남북전쟁 기간 중 미국에 의하여 도입되었다. 우호국이나 중립국의 공공우편물은 개봉되거나 수색되지 않은 상태로 중립국의 적절한 당국에 전달되도록 해야 한다는 시워드(Seward) 국무장관의 지시는 모든 외국에게 통보되었고, 이 원칙은 점차 보편화되었다.

금제품에 관한 미국의 자유주의적 경향은 남북전쟁 기간 중 완전히 변경되었다. 연방정부가 출간한 전시 금제품 목록에는 전쟁에 사용될 수 있는 거의 모든 것이 포함되었다. 더욱이 트렌트(Trent) 사건에서 연방정부는 중립국 항구로 향하는 중립국 선박에서 발견된 적국 외교관을 금제품에 준하여 취급하겠다는 윌크스(Wilkes) 선장의 원칙을 처음에는 옹호하였다. 그러나 이 사건으로 인한 논의에서 그와 같이 사람이 전시 금제품으로 취급되어서는 아니 되며, 교전국의 포획자는 중립국 선박에서 그를 강제로 끌어내릴 수 없다는 논리를 명백하게 수립하였다.

서류상 봉쇄(paper blockade)의 관행은 미국에 의하여 언제나 비난되었음은 위에서도 언급한 바 있다. 나폴레옹의 대륙체제는 미국의 상인과 해운에 많은 피해를 야기하였고, 그 결과 오랜 지연 끝에 프랑스 의회는 그동안 자행된 피해에 대한 배상으로 미국에게 500만 달러의 지불을 결정하였다. 유럽 국가들은 그 같은 봉쇄의 해악을 깨닫고, 1856년 파리에서 봉쇄가 구속력이 있으려면 실효적이어야 한다고 공식 선언하였다.

영국 정부는 교전국이나 중립국 군함의 호위를 받으며 항해하는 상선을 검색으로부터 면제시켜 주는 데 대해 항상 반대하였다. 미국 역시 교전국의 호위 하에 항해하는 상선은 몰수하였으나, 자국 군함의 호위를 받는 중립국 상선은 교전국의 검문검색 권리로부터 면제된다고 항상 주장하였다. 중립국의 호위를 받는 선박은 검문검색이 면제된다는 조항은 미국이 타국들과 체결한 많은 조약에 나타나 있다. 1801년 영국 역시 이러한 원칙을 촉구하던 성 페테스부르크(St. Petersburg) 해운협약에 가입함으로써 미국의 관행을 수락한 셈이 되었다.

연속항해에 관한 영국의 원칙에 따르면, 적국 또는 적국 식민지 항구를 떠나 적국 항구로 향하고 있지만 위장 수입서류를 얻기 위한 목적에서 중간에 중립국 항구를 방문함으로써 항해를 단절시키려는 중립국 선박은 중간의 중립국 항구로부터 최종 적국 목적지로 가는 도중에 나포와 함께 몰수되었다. 그러나 남북전쟁 기간 중 미국은 선박이 중립국 항구에서 중립국 항구로 가는 항해의 첫 번째 항로의 여정에 있을지라도 그 물자가 적국을 최종 목적지로 하고 있다고 의심이 들 때에는 금제품 교역과 봉쇄 탈피 시도를 이유로 해당 선박을 몰수하는 정도로까지 나아갔다. 이러한 미국의 정책은 정당화될 수 없다며 격렬한 비난을 받았으나, 이는 그 후 1908~1909년 런던회의에서 반영됨으로써 국제법의 일부로 인정되었다. 그러나 이는 절대금제품 수송에만 적용되었으며 봉쇄에는 적용되지 않았다.

대체로 중립에 관한 법들에 미친 미국의 영향은 깊고 폭넓었다. 전반적으로 현재의 중립 제도를 1776년까지 거슬러 올라가는 초기의 그것과 비교하면, 이 분야의 발전은 국제법의 다른 어떤 분야에서 이룩한 발전보다도 훨씬 더 컸다. 이러한 발전이 모든 인류에게 대단한 축복이었음은 더 말할 필요도 없다. 교전국의 작전영역은 크게 제한되었고, 전시 중에 있는 국가 간의 평화적인 교류수단은 괄목할 정도로 보장되었다. 무엇보다도 중립통상의 자유가 확대되고 보장되었다. 유럽의 해양 강국(強國)들이 제기하였던 반대에도 불구하고 미국은 지속적으로 자유주의적 입장을 천명함으로써 이와 같은 성취를 위해 세계 어느 나라보다도 더 많은 영향을 끼쳤다.

— The End —

[부 록] 원 서

Neutrality As Influenced
by the United States

NEUTRALITY AS INFLUENCED BY THE UNITED STATES

CHAPTER I

History of Neutrality down to 1776 A.D.

1. Historical Introduction

The history of the law of neutrality has no source in antiquity. The political and hierarchical theories of government in the ancient world left no room for the existence of anything similar to neutrality.

As late as the middle of the 16th century, there was no word exactly corresponding in meaning to the English word 'Neutrality'. Hugo Grotius, 'the father of International Law', termed neutrals, Medii (middle men),[1] and Bynkershoek contented himself with the term 'Non-hostes'.[2]

With the decline of the Holy Roman Empire and the Papacy, and with the rise of national states, the desire for some established regulations to govern their relations commenced to express itself in the maritime codes as early as the 11th and 12th centuries. The earliest of these were the Amalfitan Tables which appeared in the latter part of the 11th century, and the laws of Oleron in the latter part of the 12th century.[3] The Consolato del Mare was one of the earliest and most famous of all the collections of maritime regulations in force on the Mediterranean coasts.

The earliest impulses toward neutrality were prompted by the growing desire for commercial intercourse and its later development was also largely due to the growth of maritime trade. The Crusaders opened the route for new trade on a large scale between the West and Near East. The fascinating tales of the 'Golden East', told by the Polos and other Portuguese and Italian navigators aroused among Occidental adventurers a desire for the gold and silver of the land of Cathay,

---

[1] *De Jure Belli ac Pacis*, edited by Whewell, Vol. III, p. 288.
[2] *Quaestiones Juris Publici*, Vol. I, Pt. IX, p. 67. Bynkershoek also says of neutrals "Bello Se Non Interponant". *Ibid.*
[3] John Godolphin's *A View of the Admiral Jurisdiction*, pp. 10-14.

and the discovery of the New World across the Atlantic brought the maritime Powers of Europe into sharp conflict.

While the commercial enterprises were rapidly increasing and the Colonial Powers were struggling for maritime supremacy, there were practically no regulations regarding neutrals. Whenever a war broke out between two or more hostile states, all the neighboring states were at perfect liberty either to take part in the contest or to render any kind of warlike aid to one or both of the belligerent powers. Generally speaking, a prince might allow a belligerent to levy troops within his territory, or supply him with ammunition, troops, or ships of war. The only restriction was the fear of immediate war that might result from such hostile conduct.

In course of time, efforts were made in time of peace by different Powers to bind other states by treaty engagements, mutually promising not to render any assistance to the enemy of either contracting party in case of war. Most of the European Powers made such alliances with one another, thus securing as many friends as possible with the hope of limiting the relative strength of their enemies. This was indeed the only means by which states were restrained from certain unneutral conduct down to the middle of the 18th century.

On the other hand, the exercise of the belligerent rights of war had always been excessive. Nearly all the European Powers, when at war, constantly endeavored to cut off altogether the commercial intercourse of their enemies with other states. England has always been struggling for the monopoly of sea trade. As early as the time of Edward I, an attempt was made to induce the Flemings to close their commercial dealings with Scotland, and again in 1295, the masters of the neutral vessels lying in English ports were compelled to give security with promises not to trade with France.[4] Under various excuses, neutral commerce was frequently treated with undue severity, and this consequently led to preventive measures on the part of neutrals.

The principle that neutrals have the right to trade with belligerents without interruption in time of war, as in time of peace, was first advanced by the King of Prussia during the war of 1745.[5] This principle was carefully developed by the

[4] Thomas Rymer's *Foedera*, Vol. I, p. 821; Vol. II, p. 747.
[5] Robert Ward's *Treatise on Maritime Laws*, pp. 74-75.

Commissioners of Frederick the Great, and the King's Tribunal was consequently instructed to establish the rules embodied in them. But in the face of the British opposition, Prussia reluctantly abandoned them.[6]

Opinion of Text-writers

The legal status of neutral states was scantily treated by the early text-writers. Grotius' celebrated work, De Jure Belli ac Pacis, published in 1625, said little on the subject in the meagre chapter, De His Qui in Bello Medii Sunt. Compared with the present idea of neutrality, his conception was vague and imperfect. " . . it is the duty of neutrals", said he, "to do nothing which may strengthen the side which has the worse cause, or which may impede the motions of him who is carrying on a just war . . . and in a doubtful case to act alike to both sides, in permitting transit, in supplying provisions, in not helping persons beseiged".[7] He held that the states when parties to an alliance must protect each other.[8]

The first writer of real importance on the subject of neutrality was Bynkershoek, whose Quaestiones Juris Publici appeared in 1737. In addition to enemies and friends, or allies, he distinguished a third class of states, the 'Non-enemies', from which class he excluded all those that are under any treaty obligation to assist either the one or the other of the warring parties. " . . If I am a neutral, I must not do anything that will be advantageous to one party, lest I injure the other. The enemies of our friends can be looked at either as our friends or as the enemies of our friends. If they are regarded as our friends, we are right in helping them and giving them our counsel . . . But when they are the enemies of our friends, we are barred from such conduct which is inconsistent with that equality in friendship. . ."[9]

Wolff defined neutrals in his Jus Gentium, published in 1749, as those "who adhere to the side of neither belligerent", but he asserts that "when the war is a Causa Justa, the bellig-

---

[6] Charles De Martens' Causes Célèbres de Droit des Gens, Vol. II, pp. 97-168.

[7] Grotius, De Jure Belli ac Pacis, translated by Whewell, Vol. III, pp. 288-289.

[8] Ibid., Vol. II, pp. 435-438.

[9] Translation from Quaestiones Juris Publici, Vol. I, Pt. IX, p. 69.

erents have unimpeded access to neutral territory".[10]   Vattel
laid down a new theory of nonassistance in 1758.   "I do not
say", he asserted, " 'to give assistance equally', but 'to give no
assistance' ".   But he contradicted himself by admitting that
"it is lawful and commendable to succour and assist, ...
a nation engaged in a just war.   It is even a duty incumbent
on every nation to give such assistance when she can give it
without injury to herself".[11]   Vattel asserted, however, a very
important principle: namely, the necessity of a declaration of
war in benefit of neutrals.   According to his view, declarations
were necessary not only for the sake of belligerents themselves
but also in order, (1) to warn neutrals about the existence
of war, and (2) to justify the cause of war in the opinion of
neutrals.

Nearly all the authors sanctioned as lawful some acts which
are not compatible with the present usage of neutrality.   They
held that war-like assistance was consistent with neutrality,
as long as it be given in accordance with treaty stipulation.
Such being the conception of neutrality, most of the European
nations freely gave assistance to either belligerent down to the
latter part of the 18th century.

II. FREEDOM OF NEUTRAL COMMERCE

A. *Ownership of Goods and of Vessel.*

From the very beginning of the rudimentary idea of neu-
trality, an attempt was made to distinguish the character of
goods and ships according to their ownership.   The treaty of
1221 between Arles and Pisa, which is the earliest known
treaty regarding the rights of neutrals in Mediaeval Europe,
provided that "any goods of Genoese or other public enemies
of Pisa should be restored to the owner when discovered in a
ship with men of Arles: and that men of Arles when taken
on board Genoese vessel should be treated as if Genoese, and
their goods should be retained".[12]

The Consolato del Mare was made at Barcelona about the
middle of the 14th century.   Its contents were based upon the

---

[10] Wolff, *Jus Gentium*, p. 672.

[11] *Vattel's Law of Nations*, translated by Joseph Chitty, 1861, p. 332.

[12] Jean Marie Pardessus' *Us et Coutumes de la Mer; ou, Collection
des usages maritimes des peuples de l'antiquité et du moyen âges*.   Paris,
1847, Vol. II, p. 303.

simple rule, which might be briefly stated as "Spare your friend and harm your enemy."

1. "If an armed ship, or cruiser, meet with a merchant vessel belonging to an enemy, and carrying a cargo, the property of an enemy, common sense will sufficiently point out what is to be done; it is therefore unnecessary to lay down any rules for such a case.

2. "If the captured vessel is neutral property, and the cargo the property of enemies, the Captor may compel the merchant vessel to carry the enemy's cargo to a place of safety, where the prize may be secure from all danger of re-capture, paying the vessel the whole freight which she would have earned at her delivering port; and this freight shall be ascertained from the ship's papers; . . .

3. "If the ship should belong to the enemy, the cargo being either in the whole, or in part, neutral property, some reasonable agreement should be entered into on account of the ship, now become lawful prize, between the captor and the merchant."[13]

According to this rule, an enemy's goods under a neutral flag were subject to confiscation, while a friend's goods were free, even though found in an enemy's vessel. The main object was to seize the goods of an enemy upon the high seas and to respect the property of a friend, whatever the character of the carrier. Neutral ships and neutral goods were spared, while belligerent ships and belligerent goods were liable to capture. The acceptance of the Consolato del Mare by European maritime powers was far from general. The individual interests of each state at each period were the main guide in their practice.

Holland.—To the Dutch is due the honor of being the earliest champions of the freedom of the neutral carrier. The Dutch, the chief carriers of the world during the 16th century, whose obvious interest was therefore in obtaining the immunity of the goods carried in neutral bottoms, persistently endeavored to diminish the severity of belligerent practice. In opposition to the Consolato, they introduced a new principle that "free ships make free goods"; i. e., neutral ship frees enemy goods. They tried to induce other states to accept this proposition, and their efforts were crowned with success in

[13] Sir C. Robinson's translation of the *Consolato del Mare.* Chapter cclxxiii, Sec. 1 ff. Travers Twiss, *The Black Book of the Admiralty.*

twelve treaties made to that effect with other powers during
the period from 1650 to 1700.[14]

But the principle of free ship, free goods, was, in some of
these treaties, coupled with the converse maxim, enemy ship,
enemy goods. The reason is obvious. Whenever possible,
the Dutch stipulated the former provision alone, but in case a
power would not, they had to grant in return the opposing
principle of enemy ship, enemy goods. This new rule became
gradually established in treaty regulations by the latter part
of the 17th century, and Holland stood forth as the pioneer
of the freedom of neutral commerce in time of war. The
Dutch themselves were, however, far from being consistent
in their practice of the principle which they had endeavored
to establish.

France.—France, in the days of her maritime greatness,
exercised her belligerent rights in a manner most severe and
uncompromising. During the 16th century she laid down the
principle in several ordinances, that enemy ship makes friend's
property lawful prize. By the Ordinances of 1538,[15] 1543,[16]
and 1584,[17] she upheld that principle. This rule, based upon
the theory "que la robe d'enemi confisque celle d'ami", con-
demned the goods of a friend ladened in an enemy's ship.
But in the early part of the 17th century, a tendency was shown
toward the relaxation of this practice. The treaty with the
Porte was the earliest to deviate from the rule embodied in
the ordinances. This treaty was made in 1604 and provided
that French goods on board the ships of the enemy of the
Porte should be restored to the owner, and the goods on
French ships belonging to the enemy of the Porte should not
be liable to capture.[18] After this treaty, France was inclined
during the middle of the 17th century toward the adoption of

[14] Jean Dumont, *Corps Universai Diplomatique du Droit des Gens;*
with England, 1667, Vol. XIII, p. 50; 1674, *ibid.*, p. 253; 1674 *ibid.*, p.
282; with France, 1661, Vol. XII, p. 346; 1662, Vol. XII, p. 412; 1678,
Vol. XIII, p. 350; with Portugal, 1661, Vol. XII, p. 366; with Spain,
1675, Vol. XIII, 285; Sweden, 1667, Vol. XIII, p. 39.

[15] *Recueil des Anciennes Lois Françaises*, Vol. XII, p. 552.

[16] *Ibid.*, p. 846.

[17] *Ibid.*, Vol. XIV, p. 556.

[18] Jean Dumont, *Corps Universal Diplomatique du Droit des Gens,*
Vol. X, p. 40.

the Dutch principles, exempting neutral ships and neutral cargoes from confiscation. In 1646, she had concluded a treaty with the United Provinces, exempting for four years Dutch ships and their neutral cargoes from confiscation, and declaring that "their ships should free their cargoes, notwithstanding the presence in it of merchandise, and even grain . . .
belonging to enemies, excepting always the articles of contraband of war".[19] The Declaration of 1650 to the same effect was contrary to the Ordinances of earlier dates above quoted. The treaty of 1655, with the Hanse Towns, stipulated that for fifteen years the Hanse flag would cover the cargo and the goods of neutral subjects, if seized on board the ships of the enemies of France.[20] By the treaty of the Pyrenees in 1659, both the rules of free ship, free goods, and of enemy ship, enemy goods, were adopted in her stipulations with Spain.[21] France, however, soon returned to the old practice of her former Ordinances and even increased their severity. In 1681, the Ordinances of Louis XIV established a new practice, afterwards known as "the doctrine of Hostile Infection or Contagion", by which not only the goods of a friend under an enemy flag, and enemy goods on a neutral vessel, but also the neutral vessel that was laden with enemy goods was liable to capture and confiscation. After this date, France generally adhered to this principle in her ordinances and treaties: yet her practice was so irregular and variable that it is almost impossible to generalize. Sometimes she held the 'infection' rule, and sometimes the free ship, free goods principle; at other times the competing rule of enemy ship, enemy goods, and still at other times both rules in conjunction. After 1744, however, a milder usage was observed, perhaps under the influence of the Dutch, and the exercise of belligerent rights was much less severe, not condemning the neutral vessel that carries enemy goods. In 1778, in her treaty with the United States, France adopted both maxims. free ship, free goods and enemy ship. enemy goods.[22]

[19] Jean Dumont, *Corps Universal Diplomatique du Droit des Gens,* Vol. XI, p. 342.

[20] *Ibid.,* Vol. XII, p. 103.

[21] *Ibid.,* p. 264.

[22] *Treaties and Conventions between the United States and other Powers,* 1871, pp. 249, 251.

Spain.—In her early practice, Spain followed the more severe usage of France and condemned enemy goods in neutral ships as well as neutral goods in enemy ships. She practiced even the doctrine of hostile contagion. By her treaty with the United Provinces in 1650, she adopted the principle of free ship, free goods. This was confirmed by numerous treaties, but it was not until 1780 that her national law definitely and ultimately exempted from capture enemy goods on board a neutral vessel.

Prussia.—The free ship, free goods principle was embodied in the Declaration of Frederick the Great, recommended by his Commissioners. In that year, 1751, Frederick the Great appointed a Commission to consider the legitimacy of sequestrating the capital of the British Silesian creditors. The Commissioners pushed the neutral claims far beyond the limit then recognized and laid down some principles that became the established rules of international law in later years.[23] They claimed for neutrals the right to carry on in time of war as in time of peace accustomed trade with either belligerent, except in contraband of war. They declared for the first time in the history of neutrality the principle of free ship, free goods, to be an actual principle of international law. This enunciation is often referred to as the beginning of the claims for neutral right to be universally acknowledged. These claims were, however, altogether abandoned by Prussia.

Great Britain.—Great Britain was the only great power in Europe that maintained the rule of the Consolato del Mare in principle with any degree of strictness. She always recognized the old principle as a rule of the law of nations. But in practice she appears not to have been always consistent. After the introduction, by the Dutch, of the new principle of free ship, free goods, she adopted it for the first time in her treaty of 1654 with Portugal.[24] Yet this was the combination of both maxims, free ship, free goods, and enemy ship, enemy goods. This treaty remained in force until the revision of the same in 1810, and then it was abandoned by the treaty of Rio de Janeiro. But no alteration of the old rule was made in her treaties with the United Provinces in 1661 and with Denmark in 1655. She at times made treaties of diametrically opposite

---

[23] T. A. Walker, *The Science of International Law*, p. 401.
[24] Dumont. *Corps Universal Diplomatique*, Vol. XII, p. 82.

character with different states. In 1662, the new rule was
included in her treaty with Spain, and from that time on until
1796 thirteen treaties were made with Spain in each of which,
except that of 1670, there was an article recognizing the new
rule. At times she went so far as to adopt the French prac-
tice of hostile infection under one pretext or another.[25]

Down to the 18th century it had been the practice of all
European states to exclude foreign ships from commercial
intercourse with their colonies, strictly preserving the colonial
and coasting trades for their own shipping. In the war of
1756, France, being in a position of naval inferiority to Great
Britain, opened her colonial trade to Dutch neutral ships for
the carrying of merchandise by giving them special licenses,
while shutting off all other neutrals. The British captured
the Dutch vessels and condemned them as lawful prize, on
the ground that no trade prohibited in time of peace could be
allowed in time of war. This principle has been known ever
since as the Rule of the War of 1756. The British position ap-
peared justifiable on the ground that the Dutch vessels could
no longer be regarded as neutral, as they were practically
engaged in the French belligerent service. But the chief diffi-
culty was in the old theory of commerce that the colonial trade
must be carried on exclusively in the interest of the mother-
country. This theory is no longer tolerated in the new world
of free commerce.

B. *Limitations of Neutral Commerce.*

Contraband of War.—The belligerent's right of seizing con-
traband articles is founded upon his war prerogative, and its
justification has always been recognized as incontestable. But
as to the question, what should constitute contraband of war,
opinion has never been uniform. Grotius' three general classes
of articles, especially the third class, 'Usus Ancipitis', things
that could be used either for war or for peaceful purposes,
were not universally accepted. The three classes are: (1)
those articles which are of use in war alone, as arms; (2) those
articles that are useless in war, serving only for luxury;
and (3) those articles that could be used both for war and
peace.[26] The practice of different nations in classification of
contraband has been more divergent than uniform.

[25] L. A. Atherley-Jones, *Commerce in Time of War*, pp. 285-286.
[26] *Grotius*, translated by Whewell, Vol. III, pp. 6-7.

During the 17th century, an attempt was made to establish a general rule of contraband by enumerating contraband articles in treaty stipulations. The term 'contraband' was first employed in the treaty of 1625 between England and the Low Countries. England and Sweden agreed, in 1656, upon a list of contraband articles. Some treaties excluded from the list of contraband, provisions that were not intended for war-like use. France, by the treaty of the Pyrenees in 1659 with the Hanse Towns, recognized the exemption from contraband of provisions, save those that were intended for the places blockaded or invested.[27] In 1667 and 1677, Great Britain in her treaties with France exempted from the list of contraband, money, provisions, and even naval stores, while horses, harness, arms and munitions were declared contraband.[28]

Blockade.—The object of blockade is to subdue an enemy by depriving the inhabitants of the blockaded territory of their commercial intercourse by sea with the outside world. This, also, being one of the belligerent rights that arises from the war prerogative, naturally comes into conflict with neutral interests. It has always been claimed that a belligerent has prima facie a right to regulate the methods or measures necessary to reduce his enemy to submission. This claim was carried to such an extent that neutrals were not able to carry on their innocent commerce. 'Paper blockades' with no real force to maintain the investment are examples of extreme belligerent claims against neutral commerce. In 1584 Holland declared the ports of Flanders blockaded but she had no ships of war strong enough to make such declaration effective.

A number of treaties during the 18th century show a tendency in the European states to mitigate the evils of blockade. With the gradual development of commerce, some rules were laid down attempting to regulate the conduct of blockading powers and the treatment of blockade-runners. In 1630, the States-General issued an Edict, asserting that some actual act of violation of blockade on the part of a neutral must be shown, otherwise a neutral vessel could not be charged with blockade-running. In 1689, Great Britain provided in her treaty with Holland that unless a public notification of the

---

[27] Dumont, *Corps Universal Diplomatique*, Vol. XII, p. 266.
[28] *Ibid.*, p. 328.

blockade should be given before the departure of neutral ships
from their ports, the ships would not regard the blockade as
binding. But it was not until the following period when
the question of blockade was given a serious test that the
modern rules of blockade were developed.

The Right of Visit and Search.—Of the several branches of
belligerent rights, the right of visit and search affects the free-
dom of neutral commerce in the most direct manner. Without
visit and search, the exercise of all other rights, such as the
prohibition of contraband goods, the enforcement of blockade,
and the like, would prove impossible. This right was recog-
nized as early as 1164 by the maritime powers of Europe in
their relations with Mohammedan states.[29]

But as to the development of this right prior to the 19th
century, authors are found to have very little to say except
on the question of convoy. Convoy was a new system of
immunity from visit and search demanded for neutral mer-
chant ships sailing under the convoy of the warships of their
own states. This system was introduced in the middle of the
17th century, and has been adopted by many states of conti-
nental Europe. During the Anglo-Dutch war of 1653, Queen
Christina of Sweden introduced this system by ordering the
convoying ships that "in all possible ways" they should decline
to permit their convoyed merchant vessels to be searched.[30]
Great Britain has constantly denied the validity of this rule.

III. NEUTRAL JURISDICTION.

The exclusiveness of neutral jurisdiction over its territories
and territorial waters is an essential consequence of the doc-
trine of national sovereignty. Within the sphere of neutral
jurisdiction, therefore, no hostile activity or unneutral service
is permissible. In case of either or both, neutrality is not per-
fect. None of the territories, including the three-mile limit
of maritime jurisdiction, that belong to a neutral flag may be
used as a basis of hostile military or naval operations.

[29] Travers Twiss, *The Law of Nations, The Rights and Duties of
Nations in Time of War*, p. 147.
[30] John Thurloe, *A Collection of State Papers*, Vol. I, p. 424.

But the violation of this rule by the acts of the early wars was almost the general usage rather than the exception.[31] Grotius, with his vague conception of neutrality, holds that in a war of doubtful cause, a neutral must act alike toward both parties in the contest "in permitting transit and supplying provisions to the respective parties".[32]

During the 16th and 17th centuries, a neutral state practically allowed either of the belligerents to levy troops, to raise land and sea forces, and to lade and equip warships in neutral jurisdiction without much dispute. Charles I of England allowed an expedition of 6,000 men of his subjects to serve under the banners of Gustavus. In 1667 levies were freely made in England both for the French and for the Dutch. Charles II was requested by the allies to withdraw his auxiliary regiments serving with the French and Charles excused himself on the ground of equal assistance.[33] Numerous treaties were made agreeing upon mutual assistance. Sweden and Great Britain agreed to raise soldiers and seamen at the beat of drums, and also to hire warships in each other's jurisdiction.[34] Thus practically all the European powers freely gave assistance to belligerents while remaining in a condition of "strict neutrality".

There was, however, a noticeable change in the nature of treaty provisions. Those treaties were at first mostly of defensive character, but in practice they were offensive, as they promised mutual war-like assistance. This offensive character of treaties soon became transformed into a prohibition of such defensive alliances, each agreeing not to give the enemy of the other any auxiliary forces or subsidies. By the treaty of 1675, between Louis XIV and the Duke of Brunswick, it was agreed not to permit any levies in the state, not to allow troops to pass through it, nor to permit the formation of any kind of magazine.[35] All that a belligerent could ask from a neutral state was to refrain from rendering any actual assistance to his enemy and from allowing the neutral territory to

---

[31] Richard Henry Dana, *Notes on Wheaton's International Law*, 1866, 8th, Ed., Sec. 526.

[32] *Grotius*, translated by Whewell, Vol. III, p. 293.

[33] *Sir Thomas Burnet's History of His Own Time*, Vol. I, p. 406.

[34] Dumont, *Corps Universal Diplomatique*, Vol. XII, p. 125.

[35] *Ibid.*, Vol. XIII, p. 314.

be used as a basis of hostile activities. The idea of neutral duties was so vague and imperfect that down to the end of the 18th century there was no question as to the duty of a neutral state to prevent its subjects from any kind of hostile action within its jurisdiction.

CHAPTER 2

HISTORY OF NEUTRALITY FROM 1776 TO 1793

I. INTRODUCTORY REMARKS.

The Declaration of Independence of the United States pro-
claimed to the world the birth of a new nation which was
destined to further the peace of nations, to promote the free-
dom of commerce, and to advance the principles of inter-
national law, particularly along the lines of neutral right and
neutral duty. Under the leadership of the most able and en-
lightened statesmen, who saw that the real and permanent
interests of their country lay in freedom from the interference
of European powers, the United States set forth almost at
the beginning of its national career the most advanced and
definite principles of neutrality. During this period, 1776 to
1793, the obligations of neutral states as well as the commer-
cial freedom of neutral individuals, were made clearer than
ever. "A new nation in a new world", remarks John W.
Foster, "untrammeled by traditions and institutions of past
ages, born to power and greatness almost in a day—from the
beginning of its political existence it made itself the champion
of a freer commerce, of a sincere and genuine neutrality, of
respect for private property in war, of the most advanced
ideas of natural rights and justice; and in its brief existence
of a century by its persistent advocacy, it has exerted a greater
influence in the recognition of these elevated principles than
any other nation in the world."[1]

The old commercial doctrine of Europe before the days of
Adam Smith was a matter of might and not of right. The
European powers admitted no rights to their colonial
trade. The United States, on the other hand, has always
struggled for the freedom of commerce. The Revolutionary
War itself was largely actuated by the desire for the develop-
ment of the vast natural resources of the American continent
without interference from the mother-country. The undue

[1] John W. Foster, *A Century of American Diplomacy*, p. 3.

exercise of belligerent rights and the irregular observance of neutral responsibilities among the European powers produced in America a conscious desire for the establishment of better and more uniform rules.

II. EUROPEAN PRACTICE OF NEUTRALITY DURING THIS PERIOD

A. *Unneutral Conduct*

In the doubtful days of the American war for independence, Franklin's diplomacy in Europe was remarkably successful and military aid was soon promised by the French Court. Deane wrote to Robert Morris in September, 1776, "I shall send you in October, clothing for twenty thousand men, thirty thousand fusils, one hundred tons of powder, two hundred brass cannon, twenty-four mortars with shells, &c., &c."[2] France as usual did not consider the legality or the illegality of such an interference in the American War. If there was any hesitancy in rendering open assistance to the United States, it was not due to the consideration of her neutral behaviour, but to the obvious fear of "bringing upon themselves the British storm".[3] In fact the French gave all kinds of warlike stores to the colonies as early as 1776, though not publicly at first.[4] The ficticious mercantile firm under the name of Ho- talez et Cie., established at Paris to 'sell' to the Americans all kinds of military supplies, was practically a participation in hostilities. This firm existed from 1776 to 1783, during which time the disbursement for the aid of the American Revolution is estimated at over 21,000,000 livres.[5] Furthermore, cruisers were freely fitted out by Americans in French waters and were manned by Frenchmen.[6]

No sooner had Burgoyne's complete surrender finally cleared away the French fears and doubts, than France openly recog- nized the independence of the American Republic by con-

[2] Francis Wharton, *The Revolutionary Diplomatic Correspondence of the United States,* Vol. II, p. 148.

[3] M. Vergennes' *Memorial to Louis XVI* assured him that "the danger will not be incurred", even if the assistance were given.

[4] *Franklin's Complete Works,* edited by Sparks, Vol. VIII, pp. 190-192.

[5] Foster, *Cent. Am. Dip.,* p. 16.

[6] Henry Wheaton, *History of the Law of Nations,* p. 291.

cluding on February 6, 1778, two separate treaties.[7]   The first
of these treaties was of amity and commerce and the second, a
defensive alliance.   The French Court tried to justify itself by
contending that the United States was de facto in possession
of independence.   The recognition was, however, premature
and France anticipated that Great Britain would declare war
on her as a result of the recognition.

In these treaties France stipulated the acknowledgement of
the independence of the United States and combined military
movements in the contest, a joint consultation and mutual
agreement for the peace negotiations with Great Britain at
the conclusion of the war, and a guarantee for the French
possessions in America.[8]   Article XVII of the treaty of amity
and commerce provided that "It shall be lawful for the ships of
war of either party, and privateers, freely to carry withersoever
they please the ships and goods taken from their enemies. . . ."
and on the other hand, "no shelter or refuge shall be given
in their ports to such as shall have made prize of the subjects,
people or property of either of the parties" except under stress
of weather.   Article XXII further provided that foreign pri-
vateers were not to be fitted out or allowed to sell their prizes in
the ports of either.   The negotiation of these treaties was based
upon the remarkable draft "on the common rules of inter-
national law" drawn up by John Adams, a member of the
committee appointed by Congress in 1776 for that purpose.

Of these stipulations, the two privileges secured by France,
viz., (1) Admission for her privateers with their prizes while
her enemies were excluded,[9] and (2) permission for her ships
of war to refresh, revictual and repair, &c.,[10] led to a serious
controversy afterwards.   The latter concession constituted, in
addition to the provisions of the consular treaty, the basis for
M. Genet's claims.   Though denials had been made of the
legality of 'stipulated aid', it was not until this time that pub-
lic opinion began to assert itself in favor of absolute non-
assistance.   This view was strongly advocated by the United
States, and in 1785, a provision was included in its treaty with

[7] *Treaties and Conventions, Senate Document,* 41st Congress, 3rd Ses-
sion, 1871, pp. 241-253.
   [8] *Treaties and Conventions,* 1871, pp. 241 *et seq.*
   [9] *Ibid.,* p. 251.
   [10] *Ibid.,* p. 250.

Prussia to the effect that any kind of warlike succours was incompatible with neutrality.[11]

Spain, in 1779, and Holland, in 1780, were drawn into war with Great Britain. For religious and political reasons the Spanish people had very little sympathy for the American Revolution. But animated by the military success of the Americans, the Spanish government declared war against Great Britain in the hope of regaining possession of Gibraltar. Among the Dutch, the American influence was almost as strong as in France. Their sympathy for the Americans was, indeed, too strong for bona fide neutrality. The declaration of war by Great Britain against the United Provinces on the 20th of December, 1780, was "grounded upon the alleged fact of their having concluded a secret treaty acknowledging the independence of the United States of America," and also upon their failure to give the succours to Great Britain, which were stipulated by the existing treaty of alliance.[12] Before the declaration of the war, the First League of Armed Neutrality was formed and the United Provinces were invited to join the league. While the States-General still remained undecided, France and England were engaged in a diplomatice struggle in that country, the former endeavoring to confirm the maintainance of Dutch neutrality, while the latter was demanding the Dutch military succours stipulated by the previous treaties. The British Court finally notified the States-General to the effect that in case the promised succours should fail in three weeks' time, the Dutch flag would no longer enjoy the stipulated privileges. And soon after this the British government authorized the seizure of Dutch vessels running between enemy ports.[13] Threatened by the British menace, the Dutch joined the Armed Neutrality, from which they in turn demanded, though with no success, the succours stipulated by the convention of that League.[14]

B. *Disregard of Neutral Commerce*

If the standard of neutral conduct was such that neutral France could furnish warlike assistance to the United States,

[11] *Treaties and Conventions*, 1871, p. 712.
[12] Wheaton, *Hist. Law of Nations*, p. 303.
[13] *Ibid.*, p. 302.
[14] G. F. de Martens, *Recueil des Traites*, Vol. III, p. 223.

and neutral Holland was punished with a declaration of war for the failure to render stipulated succours to Great Britain, it is not surprising that the rights of neutral commerce were disregarded. France, while secretly engaged in violating the most common principles of neutrality, retained in her legislation the severities of her practice against neutral trade. The principle that goods become enemy under an enemy flag was asserted and re-asserted in 1704, 1744, and 1778.

But after the conclusion of the treaty of amity and commerce with the United States, by which the free ship, free goods maxim was stipulated, a remarkable change took place in her treatment of neutral commerce. On July 26th of the same year the French Government issued an Ordinance extending to all neutrals the benefits granted to the Americans. By this ordinance the French cruisers were prohibited from seizing neutral vessels even if bound to or from enemy ports, while the Court reserved the right of revoking such immunity unless the enemy should adopt a reciprocal measure within six months.[15] This policy was largely actuated by the desire to conciliate the neutral powers in the coming contest.

In January 1779, the French Government issued another Ordinance[16] suspending the operation of the former Ordinance of July 26, 1778, in respect to the navigation cf all neutral powers except that of Holland. Thus the immunities of neutral trade based upon the free ship, free goods clause, embodied in the treaty of amity and commerce with the United States, were denied to all other neutrals except the Dutch.[17] This policy was pursued by the French government as an inducement offered to the Dutch so that they should remain neutral instead of giving the aid demanded by Great Britain. And besides, there is still another and more justifiable reason for the suspension of the Ordinance, i. e., the continuation by England of the harsh exercise of her belligerent claims. When the French Government issued this Ordinance, the power to revoke these privileges in case the enemy should refuse to adopt a similar measure was clearly reserved. Instead of adopting any such measure of reciprocity, England suspended in March 1780, by an Order in Council, all the special stipulations re-

[15] *Recueil des Anciennes Lois Françaises*, Vol. 25, p. 366.
[16] *Recueil des Anciennes Lois*, Vol. 26, p. 10.
[17] Wheaton, *Hist. Law of Nations*, pp. 294, 302.

specting neutral commerce and navigation embodied in the treaty of alliance of 1674 with the United Provinces, on the alleged ground that the States-General had refused to fulfill the reciprocal conditions of that treaty.[18]   This Order directly led Holland to her adhesion to the First League of Armed Neutrality.

In her imminent danger of confronting single-handed the combined forces of France, Spain and Holland, on the one hand, and the United States on the other, the British Court approached the Russian government with a friendly disposition and sent Sir James Harris to Russia to sue for her friendship.   The Empress Catherine was much inclined to the British view, but Count Panin, the Chancellor of the Empire, who was working in the interests of France and Prussia, convinced her that Russia's interests would not be maintained by such an alliance.[19]   While the two governments were drawing into a diplomatic rapprochement, and while political intrigue in the Court of St. Petersburg was working against it, an incident of the harsh exercise of belligerent rights precipitated the Coalition of the Northern Powers against Great Britain.   Two Russian vessels laden with corn were seized by Spanish cruisers on the ground that they were destined to Gibraltar, then in the possession of Great Britain.[20]   This was, indeed, nothing unusual in those days but the principle of free ship, free goods, introduced by the French-American treaty and promulgated by the ensuing French Ordinance, had undoubtedly inspired the neutral powers of the north against the extreme exercise of belligerent rights.   Immediately after the capture of the Russian vessels by the Spanish cruisers, the Russian Empress, at the instigation of Panin, issued the famous declaration which became the basis of the First Armed Neutrality.   This declaration was drawn up on the 26th of February, 1780.   The principles set forth in the declaration were: (1) that all neutral vessels may freely navigate from port to port and on the coasts of nations at war; (2) that the goods belonging to the subjects of the powers at war shall be free in neutral vessels, except contraband articles; (3) that the Empress, as to the specifi-

[18] Flassan, *Histoire Générale Raisonnée de la Diplomatique Française*, Vol. VII, pp. 282-297.

[19] Flassan, *Diplomatique Française*, Vol. VII, p. 272.

[20] Wheaton, *Hist. Law of Nations*, p. 296.

cation of the above-mentioned goods, hold to what is mentioned in the 10th and 11th articles of her treaty of commerce with Great Britain, extending these obligations to all powers at war; and· (4) that to determine what is meant by a blockaded port, this denomination is only to be given to that port where there is, by the arrangements of the powers which attack it, with vessels stationed sufficiently near, an evident danger in attempting to enter it.[21] The principles declared by the Russian Empress were accepted by the other northern powers and the celebrated League was at once organized. This League proclaimed its intention of protecting neutral rights by means of an armed force against all belligerent violations. This was "constantly menacing the safety of the British Empire until the peace of 1783."[22] As soon as the peace of Versailles terminated the war between England on the one side, and the United States, France and Spain on the other, the northern powers began to lose their interest in the First League of Armed Neutrality.

During the war of the French Revolution, all the members of this Confederation practically put aside the principles they had so solemnly upheld. Russia herself made common cause with Great Britain and Prussia in their attempt to induce Sweden and Denmark to cease all their commercial intercourse with France. In 1793 Russia, Spain, Prussia, Portugal, and the Empire united with Great Britain in her attempt to prohibit all commerce with France.[23] With the support of the Continental powers, Great Britain revived on May 9, 1793, the Rule of the War of 1756 which had been disregarded during the American War of Independence. By this rule, all neutral vessels laden with the produce of French territory or of a French colony, or with provisions or munitions of war either for French colonies or French ports, were to be unmercifully captured by the British cruisers. Under this sweeping condemnation the American ship-owners suffered most, for they remained the only neutral carriers while all the European powers identified themselves as belligerents. In 1793 England applied the Rule of the War of 1756 to the American trade with the French West Indies, and its enforcement was ardently de-

[21] Martens, *Recueil des Traites*, Vol. III, p. 159.
[22] Wheaton, *Hist Law of Nations*, pp. 303-4.
[23] Martens, *Causes Célèbres*, Vol. IV, pp. 47-49.

fended by the British jurists, especially by Sir William Scott, on the old principle that 'trade prohibited in time of peace cannot be allowed in time of war.' But in fact there is no analogy between the two cases of 1756 and 1793. In the former case the property carried by the neutral Dutch was with justice considered as enemy property on the plain ground that the Dutch identified themselves completely with the hostile character of France by arming their neutral flag with the special license of belligerent France. But in the latter, there was no special license for any particular state or states. The colonial trade was thrown open to all neutrals with no distinction whatever. The application of the old principle to the changed condition was simply an unwarranted exercise of the British belligerent power.

In addition to the practice of this rule the British Government issued several Orders in Council during 1793 and 1794, the most obnoxious of which was that of June 8, 1793. This was the occasion for the famous instruction of Jefferson of September 7, 1793. The history of the laws of neutrality during this and the ensuing period is, in the main, that of a series of struggles and controversies between Europe and America— the former claiming the belligerent right to regulate neutral commerce in war, and the latter maintaining the neutral right to continue their accustomed commerce in time of war as in time of peace.

III. AMERICAN PRACTICE OF NEUTRALITY

A. *General History*

During the Revolutionary War the United States adopted the general principles of international law as they existed in Europe. Congress appointed a committee in 1776 to draw up "general principles of international law", which might be uniformly followed by their diplomatic agents abroad in their treaty negotiations with other states. This committee, consisting of Dickinson, Franklin, John Adams, Benjamin Harrison, and Robert Morris, submitted to Congress a draft which was largely the work of Adams. It was asserted in this draft that the subjects of each contracting party shall pay no other duties or imposts than the nationals of the other party shall pay, but shall enjoy, as the nationals, all the rights, liberties,

privileges, immunities and exemptions in trade, navigation
and commerce; that the ships of war, and convoys of each con-
tracting party shall protect and defend all vessels and effects
belonging to the subjects of the other; that neutral goods in
enemy ships be confiscated, unless laden before the declaration
of war; that each party will suffer no injury by war vessels or
privateers on the subjects or property of the other, and all
the subjects of each party shall be forbidden from doing any
such damage or injury; that no subject of either party shall
apply or take any commission or letter of marque for any ship
or ships to act as privateers against the other; and that sub-
jects of each party shall sail with all manner of liberty and
security from any port to the places of those who are at
enmity with the other party. In reference to this draft, John
W. Foster said, "It sets forth principles which had not up to
that time been incorporated in any treaty, but which have
since been recognized by all nations. . . . . . it defined neu-
trality more perfectly and correctly than had been done before,
and assigned to commerce guarantees not therefore enjoyed."[24]

The American government had observed the British usages
of international law until 1784, when Congress issued an ordi-
nance instructing the ministers abroad to follow the principles
of the Armed Neutrality as a basis for treaty negotiations, if
acknowledged reciprocally by other belligerent states.[25] The
French treaty of 1778 was evidently based upon the principles
embodied in the draft, mentioned above as having been
drawn up by the committee of 1776. Another im-
portant treaty based upon these principles is that of 1782 with
Holland. The latter treaty provided for the free navigation of
the merchant ships of either party between enemy ports, con-
traband excepted; and the punishment and reparation for in-
juries done to either party by the vessels of war or privateers
of the other.[26] In the peace negotiations with Great Britain in
1783 Franklin advocated the abolition of privateering. "The
practice of robbing merchants on the high seas", he said, "a
remnant of ancient piracy, though it may be accidentally bene-
ficial to particular persons, is far from being profitable to all en-

[24] Foster, *Century of American Diplomacy*, p. 19.
[25] Francis Wharton, *Diplomatic Correspondence*, Vol. VI, pp. 801 et seq.
[26] *Treaties and Conventions*, 1871, pp. 610-611.

gaged in it......Even the undertakers (privateers) finally ruin themselves; a just punishment for their having wantonly, unfeelingly ruined many innocent, honest traders and families, whose substance was obtained in carrying the common interest of mankind." And again in 1785, he said in his private correspondence that "the United States, though better situated than any other nation to profit by privateering. . . . . are endeavoring to abolish the practice by offering in all their treaties with other powers an article engaging solemnly that. . . . . no privateer shall be commissioned on both sides."

The same provisions embodied in the Dutch treaty of 1782[27] were stipulated in that of 1783 with Sweden,[28] as far as neutral trade was concerned, and also in the more important one of 1785 with Prussia.[29] But no definite stipulations, equivalent to the provisions of these treaties were inserted in the treaty of amity, commerce, and navigation with Great Britain of 1794. All that was said concerning privateers was that "more abundant care may be taken for the security of the respective subjects and citizens of the contracting parties, and to prevent their suffering injuries by the men-of-war, or privateers of either party. . ."[30] This shows that Great Britain still held to the severity of her old practice.

The Prussian treaty of 1785 was much appreciated by the Americans at the time chiefly for its moral influence favorable to the new Republic; for Frederick the Great treated the American Diplomats more civilly than any other power did and he also advised Louis XVI to enter into treaty alliance with the colonies even before the treaty of 1778 was concluded. Legally speaking, it is far more important for its stipulations regarding neutrality. This treaty was largely the work of Franklin, one of the negotiators, who succeeded in inserting in it the important principles of neutrality; namely, the regulations against privateering, and the immunity of private property,[31] for which he had so long contended. It was agreed that "all persons belonging to any vessel of war, public or private, who shall molest or injure . . . the people, vessels,

[27] *Treaties and Conventions*, 1871, pp. 607-616.
[28] *Ibid.*, pp. 799-807.
[29] *Ibid.*, p. 715.
[30] *Ibid.*, p. 329.
[31] Wheaton, *Hist. Law of Nations*, pp. 306-308.

or effects of the other party, shall be responsible . . . for damages . . ."[32] and that "neither of the contracting Powers shall grant or issue any commission to any private armed vessels, empowering them to take or destroy such trading vessels, or interrupt such commerce".[33] It was further agreed that "neither one nor the other of the two states would let for hire, or give any part of its naval or military forces to the enemy of the other to help it or enable it to act offensively or defensively against the belligerent party".[34] Thus the treaty set forth definitely the duty of a neutral state not to give succour under treaty obligations. In addition to this the freedom of neutral commerce guaranteed by this treaty was by no means less important than the rest. Mention should be made here that Franklin's advanced ideas for the exemption of private property and the abolition of privateering were not appreciated by his contemporaries, who referred to them as a " 'beautiful abstraction', a dream of the philosopher who vainly sought to mitigate the cruelties of war".[35] Privateering was formally abolished in 1856 by the Declaration of Paris. The exemption of private property has not yet been accepted and on this account the United States refused to adhere to the Declaration of Paris, 1856.

The consular treaty of 1788 with France, ratified in 1789, caused much diplomatic embarrassment to the United States government. By this agreement it was stipulated that "the Consuls and Vice-Consuls. . . . . shall enjoy a full and entire immunity . . . ", that they "shall be exempt from all personal service . . . ",[36] that they may "establish agents in different ports and places of their departments where necessity shall require . . . ",[37] that they "may establish a chancery, where shall be deposited the Consular determinations, acts and proceedings . . . ", and that they shall exercise police over all the vessels of their respective nations . . ."[38] This treaty furnished ground for M. Genet's exorbitant claim to the right of estab-

---

[32] *Treaties and Conventions*, 1871, p. 711.
[33] *Ibid.*, p. 713.
[34] *Ibid.*, p. 715.
[35] Foster, *Century of American Diplomacy*, p. 93.
[36] *Treaties and Conventions*, 1871, p. 261, Art. II of the treaty.
[37] *Ibid.*, p. 261, Art. III.
[38] *Ibid.*, p. 264, Art. VIII.

lishing Consular Prize Courts in the territory of the United States. But there was no such concession made in it. Nevertheless, the privileges stipulated by this treaty were somewhat more extensive than usual. At any rate, this treaty, in addition to that of 1778 with France, led to the international embroglio. Out of this complication, however, the United States, fortunately for the history of the laws of neutrality, steered the right course—a course which all other nations were destined to follow sooner or later. The chief questions involved in this complication were the principles of free ship, free goods, and that of neutral sovereignty based upon its territorial jurisdiction.

B. *Neutral Jurisdiction*

The question of French goods taken out of American ships by British cruisers without resistance on the part of the United States was not the only thing concerning which France complained. She was not at all satisfied with the American interpretation of the treaty provision that her enemy's public ships could be admitted to American ports. The United States did not consider herself bound by that treaty to exclude from her ports the public ships of the enemy of France. It was held by the United States that the treaty did entitle the French ships to enter its ports, but it did not expressly prohibit the vessels of other powers from entering American ports and harbors.

While the United States was thus embarrassed in its relations with France, Great Britain and Holland complained about special privileges exclusively granted the French privateers by the United States, permitting them to enter American ports and harbors with their prizes. Such was the diplomatic entanglement of the United States when the famous episode of M. Genet occurred.

Edmond Charles Genet, the French minister, landed at Charleston and started to enlist American citizens to cruise against British commerce, to equip vessels, commission privateers and set up prize courts in the French Consulate "as if the United States had declared war against Great Britain." He claimed these rights as based upon the treaty of alliance and the consular treaty. At that time the opinion of the American people was widely divided as to the reception of

Genet, and the treaty relations with the French Republic. In some parts of the country great enthusiasm was evinced in favor of the French movement. Remembering the war with Great Britain and grateful for the French assistance, the United States was naturally sympathetic toward the revolutionary sentiment, of which France was then the very hotbed. Even Jefferson himself was freely accused of being intimately connected with the French party. He was indeed the heart and soul of the French sentiment in America. Genet relied too much upon the pro-French sentiment. He went so far as to arm himself with the public enthusiasm against the government to which he was accredited. But in spite of all this, Washington's farsighted policy of isolating the American Republic from the politics of monarchical Europe finally prevailed in the Cabinet, which asserted the principle of the inviolability of neutral jurisdiction. The most important questions settled at this time were: (1) that no belligerent prize court should be established in neutral jurisdiction, (2) that a neutral government must prevent its subjects from unneutral services, and (3) that the bona fide trade of neutral individuals must not be interrupted.

(1) *No Belligerent Court in Neutral Jurisdiction.*—The question whether or not a belligerent might condemn its prizes in neutral jurisdiction had been a political and not a legal one. Before the end of the 18th century, the legality of a trial of prizes prosecuted by a competent court of the captor established in a neutral port was held as unquestionable. Most of the European nations frequently claimed such exercise of belligerent rights as the usual functions of their consuls in foreign jurisdiction. Many cases prove that France held this practice as her ordinary usage. M. Genet himself maintained that to grant commissions and letters of marque was one of the usual functions of French consuls in foreign ports.⁸⁹ As late as 1799, in the well-known case of the "Flad Oyen", an English vessel captured by a French cruiser and condemned by a French Consular Court within the neutral jurisdiction of Norway, France rejected the English demand for its restoration.

* W. E. Hall, *International Law*, 5th edition, p. 591.

This practice was put an end to by the United States Gov-
ernment in the case of Genet's prizes, particularly that of
the "Grange".[40] The "Grange" was a British ship captured
by a French frigate in Delaware Bay and taken as a prize into
the port of Philadelphia. A demand was made for the restor-
ation of the vessel and the liberation of the crew on the ground
that the capture was made in the jurisdiction of the United
States, a neutral, and in violation of the law of nations.[41] Mr.
Jefferson, though the leading spirit of the French movement
in America, emphatically asserted that the establishment of the
French Consular Courts in the jurisdiction of the United States
was an act unwarranted either by the usage of nations or by
the treaty stipulations between the United States and France,
and also that such an act was one of disrespect toward the terri-
torial sovereignty of the United States. The restoration of the
"Grange" was promptly ordered and the decision of the Presi-
dent on the complaint of Great Britain was communicated by
Jefferson to Hammond, the British Minister.[42] Thus the prac-
tice of the principle that neutral sovereignty was inviolable was
well set on foot. Since that time opinion has gradually chang-
ed, so that now the establishment of consular courts of a belli-
gerent power in the territory of a neutral state is no longer
admitted as compatible with the law of the nations.

(2) *Positive Duty of a Neutral Government.*—The most
important principle in connection with neutrality that was
settled at this time was that a neutral government is bound
not only to abstain from participating in hostile activities, but
also to exercise care in preventing all persons, citizens or
foreigners, within its jurisdiction, from committing acts of
a hostile character. Neutrality consists not only in negative
abstention from certain unneutral services and practices, but
also in a positive observance of certain neutral obligations.
This new attitude was formally inaugurated by Washington's
Neutrality Proclamation of 1793. The steps that led up to

[40] *American State Papers*, Vol. I, p. 144.
[41] Thomas Jefferson Randolph, *Memoirs, Correspondence and Mis-
cellanies from the Papers of Thomas Jefferson*, Vol. III, p. 227, Jeffer-
son to M. de Ternant.
[42] Randolph, *Correspondence of Thos. Jefferson*, Vol. III, p. 230.

this most important and famous Proclamation were prompted by the Genet affair.

Prior to the arrival of the French Minister at Charleston, news from the American ministers abroad reached Washington informing him of the special object of Genet's mission to America. As early as April 12, 1793, four days before Genet's arrival, President Washington expressed his opinion in his letter to Secretary Jefferson to the effect that it behooved the government to adopt a strict neutrality and to prevent the citizens of the United States from involving the country with either belligerent. As the result of a resolution adopted at a Cabinet meeting, he issued a proclamation on April 22nd, warning the citizens of the United States to refrain from any proceedings which might contravene a strict and severe neutrality, and at the same time withdrawing all protection from any subject aiding or abetting hostilities or carrying contraband. The main feature of this Proclamation lies in the warning against "all persons, who shall within the cognizance of the courts of the United States, violate the law of nations with respect to the powers at war. . . "

In spite of this rule so definitely proclaimed by the President, Genet started to offer commissions to American citizens, to issue letters of marque, and to fit out privateers to prey on British commerce. Official protests were soon made by the United States Government. The general disposition of the protests was well expressed in Jefferson's letter of June the fifth, the most important of all the communications concerning the dispute. He said in the letter that "it is the right of every nation to prohibit acts of sovereignty from being exercised within its limits by any other nation, and the duty of a neutral nation to prohibit such as would injure one of the warring powers; that the granting military commissions, within the United States, by any other authority than their own, is an infringement on their sovereignty, and particularly so when granted to their own citizens, to lead them to commit acts contrary to the duties they owe their own country . . ."[48] A letter of Jefferson to Mr. Morris, American Minister in France, especially valuable as a diplomatic document, can not be neglected here. In this letter, which was dated August 16th, he asserted that "a neutral nation must observe . . . an exact

⁴⁸ *Am. State Papers,* Vol. I, p. 150.

impartiality towards the parties . . . . and that no succour should be given to either, unless stipulated by treaty, in men, arms or anything else directly serving for war; that the right of raising troops, being one of the rights of sovereignty, and consequently appertaining exclusively to the nation itself, no foreign Power or person can levy men, within the territory without its consent; . . . . . that if the United States have a right to refuse permission to arm vessels and raise men within their posts and territories, they are bound by the laws of neutrality to exercise that right and to prohibit such armaments and enlistments".[44] Here Jefferson also admitted the legality of "stipulated succours", which is not compatible with the modern rules of neutrality.

The intolerable irritation on the part of the American government finally brought about the determination to demand the recall of Genet and to take efficacious measures against further violation of its neutrality. In consequence of this request, the French Government superseded Genet in December by M. Fauchet as its new minister, and instructed him to disarm the privateers and to remove the consuls who violated Washington's Proclamation. But before Genet withdrew from the post, the famous case of Gideon Henfield was prosecuted, leading to the passage of the most important act of 1794.

Henfield, an American citizen, desirous of going to Philadelphia from Salem, Massachusetts, his native town, but unable to pay full fare, asked the master of a packet for passage. He was put on board a British ship, the "William", which had been captured by a French privateer, the "Citoyen", three days before. As prize master of the "William", Henfield reached his desired destination. Upon his arrival, however, he was indicted for serving on board the French cruiser in contravention of the laws of the United States.[45] The verdict of the jury, not guilty, was received by M. Genet and his sympathizers with overwhelming exultation. But this verdict invalidated the rules as proclaimed by the President and maintained by his Cabinet.[46] Thus the Henfield Case proved the inability of the government to enforce the rules

[44] *Am. State Papers*, Vol. I, p. 168.
[45] Francis Wharton, *State Trials of the United States*, pp. 49-89.
[46] John Marshall, *Life of Washington*, Vol. V, p. 435.

enunciated by the Proclamation. This was the direct cause of the passage of the First Foreign Enlistment Act of 1794.[47]

Under these circumstances, Washington urged Congress to make effectual the decisions of the government on neutrality. In his Annual Message of December 3rd he suggested to Congress "measures for the fulfillment of our duties to the rest of the world".[48] This message constitutes the basis of the enlistment act. Meanwhile instructions were issed to the collectors of customs, setting forth "the rules concerning sundry particulars . . . . . as laws of neutrality", prohibiting the "equipment of vessels in the ports of the United States, which are of a nature adapted for war", and "the enlistment of the inhabitants of the United States." Under these rules, asylum to armed vessels of a belligerent, originally fitted out in the United States, or to the prizes of any such vessel, was to be denied. This was not sufficient, however, to carry out the neutral obligations as defined by Washington's cabinet, and the steps gradually leading to the passage of the famous act reveal the earnest desire of American statesmen for the development of neutrality.

C. *Freedom of Neutral Commerce*

Not less important than the principle of neutral jurisdiction was the problem of the freedom of neutral commerce. Ever since the Dutch led the way, in opposition to the old rule of the Consolato del Mare, by introducing the new principle that the neutral flag covers enemy goods, many of the lesser European powers attempted to follow their lead. But the great powers, with the exception of England, adopted no uniform rule. The latter adhered to the old doctrine, "Spare your friend and harm your enemy." The Dutch themselves soon abandoned their new principle, perhaps because of the weakness of their naval forces. The French seized not only the enemy goods in neutral ships, but also the neutral ships that carried enemy goods, under their rule of 'hostile contagion', which had been in frequent operation until the middle of the 18th century.

The United States, accepting the general usages of Great

[47] See next Chapter.
[48] J. D. Richardson, *Messages and Papers of the Presidents*, Vol I, p. 140.

Britain, observed the rule that neutral goods in enemy vessels are free, while enemy goods in a free ship are enemy, as the common law of nations. All of the American jurists accepted this view during the war for independence and even in later days. But the government soon realized the severity of the British practice and at once began to adopt milder rules instead. By the first three treaties that the United States concluded with states other than Great Britain, namely, that of 1778 with France, that of 1782 with the Netherlands, and that of 1783 with Sweden, there was stipulated the free ship, free goods maxim. But by these treaties the converse maxim, enemy ship, enemy goods was also adopted. This was perhaps due to the general opinion of the time, which still favored the old, severe usage. But the combination of these two rules was far from satisfactory to the liberal views of the American statesmen. They advanced still another step and insisted upon asserting that the two principles, free ship, free goods, and enemy ship, enemy goods, were not inseparable. Persistent efforts were made to have inserted in the treaties made after the adherence to the Armed Neutrality, the principle of free ship, free goods without the opposing rule, enemy ship, enemy goods. This view was consistently confirmed by most of the treaties, including the Prussian treaty of 1785, in which the free ship, free goods maxim alone was asserted. At times not only enemy goods in a free ship but also free goods in an enemy ship were protected, and the rule of 'hostile contagion' was never practiced.

By the treaty of 1778 with France, the United States upheld the principle of free ship, free goods. After the conclusion of this treaty, Congress, affirming the free ship, free goods stipulation, issued an ordinance recommending the recognition of this principle in their treaties with other powers upon the condition of reciprocity.[49] The French government, following the American example, also issued an ordinance in the same year prohibiting the capture of neutral vessels running between enemy ports. This ordinance prohibited the seizure of neutral vessels bound to and from enemy ports, and meanwhile the French Government reserved the right to withdraw this immunity in six months if their enemies failed to adopt the same measure reciproc-

[49] Dana, *Wheaton*, p. 587.

ally. France continued to adopt this principle in her treaties down to 1793 when all the European powers abandoned their rules of maritime commerce.[50] The French immunity was also conditioned upon reciprocity. But Great Britain obstinately refused to relax her old practice and continually condemned the goods of her enemy, France, in American neutral ships, according to the practice of her old doctrine, while the latter insistently demanded from the United States Government the actual fulfillment of the treaty obligations by protecting French goods in American vessels from seizure by her enemy, the British. The United States found itself exceedingly embarrassed but so long as Great Britain would not abandon her accustomed rule in any amicable way, it was not expedient for the United States to take up arms against England in order to protect French merchandise.

Under these circumstances the United States excused itself by virtue of the English usage. Mr. Jefferson said in his reply to the French complaints that by the general law of nations, the goods of a friend found in the vessel of an enemy are free and the goods of an enemy found in the vessels of a friend are lawful prize.[51] This was simply a reassertion of the rule embodied in the Consolato del Mare. He further declared that the treaty of 1778 was an exception to the general rule, because it had been concluded before the United States acceded to the Armed Neutrality, and that since the formation of that League, the stipulation of the said treaty was no longer binding. This statement was certainly inconsistent with the early American views, maintained in the first three treaties, and a tendency was shown in it to return to the British doctrine. This was evidently a diplomatic excuse under pressure of French demand. While France was drifting back to her old practice, and while all the great powers of Europe actually suspended the operation of the principles of the League of the Armed Neutrality, the efforts of the United States Government were largely successful in inducing several other states to adopt the milder measures in their treaties.

The Prussian treaty of 1785 was the most important during this period. This was the first treaty by which the United

[50] Martens, *Recueil,* Vol. II, p. 632.
[51] Randolph, *Corres. of Thos. Jefferson,* Vol. III, p. 486.

States adopted the free ship, free goods maxim without the correlative maxim, enemy ship, enemy goods. This treaty asserted only that neutral commerce with either belligerent will not be interrupted and that neutral vessels can go to and from belligerent ports with enemy goods and even with enemy men not active in warlike services.[52]

The Moroccan treaty of 1787 stipulated the new rule without the old rule of enemy ship, enemy goods.[53] Judging by the merit of the new principle itself, it is not surprising to see that the weaker states, like the Netherlands, Sweden and Morocco, agreed with the United States. But the fact that the greater powers, like Prussia, France and even Spain, as well as Great Britain, also accepted this principle by the treaties of Versailles in 1783 seems rather remarkable.[54] Spain, the strongest advocate of the French usage, abandoned the old principle, enemy ship, enemy goods, as early as 1780 and even exempted by its municipal law all neutral vessels that carried enemy goods, as well as the enemy goods found in them.[55] Practically all the European powers showed by adhering to the Armed Neutrality, their inclination toward the liberal views of the United States. But their adoption of the liberal principles was of short duration. As soon as the war of 1793 broke out between France and Great Britain, all the greater powers employed their naval strength in the attempt to hinder neutral commerce with belligerents. The most obnoxious of all the harsh measures against neutrals during this time was the British Order in Council of June 8, 1793, authorizing British cruisers to detain all vessels laden with corn, flour or meal, bound to any port in France, and to seize all vessels with their cargoes that should be found attempting to enter any blockaded port.[56] This order was most detrimental to the American carrying trade for the United States was then almost the only neutral. This was the occasion on which Secretary Jefferson's instruction of September 7, 1793 was issued. He said in part: "When two nations go to war, those who choose to live in peace retain

[52] *Treaties and Conventions*, 1871, p. 710.
[53] *Ibid.*, p. 588.
[54] Martens, *Recueil*, Vol. III, p. 503.
[55] *Ibid.*, p. 98.
[56] Wheaton, *Hist. Law of Nations*, p. 373.

their natural right to pursue their agriculture, manufactures, and other ordinary vocations; to carry the produce of their industry, for exchange, to all nations, belligerent or neutral, as usual . . . . . in short, that the war among others shall be, for them, as if it did not exist. . . . . The state of war then existing . . . . . furnishes no legitimate right to interrupt either the agriculture of the United States, or the peaceable exchange of its produce with all nations".[57]

D. Limitations of Neutral Commerce

Contraband of War.—The continental jurists generally advocated the limitation of the list of contraband articles to the narrowest possible sphere, while the British jurists on the other hand, always endeavored to comprise a large number of articles in their classification of contraband merchandise. The United States at first accepted the British practice, recognizing the three general classes of contraband set down by Grotius.   But the United States government soon began to depart from the British practice by diminishing the number of articles of contraband. As early as 1777, American naval officers were instructed to capture only those neutral vessels carrying arms and other contraband goods intended for British warlike use. This was a great contrast to the British ordinance, issued in 1776, declaring "all ships, neutral or otherwise, trading or returning from trade with any of the American rebellious colonies" to be lawful prize.[58] By the French treaty of 1778, the United States limited the denomination of contraband to great guns, bombs, &c., &c., and all other warlike materials, and it was definitely mentioned that all provisions which serve for nourishment of mankind, and ships and all other things proper either for building or repairing ships should not be reckoned among contraband.

In the negotiations of the treaty of 1785 with Prussia, Franklin even attempted to abolish the system of confiscating contraband goods. He tried to substitute detention of the goods for confiscation of the same as a punishment for carrying it. It was agreed that "to prevent all the difficulties and misunderstandings that usually arise respecting the mer-

[57] *Am. State Papers,* Vol. I, p. 239.
[58] Martens, *Recueil,* Vol. III, p. 105.

-chandise heretofore called contraband, such as arms, ammunitions, and military stores of every kind, no such articles carried in the vessels, or by the subjects or citizens of one of the parties to the enemies of the other, shall be deemed contraband so as to induce confiscation or condemnation and a loss of property to individuals".[69]

England condemned all kinds of provisions by the Orders in Council and this actuated the United States to accede to the Armed Neutrality. Jefferson contended that provisions "had never been included in this enumeration, and consequently remain articles of free commerce".[60] When M. Genet's movement was at its height, Mr. Hammond complained of the sale of arms and military accoutrements made by American citizens to a French agent at New York.[61] In reply to these complaints, Jefferson stated that such sale could not be condemned as a violation of neutral duties.[62] He further asserted that "our citizens had been free to make, vend and export arms. It is the constant occupation and livelihood of some of them. To suppress their callings, the only means of their subsistance perhaps, because of a war existing in foreign and distant countries in which we have no concern, would scarcely be expected. It would be hard in principle and impossible in practice. The law of nations, therefore, respecting those that are at peace, does not require from them such an international derangement of their occupations".[63] This celebrated diplomatic statement established a precedent in the upholding of the principle that it is not the duty of a neutral government to prevent its citizens from engaging in individual enterprise in contraband trade. Now this principle is accepted by all nations as an established rule.[64]

Blockade.—Most of the treaty stipulations up to this time were surprisingly silent as to the question of blockade. The

[59] *Treaties and Conventions*, 1871, p. 710.
[60] *Am. State Papers*, Vol. I, p. 239.
[61] Randolph, *Correspondence of Thos. Jefferson*, Mr. Hammond to Jefferson, May 8, 1793.
[62] *Ibid.*, Jefferson to M. de Ternant, May 15, 1793.
[63] Randolph, *Correspondence of Jefferson*, Vol. III, p. 291, Jefferson to Hammond, May 15, 1793.
[64] *The Second Peace Conference at the Hague*, Convention V, Article 8.

earliest mention of the United States in connection with this subject was made when it acceded to the Armed Neutrality and no provision concerning blockade was made in any of the earliest treaties. The reason seems obvious. Blockade had very little chance to give rise to a serious dispute, naval warfare not being fully developed. The most serious test in the history of blockade did not come until the beginning of the 19th century, when the United States was the only neutral to suffer from it and therefore the only neutral to struggle against it.

The Right of Visit and Search.—During this period England based her right upon her force,[65] true to the authoritative assertion of Lampredi that "by the law of nature, a belligerent has a right to detain and a neutral has a right to refuse to be detained, but the neutral has no power to resist, and, therefore, it became a question of force".[66] At one time she made a distinction between the right of search and the right of visit. The former right could be applied in time of war, according to her claim, and the latter in time of peace. No such distinction was admitted by the continental jurists, who held that the two were synonymous, and that this right could be exercised over private merchant vessels only. This latter view has always been the view of the United States.

Much irritated by the British condemnation of almost all ordinary commercial merchandise, the United States made special efforts to stipulate in all its treaties of this period, except that with Great Britain, that in case a neutral vessel detained for search produced its proper passport, no further inquiry should be made. In accord with these stipulations, search of a neutral vessel may not be admitted unless she failed to produce her passport or show some reasonable cause of suspicion.

In regard to the treatment of noxious persons that are at times found in neutral vessels, the United States adopted, in the treaty of 1778 with France, the clause that enemy persons in a neutral vessel should not be taken away unless actually in the service of the enemy. This provision was inserted in

---

[65] Dana, *Wheaton*, p. 593.
[66] Lampredi's *Del Commercio dei Popoli Neutrali in tempo di Guerra*, was published in 1788.

many treaties, but never in a treaty between England and the United States.

The exemption from visit and search of neutral merchantmen under convoy was stipulated in numerous treaties during this period, but the practice of nations was not consistent. England leaned more and more toward a complete denial of the right. Most other nations, including the United States, entered into treaties providing that the word of the commander of the convoy should be deemed sufficient to protect from visit and search.[67]

[67] Treaties agreeing upon convoy are:—that of 1782 between the United States and the United Provinces, Martens, *Recueil*, Vol. III, p. 437; that of 1783 between the United States and Sweden, Vol. III, p. 574; that of 1785 between the United States and Prussia, Vol. IV, p. 43; that of 1782 between Denmark and Russia, Vol. III, p. 475; that of 1787 between Denmark and France, Vol. IV, p. 212; that of 1787 between the Two Sicilies and Russia, Vol. IV, p. 238; and that of 1787 between Portugal and Russia, Vol. IV, p. 328.

CHAPTER 3

HISTORY OF NEUTRALITY FROM 1793 TO 1818

I. EUROPEAN PRACTICE OF NEUTRALITY

This period forms the darkest chapter in the history of the laws of neutrality. In the desperate struggle between the two rival powers, France and England, each striving to cripple the naval strength of the other, all neutral interests were crushed as between two millstones. Although France had to acquiesce in the American interpretation of the treaty of alliance, she was not at all satisfied with the attitude maintained by the United States Government, and the French party in America still vociferously claimed that the French aid given to Americans in time of their need must now be returned. The British, on the other hand, violated American neutral rights to such an extent that the war of 1812 was the final result. After the downfall of Napoleon, the formation of the Holy alliance led to a violation of the principle of national sovereignty, and a deliberate infringement of international law through its assertion of the right to intervene and crush out revolutionary governments.

A. *Disregard of Neutral Commerce*

When revolutionary France stood against the whole of Europe, Great Britain, with the support of Russia and Prussia behind her, enforced increasingly severe prohibitions against all neutral trade with France by successive Orders in Council. The extention of the Rule of the War of 1756 by the instructions of Nov. 6, 1793, was one of the most severe measures. Naval officers were instructed to "stop and detain all ships laden with goods, the produce of any colony belonging to France, or carrying provisions or other supplies for the use of such a colony . . . . . "[1] Under this rule British cruisers were authorized to seize all vessels of whatever de-

---

[1] Martens, *Recueil*, Vol. V, p. 600.

scription, ladened with the produce of any French colony, or with any provisions or munitions of war designed for the use of the enemy or the enemy's colonies. This aroused great popular excitement throughout the United States. As a consequence, actual war measures were adopted by the House of Representatives. Washington said in his correspondence to Tobias Lear that "Many measures have been moved in Congress, in consequence of the aforementioned Orders of the British Cabinet . . one for fortifying our principal seaports, which is now in vigorous execution, and for raising an additional corps of eight hundred artillerymen . . . . . "[2] In view of the American protest, this order was somewhat modified on January 8, 1794. The modification was made with these words; "we are pleased to revoke the said instruction; and in lieu thereof, we have thought fit to issue these our instructions . . . . . ", and that part of the Order of June 8, 1793, which condemned all vessels laden with corn, flour or meal, bound for any French port was also recalled on August 18, 1794. This Order declares that "In order that such corn, flour or meal might be purchased . . . . . the masters of such ships . . . . . should be permitted to dispose of their cargoes. . . . . We . . . . . are pleased to revoke the said article until our further order therein . . . . . "[3]

France, on her part, started the crusade against neutral commerce as early as May 9, 1793, by a Decree of the National Convention, authorizing her ships of war and privateers to seize merchant vessels laden with provisions bound to an enemy port, or with merchandise belonging to an enemy, on the ostensible ground of the scarcity of provisions in France. This Decree says that "Les batiments de guerre et corsaires française peuvent arrêter et amener dans les ports de la République les navires neutres qui se trouveront chargés en tout ou en partie, soit de comestibles appartenans à des neutres et destinés pour des ports ennemies, soit de marchandises appartenans aux enemis . . . . . "[4] On January 18, 1789, a law was passed condemning every vessel, neutral or belligerent, ladened in whole or in part with British goods. "En conse-

[2] Jared Sparks, *Life and Writings of George Washington*, Vol. X, pp. 409-410.
[3] Martens, *Recueil*, Vol. V, p. 604.
[4] *Ibid.*, p. 382.

quence tout batiment chargé en tout ou en partie de marchan-
dises anglaises, est declaré de bonne prise, quelque soit le pro-
prietaire des dites marchandises . . . . ",[5] and on the 29th
of the following October, an Arrete of the Executive
Directory condemned to death as a pirate any neutral
subject who should accept a commission from, or serve on
board the vessel of, the enemies of France.[6] This retaliation
and counter-retaliation continued during the days of the Na-
poleonic wars. Though the peace of Amiens terminated tem-
porarily the actual hostilities between the rival powers, the
war against each other's commerce witnessed no definite end.

The undue claims of the belligerent British were too in-
tolerable even for the Europe of those days to stand without
open resistance. As the First League of Armed Neutrality
was the result of British aggressions upon neutral commerce,
the formation of the Second League was the result of the
British denial of the immunity of neutral merchantmen under
convoy. A British frigate refused to allow to a Danish ship
of war, convoying a fleet of merchantmen near Gibraltar, the
immunity from the exercise of the right of visit and search in
December, 1799. In consequence a skirmish took place. Soon
after this the "Freya", another Danish frigate, met with simi-
lar treatment resulting in a loss of life on both sides. The
Danish demand for satisfaction was rejected by the British
Government. While this controversy was growing serious, the
Emperor Paul of Russia invited Sweden, Denmark and Prus-
sia to renew the Armed Neutrality of 1780. Irritated by the
continual condemnation of neutral trade and especially by the
conflict arising out of the Danish incident, the northern powers
revived this League of Neutrality by three separate treaties.
They declared these principles (1) that every vessel may navi-
gate freely from port to port, and on the coasts of nations at
war, (2) that the property belonging to the subjects of bel-
ligerent powers shall be free in neutral vessels, excepting con-
traband of war, (3) that a blockade must be instituted with
vessels sufficiently near so that there is an evident danger in
attempting to enter, and that if any vessel should still en-
deavor to enter by means of force or fraud, after being noti-
fied by the commander of the blockading force, she should be

[5] Martens, *Recueil,* Vol. V, p. 399.
[6] *Ibid.*

captured, (4) that neutral vessels shall be detained for just cause and evident fact only, and (5) that the declaration of a commander of a convoy shall be deemed sufficient to prevent any search on board the convoying vessels or those under convoy.[7] In answer to this Northern Confederation, the British Government issued another Order in Council on January 14, 1801, laying an embargo on all vessels of Russia, Denmark and Sweden. The Second League of Armed Neutrality was also of short duration, like that of 1780. At the outbreak of the Napoleonic wars, the members of this League, in their struggle against Napoleon, laid aside all the principles they had so solemnly declared.

The darkest days in the history of international law commenced in 1804 when Napoleon issued an order closing the Neapolitan ports to English trade. In the same year the British, on their side, declared the French ports from Ostend to the Seine to be in a state of blockade. This blockade was extended in 1806 from the Elbe to Brest. Napoleon answered this by the Berlin Decree of November 21, 1806, which declared the British Isles in a state of blockade and which cut off all trade between Great Britain and the rest of the world.[8] Since Napoleon wrote his famous letter to Bernadotte saying "je ne puis lutter.avec l'Angleterre, je ne puis la forcer a paix qu'avec le systeme continental",[9] this blockade has become known as the "continental system". The British response was the Orders of January 7, and of November 11, 1897. By the former one it was declared that "it is hereby ordered that no vessel shall be permitted to trade from one port to another, both of which ports shall belong to, or be in the possession of, France or her allies, or shall be so far under their control as that British vessels may not freely trade thereat".[10] By that of November 11th, all the ports or places of France or her allies were declared to be in a state of blockade so that all trade in the produce or manufactures

---

[7] Treaty between Russia and Sweden, Martens, *Recueil,* 2nd Ed., Vol. VII, p. 172; that between Russia and Denmark, *Ibid.,* p. 181; that between Russia and Prussia, *Ibid.,* p. 188.

[8] Martens, *Nouveau Recueil,* Vol. I, p. 439.

[9] Napoleon to the Prince Royal of Sweden, March 8, 1811, Martens, *Causes Célèbres,* Vol. V, p. 145.

[10] Martens, *Nouveau Recueil,* Vol. I, p. 445.

of those countries or colonies, from which the British flag was excluded, was declared unlawful, and that any vessel trading from or to those countries or colonies should be confiscated, together with all goods on board, unless they should first stop at an English port and pay duty.[11] Napoleon replied with the Milan Decree of December 17, 1807, declared that all vessels of any nation, laden with any kind of cargo, bound to or from England or her colonies, and all ships that had paid any tax to the English government or had submitted to search by an English ship, should be lawful prize. This system was properly called the "paper blockade", and could hardly be recognized as a legal blockade. While all these decrees and counter-decrees were proclaimed to be of blockades, they were an open violation rather than a practice of the law, and therefore, this brief account of the decrees is given under this topic, the 'Disregard of Neutral Commerce', instead of under that of 'Blockade'.

II. AMERICAN PRACTICE OF NEUTRALITY

A. *Practice in General*

In the way of retaliation for the British enforcement of the Rule of the War of 1756, Congress adopted on March 20, 1794, the first of the long series of Embargo Acts, and also passed on April 7th of the same year a resolution of suspension of intercourse with Great Britain. The British Government modified its offensive Orders to such an extent that American trade in the West Indies was carefully spared, except in respect to French products and French property carried between French ports.[12] 1. The Jay Treaty. Through the unceasing efforts of President Washington, an amicable settlement of the controversy was partially reached by the conclusion of the Jay treaty in 1794. Though concluded on November 19, 1794, it was not ratified until June 24th of the following year, on account of long and heated debate in Congress.[13] In the negotiations most of the important points were agreed upon, but on the questions of impressment and neutral trade Great Britain would not yield. No redress for the impressment of seamen, nor any promise for the abolition of the practice of impressment, could Jay get into the treaty. By

[11] Martens, *Nouveau Recueil*, Vol. I, p. 446.
[12] Martens, *Recueil*, 2nd Ed., Vol. V, p. 604.
[13] Moore, *Digest*, Vol. V, pp. 699-704.

Article 21, American citizens receiving commissions from France were declared pirates, and also by Article 12 it was further stipulated that American vessels might freely carry cargoes from any British port, "Provided always that the said American vessels do carry and land their cargoes in the United States *only*." The payment of a compensation by the British Government to American citizens for the illegal captures made by the British was the most favorable clause in the treaty.[14]

In the main, the partial immunity secured by the Jay treaty was, however, so profitable to the Americans that they were enabled to carry on a most thriving commerce with the West Indies. From the conclusion of this treaty down to the commencement of the Napoleonic wars, American carriers continued to prosper and this aroused the jealousy of the British ship-owners, who urged the severe enforcement of the Rule of the War of 1756. It was in 1805 that Great Britain may be said practically to have commenced hostilities against the United States. Before the expiration of the Jay treaty in 1807, by its own limitation of twelve years, Monroe and Pinkney had signed a treaty with Great Britain which President Jefferson refused to lay before the Senate because it contained a number of stipulations dishonorable to the United States. The most distasteful of these was the stipulation in regard to the Rule of the War of 1756, which Great Britain agreed not to enforce as to the goods upon which a two per cent ad valorem duty had been paid. Another thing almost equally undesirable to America was the right of visit and search which Great Britain obstinately refused to abandon.[15] Thus ended the negotiations between the two countries, and the impressment of American seamen and the spoliation of American merchandise went on until the war of 1812.

2. *Relations with the French Republic*

The Jay treaty openly contravened the French treaty of 1778 in regard to French goods in American vessels. While the former stipulated the protection of enemy goods in neutral vessels, the latter agreed by Article 17 that enemy goods found on neutral vessels should be made prize. French com-

[14] *Treaties and Conventions*, 1781, pp. 318-332.
[15] Carl Schurz, *Life of Henry Clay*, Vol. I, pp. 70-71.

plaints of this stipulation were not altogether unreasonable. Their resentment was later manifested by the extension of the Berlin Decree to American trade.[16] Washington's unceasing efforts to restore peaceful relations with France were not appreciated by the Directory which refused to receive Mr. Pinckney as a new American representative. After a sharp debate Congress approved the President's view and decided to make another effort. A special mission of three envoys was despatched which arrived at Paris on October 4, 1797. A few days after their arrival the envoys were approached unofficially by three persons, known in their correspondence as X, Y and Z, who informed them that, among other things, some sort of bribe, under the term of 'douceur', should be furnished by the United States before its minister would be received by the French Directory. Once a lady diplomat approached and informed them that M. Talleyrand "has assured me that a loan must be made".[17] This statement was confirmed by a written proposition which Talleyrand showed to the American envoys in an interview, and which he burned, containing the words, "France has been serviceable to the United States and they (Americans) now wish to be serviceable to France".[18] To these demands the American diplomats made no conciliatory reply and the negotiations abruptly came to an end.

Meanwhile the high-handed aggression of·British war ships upon the American seamen reached its climax in the famous incidents of the "Leopard" and the "Chesapeake" in 1807.[19] In the autumn of the same year the Embargo bill was adopted at an extra session of Congress, forbidding the departure of any American vessel bound to any foreign country. The Commercial Non-Intercourse Act was passed by Congress in February, 1809, against France and England, looking to the withdrawal of the French Decrees and the British Orders. By the attempted negotiation of the Erskine treaty and by the passage of the Non-Intercourse Act on May 1st, the United States repeatedly manifested the American desire for both belligerents to adopt some reciprocal measures, but all proved to be

[16] *Am. State Papers*, Vol. II, pp. 178, 189-190.

[17] John Bach McMaster, *A History of the People of the United States,* Vol. II, p. 374.

[18] McMaster, *History*, Vol. II, p. 373, n.

[19] Richardson, *Papers of the Presidents*, Vol. I, p. 432.

of no avail, and on all sorts of pretexts American ships were mercilessly seized and condemned by the French and English frigates wherever they were found. During this struggle the number of American ships captured by the British was over nine hundred, and by the French more than five hundred and fifty, and American citizens who were impressed by the British were estimated to exceed six thousand.[20] It was not until the assassination of Premier Spencer Perceval, who was a strong advocate of the harsh measure, that the British Orders were repealed on June 23rd. The news of the repeal of the British Orders reached America too late to prevent war, for on June 18, 1812, President Madison signed the Declaration of War against Great Britain.

Generally speaking, the English Orders were the main causes of the war. On the part of England, the most obnoxious measures were withdrawn only five days after the commencement of hostilities. Yet the right of the impressment of seamen was too much for England to yield and consequently the war kept on. Meanwhile, on the side of France, an interesting little episode occurred. Napoleon, in his usual way of political play, caused a manufactured Decree to be shown to the American minister. This Decree was dated April 28, 1810. By this scheme he pretended that he had exempted Americans from the Berlin and Milan Decrees long before the declaration of war in 1812. The fact is that Napoleon was thus attempting to win American friendship in his contest with England.[21]

In the negotiations of the treaty of Ghent, in 1814, the American negotiators claimed the protection of neutral rights as a basis of the peace negotiations, but the British diplomats would not consider anything concerning the principle of neutral rights, the rules of blockade and the right of search and impressment. As a measure of compromise on both sides, the peace was signed December 24, 1814, leaving the principal questions unsettled. Nevertheless, the results of this war were decisive. The practice of the Rule of the War of 1756 was never revived by Great Britain, the enforcement of the Orders in Council were ended once for all, and the impressment of seamen never again became a question. Lord Aberdeen said in his

[20] Schurz, *Clay*, Vol. I, p. 76.
[21] *Ibid.*, p. 87.

correspondence with Mr. Webster on August 9, 1842, "I have much reason to believe that a satisfactory arrangement respecting it (impressment) may be made so as to put at rest all apprehension and anxiety".[22] And besides, the American Republic stood out in the eyes of the world as a neutral power, whose sympathy and friendship would have influence upon the international relations of Europe.

3. Spanish-American Movements

The question of the South American colonies soon occupied the attention of the younger American statesmen. From 1808, when Napoleon set his brother on the Spanish throne, to 1815, the date of the downfall of Napoleon, the Spanish American colonies in Central and South America and Mexico had enjoyed freedom of commerce with other nations. In the course of the struggle they rebelled against the mother country and proclaimed their independence. The Spanish Government was too weak to compel the revolted colonies to submission. Americans as well as Englishmen were in sympathy with the South American republics, and as a result the United States was placed in a difficult position in order to maintain its neutrality.

In 1818, Mr. Clay proposed in Congress to send a mission to the South American provinces to express the sympathy of the United States. According to his view the insurgent states were ipso facto independent governments and that the United States was bound by just neutrality to recognize formally their independence by an exchange of ministers. He argued that so long as the United States meant to be impartially neutral, "if the royal belligerent is represented and heard at our government, the Republican belligerent ought also to be heard".[23] This proposition was rejected and in fear of the mediation of the allied powers in the affairs of South America, President Monroe expressed the hope in his Annual Message that European powers would not intervene by force, and would follow the course of neutrality adopted by the United States.[24]

Jackson's Seminole war is often criticised as a violation of

[22] Wharton, *Digest*, Vol. III, p. 228.
[23] Schurz, *Clay*, Vol. I, p. 149.
[24] Richardson, *Papers of the Presidents*, Vol. II, p. 44.

Spanish neutral territory. But his Florida action was justified on the principle of self defense. It was alleged that the Spanish authorities in Florida were agitating war among the Seminoles against the Americans by furnishing munitions of war and other supplies to carry it on and in other acts equally hostile. The governor of Pensacola was called upon to suppress the hostilities and punish the marauders but he refused to do so. Jackson was consequently authorized to enter Florida in pursuit of the Seminoles on the ground of necessity. Jackson overstepped the authority given by the President when he occupied the fort at St. Mark's. Therefore an order was issued by the government to deliver the post unconditionally to any person duly authorized to receive it. There are evidences to prove the truth of Jackson's statement that "Our enemies, internal or external, will use it (the fort of St. Mark's) to the disadvantage of our government. If our troops enter the territory of Spain in pursuit of our Indian enemy, all opposition that they meet with must be put down or we will be involved in danger and disgrace".[25] Jackson further argued that "To prevent the recurrence of so gross a violation of neutrality, and to exclude our savage enemies from so strong a hold as Saint Mark's, I deem it expedient to garrison that fortress with American troops until the close of the present war. This measure is justifiable on the immutable principles of self-defense, and can not but be satisfactory, under existing circumstances, to His Catholic Majesty the King of Spain. Under existing treaties between the two governments, the King of Spain is bound to preserve in peace with the citizens of the United States, not only his own subjects, but all Indian tribes residing within his territory . . . . "[26] All points being considered, the Spanish colonial authorities were largely to blame. The Spanish Government was, however, constantly complaining, and the United States Government determined to observe its neutrality in a most strict sense. This intensified the popular feeling against Spain in favor of her insurgent colonies and the government found it necessary to pass the Neutrality Act of March 3, 1818.

[25] Wharton, *Digest*, Vol. I, pp. 225-226, Jackson to Monroe, January 6, 1818.

[26] *Ibid.*, p. 226.

B. *The Neutrality Acts of 1794 and 1818.*

The most important of all the actions done for the advance-
ment of neutrality during the foregoing period was the issuing
of Washington's Neutrality Proclamation. This proclamation
constitutes, as noticed above, a new epoch in the history of the
laws of neutrality. Nevertheless this proclamation alone was
not sufficient to enforce the rules set forth by Washington's
Cabinet. During this period, under the stress of warlike sen-
timent within and agitating movements without, the govern-
ment deemed it necessary to maintain a strict neutrality. The
proclamation was moulded into the legislative acts of Congress,
and these acts were then strictly enforced by the decisions of
the courts.

President Washington, realizing the weakness of the govern-
ment in enforcing the rules set forth in his proclamation, urged
upon Congress at the opening of the session in December 1793,
the adoption of some effectual measures for the better preser-
vation of neutrality. He delivered to Congress his proclama-
tion, dispatches and circulars, with all the facts attached to
them. Congress, in accordance with his policy, passed on the
5th of June, 1794, the celebrated legislation henceforth known
as the First Foreign Enlistment Act, or as sometimes called,
the Neutrality Act of 1794.

The first Foreign Enlistment Act provided for the punish-
ment of,

(a) Any person whatever who should, within the juris-
diction of the United States, (1) personally enlist or (2) hire
another to enlist or to go beyond the jurisdiction of the United
States with intent to be enlisted, in the service of any foreign
state as a soldier, marine or seaman:

(b) Any person whatever who should, within the juris-
diction of the United States, fit out and arm, or attempt to fit
out and arm, or to procure to be fitted out and armed, or should
knowingly be concerned in the furnishing, fitting out or arm-
ing, of any vessel with intent that such vessel should be em-
ployed in the service of any foreign state to cruise or commit
any hostilities against any state with which the United States
should be at peace:

(c) Any person whatever who should, within the jurisdic-

tion of the United States, issue a commission to any such ves-
sel with intent that she should be so employed:

(d) Any person whatever who should, within the juris-
diction of the United States, increase or augment, or should
be knowingly concerned in increasing or augmenting the force
of any armed vessel in the service of any foreign power at
war with another state, with which the United States is at
peace: and,

(e) Any person whatever who should, within the jurisdic-
tion of the United States, set on foot or prepare the means
for any military expedition or enterprise against the territory
or dominion of any foreign prince or state with which the
United States is at peace.

It is true that the United States government undertook by
these regulations, obligations by no means easy to fulfill. An
enormous force of police was required to enforce the rules they
set forth. The militia of individual states was not strong
enough to put down the violent resistance of some of those
who disregarded the authority of the government. Sometimes
the militiamen had to march "between seventy and eighty miles
to seize a vessel under preparation as a French privateer."[27]

Under the first Foreign Enlistment Act the first prosecution
was the case of John Etienne Guinet and John Baptiste le
Maitre, brought before the Circuit Court at Philadelphia on
May 11, 1795, on a charge of being knowingly concerned in
fitting out and arming the vessel, "Les Jumeaux", within the
jurisdiction of the United States, for the service of the French
Republic against the King of Great Britain with whom the
United States was at peace. "Les Jumeaux", originally a
British cruiser, passed into French ownership. She entered
the harbor of Philadelphia in December 1794, as a merchant
ship with only four of her twenty port holes open, and carry-
ing a cargo of sugar and coffee. Baptiste, its first French
owner, soon opened all of her port holes and started in repair-
ing. But she left Philadelphia in ballast and went to Wilming-
ton where she received her armament and other equipment.
The decision of the jury was a verdict of guilty on the ground
that "the converting a slightly armed merchant vessel into a
ship of war was as much a fitting out and arming as if the
vessel had never been originally armed at all", and Guinet was

[27] Sparks, *Washington*, Vol. II, p. 42.

sentenced to one year imprisonment and a fine of $500.00.
"Les Jumeaux" then proceeded from Delaware to San
Domingo, and was sold to the French government on Febru-
ary 7, 1795. Commissioned as a French ship of war under the
name of the "Cassius", with an American, Samuel Davis, on
board as its lieutenant, she soon started out cruising against
British commerce. The British brig, "William Lindsay", was
her victim, and was condemned as lawful prize in a French
court in French jurisdiction. The principal question in this
case was, though the "Cassius" was originally equipped and
fitted out in the jurisdiction of the United States, and also
commissioned under an American citizen, whether the United
States had or had not a right to demand a compensation
against her, so long as the capture was made on the high seas
and carried into a French port under the command of the
captor. The capture, therefore, did not compromise the neu-
trality of the United States and the government refused to
interfere with the judicial proceedings in the case.

The revolutionary uprising in South America broke out in
1810. More or less inspired by the political principles of the
United States, they declared themselves Republics, indepen-
dent of their mother countries. The fathers of the American
Revolution naturally had a sympathetic feeling toward those
colonists struggling for independence. Furthermore, the rela-
tions between the two countries, Spain and the United States,
had not been a very cordial one, either politically or religiously.
All the efforts of the American statesmen to approach the
government at Madrid with a friendly disposition had proved
to be of no avail. Apart from these reasons, the American
people as a whole desired to see their sister-continent free from
the oppressions and despotism of the old world.

The Portuguese minister admitted, however, in his com-
munication to Secretary Monroe on December 20, 1816, that
the difficulty of enforcing the rules of neutrality lay not in any
want of disposition on the part of the government to punish
the offenders, but in the lack of force behind the Act of 1794.[28]
He solicited the American government to make some "provi-
sions that will prevent such attempts for the future", referring
to the fitting out of privateers at Baltimore for the insurgents
of Buenos Ayres against Portugal. President Madison sent a

---

[28] Dana, *Wheaton*, p. 540, M. J. Correa de Serra to Monroe.

special message to Congress on the 26th of December 1816, urging an enlargement of preventive powers so that the government could successfully prevent further "violations of the obligations of the United States as a nation at peace toward belligerent parties and other unlawful acts on the high seas by armed vessels equipped within the waters of the United States".[29]

In April 1817, the Spanish consul filed a libel in the District Court of Virginia against a certain part of the cargoes of the Spanish ships, the "Santissima Trinidad" and the "St. Ander." The said part of the cargoes was alleged to have been piratically taken out of those vessels on the high seas by two armed vessels, the "Independencia del Sud" and the "Altravida". which were manned and commanded by citizens of the United Provinces of Rio de le Plata. The Spanish at Norfolk insisted upon the restitution of the goods in behalf of the original Spanish owners. The three principal reasons presented by the Spanish consul were:

(1) That the commanders of the "Independencia" and the "Altravida" were citizens of the United States; (2) that the said capturing vessels were equipped, fitted out and armed in the United States; and (3) that their force and armament had been illegally augmented within the territory of the United States.

The District Court decreed restitution to the original owners. When the case was appealed to the Circuit Court, that judgment was affirmed, and Justice Story of the Supreme Court also affirmed the decision of the Circuit Court. In the decision of the Court, he held that (1) the "Independencia" originally a privateer, was sold to some men of Baltimore, who dispatched her on a voyage, ostensibly to the Northwest Coast, but in reality to Buenos Ayres, and there she was sold to the government of Buenos Ayres. She was commissioned in that port under Captain Chaytor, a Baltimorean, as a national public ship. Though a bill of sale of the "Independencia" was not produced, it was held that as long as there was no "doubt . . . expressed as to the genuineness of Captain Chaytor's commission", she must judicially be held a public ship of that country, and not the private property of any citi-

[29] Richardson, *Papers of the Presidents*, Vol. I, p. 582.

zens of the United States.[30] (2) As to the question of the original illegal armament, the Court held that "it is apparent, that though equipped as a vessel of war, she was sent to Buenos Ayres on a commercial adventure, contraband, indeed, but in no shape violating our laws on our national neutrality...... But there is nothing in our laws, or in the law of nations, that forbids our citizens from sending armed vessels, as well as munitions of war, to foreign ports for sale..."[31] (3) In regard to the third question, Justice Story said, "The Court is, therefore, driven to the conclusion, that there was an illegal augmentation of the force of the 'Independencia' in our ports, by a substantial increase of her crew ....", and it was further held that such an illegal augmentation was a violation of the law of nations, as well as the municipal law of the United States, and a violation of our neutrality.[32]

On March 3, 1817, Congress passed "An Act more effectually to preserve the neutral relations of the United States." By this statute, any armed vessel that went out of the jurisdiction of the United States was required to give bond with sufficient securities in double the amount of the value of the ship and the cargo that the vessel should not be employed in aiding or augmenting any warlike measure against any prince or state, "or of any colony, district, or people..." with which the United States was at peace.[33]

The Spanish government was still complaining about the fitting out of privateers in American waters to cruise against Spanish commerce. Accompanied with the Spanish complaints was a list of thirty such privateers. President Madison called the attention of Congress to the establishment of military bases in the Amelia Island and at Galveston, which must be checked at once by the government. Consequently the statute of 1817, which was also temporary, for the period of two years, was repealed and a new act of Congress was passed on April 20, 1818. This is the permanent legislation, now known as the Neutrality Act of 1818. This Act was practically the re-enact-

[30] *U. S. Supreme Court Reports*, 7 Wheaton 283, 335.
[31] *Ibid.*, 283, 340.
[32] *Ibid.*, 283, 344.
[33] *Statutes at Large*, Vol. III, p. 370, the words, "of any colony, district, or people", were added to the act of 1794.

ment of that of 1794, with the exception of some modifications. The important sections constituting this act are:

(1) Every citizen of the United States, who within the jurisdiction thereof, accepts or exercises a commission to serve a foreign prince, state, colony, district, or people shall be deemed guilty of high misdemeanor;

(2) Every person who.....enlists or enters himself, or hires or obtains another person to go beyond the jurisdiction with intent to be enlisted.....shall be deemed guilty......

(3) Every person who.....fits out and arms, or attempts to fit out and arm, or shall knowingly be concerned in the furnishing, fitting out, or arming, of any vessel.....shall be deemed guilty....

(5) Every person who.....increases or augments, or procures to be increased or augmented, or shall knowingly be concerned in increasing or augmenting, the force of any ship of war, cruiser, or other armed vessel.....shall be deemed guilty.

(6) Every person who.....begins or sets on foot, or provides or prepares the means for, any military expedition or enterprise, to be carried on from thence against the territory or dominions of any foreign prince.....with which the United States are at peace, shall be deemed guilty......

(7) The district courts shall take cognizance of all complaints, by whomsoever instituted, in cases of captures made within the waters of the United States......

(8) The President is authorized to employ land or naval forces, or militia, for the purpose of carrying the provisions of this act into effect......

(9) The same forces are to be employed to compel the departure of such vessels as would contravene the law of nations, or the treaties of the United States with foreign powers.

(10) A bond, double the amount of the value of the vessel and cargo, is required of vessels about to depart from the ports of the United States, owned either wholly or partially by the citizens of the United States, promising that such vessels shall not be employed contrary to the prohibitions of this act.

(11) The revenue officers are to detain any vessel manifestly built or equipped for warlike purposes.

This was the basis of the British Foreign Enlistment Act of

1819, and of similar provisions subsequently adopted in the penal codes of various European states.

III. FREEDOM OF NEUTRAL COMMERCE

During this period, the United States government endeavored to pursue its liberal policy in the treatment of neutral commerce, and succeeded in inserting the free ship, free goods principle in several treaties with other powers. In the treaty of 1795 with Spain, it was agreed that free ship will make free goods, "no distinction being made who are the proprietors of the merchandise laden theron".[34] In the treaties of 1796 with Tripoli,[35] of 1797 with Tunis[36] and also that of 1797 with Morocco,[37] the United States stipulated the new rule of free ship, free goods, and furthermore, that free goods in enemy ship shall also be free.

In the meantime the American statesmen began to realize the difficulty of establishing the liberal rule and at times altogether abandoned it. By the Jay treaty it was agreed that enemy property in a free ship should be condemned as lawful prize. However, the original draft presented by the American diplomats in the negotiations for the Jay treaty discloses the fact that the United States government had proposed to insert in the treaty the free ship, free goods maxim.[38] But the English Government would not yield to them and the American government considered it more prudent to ratify the treaty without it "if the alternative was war with Great Britain."[39] In 1796, when the term of the Prussian treaty of 1785 had expired, John Quincy Adams tried to renew it, inserting again the free ship, free goods clause without the opposing maxim, enemy ship, enemy goods. Up to this time, 1796, the free ship, free goods principle was adopted practically in all the American treaties except those with Great Britain. This was done either with or without the enemy ship, enemy goods maxim. The constant efforts made by the United States to establish this principle as universal usage proved

[34] Art. XV, *Treaties and Conventions*, 1871, p. 780.
[35] *Ibid.*, p. 837.
[36] *Ibid.*, p. 846.
[37] *Stat. at Large*, Vol. VIII, p. 101.
[38] Wharton, *Digest*, Vol. II, p. 162.
[39] Moore, *Digest*, Vol. V, pp. 702-704.

unavailing. Wheaton says, "the United States were the losers in every direction of that principle", because other powers that adopted this principle in their treaties with the United States would insist upon its observation when injurious to the latter, but disregarded it when beneficial to them.[40]

Consequently in 1798, the American plenipotentiary, Adams, was instructed to propose to the Prussian cabinet the abandonment of the free ship, free goods article in the treaty then being negotiated.[41] Adams at first objected to this omission, stating in his correspondence to the home government, that all maritime powers not having large navies were anxious to see freedom of trade established against Great Britain and resented any act that would support British pretentions.[42] Meanwhile he admitted the undesirability of entering into such treaty obligations, because in case of war between one of the two contracting parties and a third power, these obligations would work only against the Americans. Under these circumstances, he suggested, in accordance with instructions from the home government, that the agreement should be conditional so that in such cases, the neutral bottom should cover enemy goods, "provided the enemy of the warring power admitted the same principle".[43] Thus he conditioned the exercise of this rule on the principle of reciprocity. Wheaton remarks that "this would at once discover the American inclination and attachment to the liberal rule, and yet not make them the victims of their adherence to it, while violated by their adversaries".[44]

After a long series of communications, the treaty was finally concluded on the 11th of July, 1799. It abandoned the liberal principle. The reason for its abandonment is made clear in the following statement taken from the twelfth Article of the treaty:

"Experience having proved that the principle.....according "to which free ships make free goods, has not been sufficiently "respected during the last two wars.....the two contracting "parties propose, after the return of a general peace, to agree, "either separately between themselves or jointly with other "powers.....to concert with the great maritime Powers of

[40] Dana, *Wheaton*, p. 588.
[41] *Am. State Papers*, Vol. IV, pp. 38-47.
[42] Wharton, *Digest*, Vol. III, p. 225, letter of July 17, 1797.
[43] *Am. State Papers*, Vol. I, p. 251.
[44] Dana, *Wheaton*, p. 593.

"Europe such arrangements and such permanent principles as "may serve to consolidate the liberty and safety of neutral "navigation and commerce in future wars. And if.....either "of the contracting parties should be engaged in a war to which "the other remains neutral, the ships of war and privateers of "the belligerent Power shall conduct themselves towards the "merchant vessels of the neutral Power as favorably as the "course of the war then existing may permit....."[45]

In the treaty of 1800 with France, the United States adopted both the principle of free ship, free goods and that of enemy ship, enemy goods.[46] In the negotiations for this treaty, the American minister stated that "sundry nations have in many instances introduced by their special treaties another principle between them, that enemy bottoms shall make enemy goods, and friendly bottoms, friendly goods; but this is altogether the effect of particular treaties, controlling in special cases the general principle of the law of nations, and therefore, taking effect between such nations only as have so agreed to control it." This is a re-assertion of what Jefferson had said in his reply to the French complaints concerning French goods taken out of American ships by the British without resistance on the part of the United States. During the War of 1812, the American prize courts uniformly enforced "the acknowledged rule of international law", subjecting enemy goods in free ships to confiscation, excepting in regard to the property belonging to such powers as practiced the free ship, free goods principle in reciprocity with the United States.[47] The same restriction conditioned on the principle of reciprocity was incorporated in treaties during the latter part of this period and even later.[48]

IV. LIMITATIONS OF NEUTRAL COMMERCE

A. Contraband of War.

(1) Contraband in General.—The tendency of the United States government has always been to restrict the list of contraband, while that of Great Britain has been to expand it.

[45] Treaties and Conventions, 1871, pp. 718-719.
[46] Ibid., p. 270.
[47] Dana, Wheaton, p. 603.
[48] U. S. Supreme Court Reports, 2 Wheaton Appendix, Note 1, pp. 54-56.

Disputes often arose because of this divergence between the two powers.[49] The British condemnation of provisions as contraband was seriously protested by the United States. The question was finally decided by a mixed commission, the award of which was a full indemnification of about $11,000,000 by the British government to the owners of vessels and cargoes seized by British cruisers under the Orders in Council.[50]

(2) *Continuous Voyage.*—The question of continuous voyage first came into prominence in connection with the Rule of the War of 1756. In the wars of the French Revolution, in which this rule was revived, American neutral carriers sought to avoid the application of the rule by first bringing the cargo to an American port and thence carrying it on to the home port. In order to put an end to this mode of commercial transaction, Sir William Scott applied what has since that time become known as the doctrine of continuous voyage. The "Mercury" was one of the earlier cases of a ship and cargo actually condemned under this doctrine.[51] In numerous other cases similar to this one, the British courts held that the cargo that touches a neutral port simply in order to make "a colourable importation" is condemnable.[52] The main ground for this assertion was that if the ship showed any evidence in her papers, or any sufficient reason that she was going to any forbidden port, then it would be immaterial to what port she might immediately proceed. This principle was applied to the latter part of the voyage only, that is, after the vessel had touched at the intermediate neutral port. A vessel, whose ulterior destination was a hostile port, might be allowed to proceed on the first part of her voyage between the port of clearance and a neutral port, but as soon as she was found on the ultimate part of her voyage between the neutral port and her hostile destination, she was liable to capture and condemnation as carrying on an illegal trade. This was the English doctrine of continuous voyage.

[49] Wharton, *Digest*, Vol. III, pp. 411-413.
[50] Moore, *Arbitrations*, Vol. I, pp. 341-344.
[51] *Admiralty Reporter*, Robinson, Vol. V, p. 400.
[52] The "Sarah Christina", 1 Robinson 199; the "Carolina", 2 Robinson 210; the "Nancy", 3 Robinson 71; the "Phoenix", 3 Robinson 154; the "Edward", 4 Robinson 56. American edition published in Philadelphia. All of these cases were decided between the years 1799 and 1802.

B. *Blockade.*

This period witnessed one of the two most remarkable events in the history of blockade. The so-called 'continental system' was nothing more than a paper blockade. As this system was partly discussed above, the further discussion here seems unnecessary. Though the questions of effectiveness of blockade and of the notification of its existence had been frequently debated by European jurists as well as European diplomats during the 18th century, the general practice had never been consistent.

In regard to the question of notification, the United States became an advocate of the practice of special notification as early as 1794.[53] Perhaps due to the American influence, the British Admiralty Court wrote in 1804 in its instructions to Commodore Hood in regard to the blockade of Martinique and Guadeloupe, "not to capture vessels bound to such ports unless they shall have been previously warned......"

The question of the effectiveness of blockade was subjected to a serious discussion as a result of the paper blockades of the Napoleonic wars. The British government appears to have practiced this sort of blockade as early as 1803, and continued it to the end of the Napoleonic wars. The United States always protested against the abusive extension of blockade.[54] In 1807, while engaged in a desperate struggle with Napoleon, Great Britain yielded to the American remonstrances and sanctioned the principle that blockade can be regarded as effective only when it is sufficiently guarded to render the ingress and egress of vessels a matter of imminent danger.

By Spain the practice of paper blockade was kept up until 1816, when Carthagena was declared to be in a state of blockade. By this proclamation, the Spanish government pretended to blockade an area of some 3,000 square miles in extent. The American government at once repudiated it as "evidently repugnant to the law of nations." In consequence of this, the Spanish Vice-Royalty openly confessed that it had no know-

---

[53] By Art. 18 of the Jay treaty it was agreed that if "vessels sail for a port or place......without knowing that the same is besieged, blockaded, or invested......every vessel so circumstanced may be turned away from such port or place......" *Treaties and Conventions*, 1871, p. 328.

[54] Moore, *Digest*, Vol. VII, pp. 788-789.

ledge of the law of nations, and the blockade was raised on September 2, 1817.

C. *Right of Visit and Search.*

(1). *Right of Visit and Search in General.*—The general tendency of the United States in regard to the right of visit and search has constantly been to oppose the strict and severe practice of Great Britain[55] in respect to the exemption of neutral vessels under convoy.

The exemption of convoyed vessels from the belligerent right of visit and search was always denied by Great Britain and insisted upon by the United States. Recent writers on the subject assert that "the decisions of the American courts and the opinion of American jurists support the English view."[56] But in fact, this is only partially true. They have failed to observe the difference between the case of neutral merchantmen under the convoy of belligerent war vessels and that of neutral merchantmen under the convoy of war vessels of their own country. In the former case, there appears some divergency of opinion among the American jurists, while in the latter, the United States is never found to have supported the British view.

(a) *Neutral Merchantmen under Belligerent Convoy.*—The British courts hold that a neutral vessel under enemy convoy will take the belligerent character, and therefore, it must be treated as enemy. This view was accepted by the United States government and supported by Justice Story. In the case of the "Nereide" in 1815, he declared that "the belligerent convoy is naturally bound to resist all visitations by enemy ships whether neutral to the convoyed ships or not. The neutral that secures the belligerent protection also declares that he will not submit until the enemy convoy is conquered."[57]

- (b) *Neutral Merchantmen under the Convoy of their own Nation.*—In respect to the neutral merchantmen under the convoy of ships of their own nation, there was no concurrence of opinion between Great Britain and the United States. Great Britain made no distinction between the belligerent convoy and the neutral's own convoy. The British courts denied the right

[55] 1 Robinson 287, Am. Ed.
[56] Atherly-Jones, *Commerce in War.* pp. 322-323.
[57] *U. S. Supreme Court Reports,* 9 Cranch 388, 441.

of convoy, both belligerent and neutral. The United States, on the other hand, always maintained that "the verbal declaration of the commander of the convoy, on his word of honor, that the vessels under his protection belong to the nation whose flag he carries, and when they are bound to an enemy's port, that they have no contraband goods on board shall be sufficient. With these conditions," continued Secretary Forsyth, in his correspondence with the Mexican minister, May 18, 1837, "the United States have at all times been willing to comply ......"[58] This principle was embodied in the treaty of 1797 with Tunis,[59] and in that of 1800 with France.[60]

On June 17, 1801, Great Britain, however, recognized, by joining the famous Maritime Convention of St. Petersburg, the exemption of convoy. Although the rule of entire immunity of convoyed vessels was not formally accepted by Great Britain, it was a decided compromise on her part. It was agreed that merchant vessels sailing under convoy should be required to produce to the commander of the convoy their passports and ship's papers so that when necessary, the commander might prove the verification. It was further stated that this verification being made, that there should be no pretense for any search.[61]

[58] Warton, *Digest*, Vol. III, p. 318.
[59] *Treaties and Conventions*, 1871, p. 847.
[60] *Ibid*, p. 272.
[61] Martens, *Recueil*, 2nd Ed., Vol. VII, p. 263.

CHAPTER 4

HISTORY OF NEUTRALITY FROM 1818 TO 1861

I. THE BRITISH FOREIGN ENLISTMENT ACT OF 1819.

After the close of the European wars in 1815, British sol-
diers and sailors were freely enlisted and organized in British
jurisdiction for the service of the South American provinces.
Under these circumstances, the British government, following
the example of the United States, passed in 1819 the Foreign
Enlistment Act "to prevent the enlisting or engagement of
His Majesty's subjects to serve in foreign service, and the
fitting out or equipping in His Majesty's dominion vessels for
warlike purposes, without His Majesty's license." This statute
was based upon the American Act of 1794, and in its enact-
ment the endeavor was made to follow as closely as possible
the American course of legislation. Mr. Canning passed the
highest eulogy upon the American system of neutrality. In
1823, when a bill was introduced in Parliament to repeal
the Act of 1819, he made a speech in which he said, "If I
wished for a guide in a system of neutrality, I should take
that laid down by America, in the days of the presidency of
Washington, and the secretaryship of Jefferson."

The American Enlistment Act required securities in double
the amount of the value of the ship and cargo ready to depart,
promising that the same would not be employed in any service
contrary to the law. This part of the measure was omitted in
the British Act of 1819.

II. FILIBUSTERERS.

The American practice of neutrality during this period in-
volved numerous cases under different circumstances. In the
famous case of the "Bolivar", the American court decided
that Quincy was not guilty, on the ground that the "Bolivar"
did not form the intention before the departure from the juris-
diction of the United States. Quincy, an American citizen,
sailed under his command a pilot boat, the "Bolivar", from

Baltimore to St. Thomas. On the arrival at St. Thomas, Arm-
strong, the owner of the "Bolivar", procured funds and fitted
her out as a privateer under the flag of Buenos Ayres. After
several captures of Spanish vessels made on the high seas, she
returned to the United States with Quincy and Armstrong still
on board. Quincy was indicted on the ground that he had been
knowingly concerned in the fitting out of a vessel "with intent
that such vessel should be employed in the service of a foreign
prince . . ." The court held that "the offense consists
principally in the intention with which the preparations to com-
mit hostilities were made. These preparations . . . must
be made within the limits of the United States . . . and the
intention . . . should be formed before she leaves the
United States."[1] So long as the intention was formed outside
of the jurisdiction of the United States, Quincy could not be
condemned.

The facilities and countenance rendered by the American
government to the agent sent by the German government about
1848, at the time of the German liberal movement, to purchase
a ship of war from an American company, were withdrawn
when complaints were made of it. When the ship was ready
to leave, the American government demanded bonds to the
sum of $900,000.

When American sympathy was thoroughly aroused toward
the liberal movement in Hungary, and the President of the
United States was authorized by a joint resolution of the two
Houses of Congress, in March, 1851, to send a ship of war to
bring to the United States the Hungarian patriot, Kossuth,
then a refugee with the Porte, the neutrality of the United
States was severely tested.[2] On his arrival in the United
States, Kossuth was received with overwhelming enthusiasm
both by the government authorities and by the people.[3] But
the reason why he failed in his efforts to secure from the
United States not only sentimental but "operative sympathy"
in the shape of "financial, national, or political aid", was be-
cause the American statesmen realized that the United States
was bound under its neutral obligations not to interfere with

[1] U. S. Supreme Court Reports, 6 Peters 445.
[2] Statutes at Large, Vol. IX, p. 647.
[3] Richardson, Messages, Vol. V, p. 119; the President's Message of
Dec. 2, 1851.

Hungarian affairs. Henry Clay told Kossuth, "you must allow me to protest against the policy you propose to her (The United States), and he further said that "our ancient policy of amity and nonintervention in the affairs of other nations" must not be abandoned.[4]

At the time of the Cuban insurrections, in 1849 and 1851, the sympathy of the South with Lopez and his followers was so strong that it was hard to enforce the laws of neutrality. Hostile expeditions, organized by American citizens within the jurisdiction of the United States, became very threatening, and President Taylor issued a proclamation against them.[5] But this proved insufficient, and President Fillmore issued another warning against any unlawful acts.[6] Lopez' first expedition was successfully prevented. But another expedition succeeded in escaping, and Lopez' followers were captured as pirates by the Spanish. Lopez was tried by a Southern jury on a charge of violating the neutrality of the United States, and was released. He gathered his scattered forces and made a second descent on the Island in August, 1851. When the news of his capture and garroting, and the death of his fifty followers reached the United States, a mob in New Orleans wrecked the Spanish consulate and defaced a portrait of the Spanish Queen. Mr. Webster offered a reparation for the insult and recommeded to Congress the granting of an indemnity for the damage, thus to restore the diplomatic relations with Spain.

The famous case of the "Caroline" brought out a very important principle. During the progress of the Canadian rebellion in 1838, a body of men fitted out in American territory the "Caroline" for the invasion of British territory. She was attacked by an English force while at anchor on the American side of the Niagara, and was sent adrift over the Falls. The American government complained of the violation of its neutral territory, and the British government answered by pleading self-defense in justification of the act. After an exchange of notes the government at Washington dropped the matter, acquiescing in the British contention of the necessity of self-defense, "instant, overwhelming, leaving no choice of means,

---

[4] Schurz, *Clay*, Vol. II, p. 394.
[5] Richardson, *Messages*, Vol. V, p. 7.
[6] *Ibid*, p. 111.

and no moment for deliberation".⁷ This case constitutes the precedent, upholding the principle that when a state neglects its obligations so as to place another in a position of extreme gravity, leaving no time for deliberation, the principle of inviolability of territory should be subordinated to the principle of self-preservation.

III. THE MONROE DOCTRINE.

After the formation of the Holy Alliance, the allied powers of Europe at Congresses held at Aix-la-Chapelle, Troppau, Laibach and Verona, promulgated and attempted to maintain the doctrine of 'legitimacy'. When George Canning was urging the United States government to adopt a joint action with Great Britain against the concert of Europe, and the government at Washington was much divided in opinion as to the reception or rejection of the British proposal, President Monroe, through the influence of John Quincy Adams, sent to Congress his Message of December, 1823, which contained what has ever since been known as the Monroe Doctrine.⁸ In that message he clearly defined the neutral position of the United States. He said in part, "In the wars of the European powers in matters relating to themselves we have never taken any part. . . . It is only when our rights are invaded or seriously menaced that we resent injuries or make preparations for our defense. . . . In the war between those new Governments and Spain we declared our neutrality at the time of their recognition, and to this we have adhered, and shall continue to adhere, provided no change shall occur which . . . shall make a corresponding change on the part of the United States indispensible to their security."⁹

IV. THE DECLARATION OF PARIS.

The Declaration of Paris, made on April 16, 1856, by Great Britain, Austria, France, Prussia, Sardinia and Turkey, adopted the following principles:

⁷ Senate Documents, Foreign Relations, 1st Session, 27th Congress, 1841, pp. 15-20, Webster to Fox, April 24, 1841, and Parliamentary Papers, 1843, Vol. LXI, pp. 46-51, Lord Ashburton to Webster, July 28, 1842.
⁸ Richardson, *Messages*, Vol. II, pp. 207-220.
⁹ *Ibid*, p. 218.

(1) Privateering is and remains abolished.

(2) The neutral flag covers enemy goods, with the exception of articles of contraband.

(3) Neutral goods with the exception of contraband of war, are not liable to capture under enemy flag.

(4) Blockade, in order to be binding, must be effective; i. e., maintained by a force sufficient actually to prevent access to the coast of the enemy.

It was further declared that, "Considering that maritime law, in time of war, has long been the subject of deplorable disputes;

"That the uncertainty of the law and the duties in such a matter gives rise to differences of opinion between neutrals and belligerents which may occasion serious difficulties, and even conflicts;

"That it is consequently advantageous to establish a uniform doctrine on so important a point;

"The Governments of the undersigned plenipotentiaries engage to bring the present declaration to the knowledge of the states which have not taken part in the Congress of Paris, and to invite them to accede to it."[10]

Concerning the first of these principles, namely, privateering, the United States first made an unequivocal effort to abolish this system by treaty stipulations,[11] and as a result many European powers adopted this position.[12] The second and third articles of the Declaration of Paris; i. e., the principle of free ship, free goods, and that of free goods free in enemy ship, the United States had all this time maintained and had succeeded in having them stipulated in most of its treaties. In 1813 the United States made a special effort to have these principles established. In his correspondence, Secretary Adams definitely asserted that "It is evident, however, that this usage (of condemning free goods in enemy ships) has no foundation in natural right", and is subject to special treaty stipulations.[13] He further said "This search for and seizure of the property of an enemy in the vessel of a friend

---

[10] Moore, *Digest*, Vol. VII, pp. 561-562.

[11] Wharton, *Digest*, Vol. III, pp. 276-302.

[12] T. G. Bowles, *Defense of Paris*, pp. 166-175.

[13] Wharton, *Digest*, Vol. III, p. 259, Adams to Anderson, May 27, 1823.

is a relic of the barbarous warfare of barbarous ages . . .".[14]
Again he said that the government of the United States wished
for the universal establishment of this principle (that of
free ship, free goods) as a step towards the attainment of
the other (the principle that neutral goods laden in an enemy
vessel shall be free), the "total abolition of private maritime
war".[15] "The principle upon which the government of the
United States now offers this proposal to the civilized world
is", said he later, "that the same precepts of justice, of charity,
and of peace, under the influence of which Christian nations
have . . . exempted private property on shore from the
destruction or depredation of war, require the same exemption
in favor of private property upon the sea."[16]

At the outbreak of the Crimean War in 1854, the United
States submitted to the several maritime powers two pro-
positions which the President solicited them to establish as
permanent principles of international law. The two rules pro-
posed were: first, that free ship makes free goods, with the ex-
ception of contraband of war; and secondly, that the property
of neutrals on board an enemy ship is not subject to confisca-
tion, unless the same be contraband of war.[17] Russia and
several other neutral powers notified their adhesion to the
American overtures, but Great Britain and France did not
act upon the two propositions, though forbearing not to reject
them.[18] While the United States government was endeavoring
to see through its ministers abroad if the European govern-
ments could be induced to adopt these principles permanently,
the powers then assembled at Paris "put forth a declaration
containing the two principles which this government had sub-
mitted nearly two years before to the consideration of mari-
time powers, and adding thereto the following proposition:
viz., 'Privateering is and remains abolished', and 'Blockade
in order to be binding must be effective' ".[19] The rule con-

[14] Wharton, *Digest*, Vol. III. p. 259, Secretary Adams to Canning,
June 24, 1823.
[15] *Ibid.*, p. 261, Secretary Adams to Rush, July 28, 1823.
[16] *Ibid.*, p. 261, Secretary Adams to Mr. Middleton, Aug. 13, 1823.
[17] Moore, *Digest*, Vol. VII, p. 570.
[18] Richardson, *Messages*, Vol. V, p. 412, President Pierce's Message,
Dec. 2, 1856.
[19] *Ibid.*

cerning blockade declared by the powers at Paris "is merely the definition of blockade . . . for which this country has always contended".[20] The United States refused to accede to the Declaration of Paris because the powers did not admit the exemption of private property in maritime warfare.

Most of the European powers then held and still hold that private enemy property in land warfare is exempt from belligerent appropriation, but that naval warfare has for its object the destruction of maritime resources. On this ground the property belonging to an enemy is liable to capture whether public or private. Against this argument the United States has contended that the seizure of the property of the private enemy individual in naval warfare is incompatible with the principle of the law of nations. When the United States was invited to adhere to the Declaration of Paris in 1856, the President replied that, if the first article, viz., "Privateering is and remains abolished", be amended so as to add to it a paragraph to the effect that "The private property of the subjects or citizens of a belligerent on the high seas shall be exempted from seizure by public armed vessels of the other belligerent unless it be contraband", the United States would accede to the Declaration. This principle expressed in Secretary Marcy's reply was known as the Marcy Amendment or the American Amendment. The Marcy amendment was well received by other powers party to the Declaration, but Great Britain obstinately refused to admit it and consequently the United States declined to become party to the Declaration.[21]

V. RECOGNITION OF BELLIGERENCY AND INDEPENDENCE.

Before and immediately after the American war for independence, the question of the recognition of belligerency and independence had hardly any chance to give rise to serious dispute. After the American colonies took the lead in revolting against the mother country, and had successfully established an independent and new form of government, and after this national spirit mingled with revolutionary principles had been propagated throughout the two hemispheres, many a small

[20] Richardson, Vol. V, p. 413.
[21] Moore, *Digest*, Vol. VII, pp. 562-572.

community followed the new example and rose up in open rebellion and appealed to other powers for the recognition of their independence. During the period of revolutionary propaganda, this question became, for the first time in the history of the law of nations, a subject of the most lively discussion and was frequently of ardent dispute.

If a community is engaged in a struggle for liberty from the yoke of its mother country, a neutral state may recognize the belligerency of the rebelling state so soon as the commercial interests of the neutral are affected by the existence of hostilities, or as soon as its integrity and existence are threatened, but without compromising its neutrality, thus rendering the insurgents the privileges and rights to which belligerents are entitled by the law of war. This being strictly a question of policy or prudence on the part of the recognizing state, neither the act of formal acknowledgment nor the refusal to grant such should afford any legal ground for complaint.

The recognition of independence is, though somewhat similar to that of belligerency, much more serious. There are certain conditions which form the legal basis for such recognition on the part of the neutral. As to these conditions, opinion had been divided and there was no standard until the American war for independence. "The acknowledgment of the independence of the United States by France", says Wheaton, "coupled with assistance secretly rendered by the French Court to the revolted colonies, was considered by Great Britain as an unjustifiable aggression, and under the circumstances it probably was so".[22] On this ground the declaration of war by Great Britain was considered justifiable.

On the other hand, the French argued that their recognition of American independence was based upon the ground that the United States had not only declared their independence, but they had the ability to maintain their de facto government. Here the question again arose as to who should determine such ability or inability.

In 1810 insurrections broke out all over the Spanish-American provinces. The insurgents in Buenos Ayres were completely successful and formally declared themselves independent in 1816. Chile declared its independence in 1818 and maintained it unmolested. Mr. Clay proposed in Congress in

[22] Wheaton, *History of Law of Nations*, pp. 220-294.

1818, to recognize the revolting provinces, which were practically at that time free from the Spaniard.[23] The motion was rejected on the ground that the mother-country might yet have a reasonable chance of success in some places, which, if subdued, would serve as a basis of operations against the rest of the colonies. While existing order in these two provinces remained unaltered, Columbia expelled the Spaniards in 1822 and the struggle soon ceased. President Monroe declared in his message to Congress that "The contest has now reached such a stage and been attended with such decisive success on the part of the provinces that it merits the most profound consideration whether their right to the rank of independent nations is not complete".[24] The Senate Committee on Foreign Affairs, to whom the matter was referred, reported in favor of recognition, with an assertion of the principle that "the political right of the United States to acknowledge the Independence of the South American Republics, without offending others, does not depend upon the justice but upon the actual establishment" of that independence. The Committee further asserted that the recognition of new governments "comprehends, first, an acknowledgment of their ability to exist as independent states, and secondly, the capacity of their particular Governments to perform the duties and fulfil the obligations towards foreign Powers....."[25] The recognition was soon made by the United States and the British government followed the example soon afterwards.

Although the recognition of the independence of Texas by the United States in 1837 was given before that of any other state, it was not considered premature, for all substantial struggle with Mexico was over in 1836, and Texan independence was fait accompli.[26] When Texas declared itself independent of Mexico in 1836, the Texan flag was admitted into the port of New York as if enjoying full belligerent rights. To a remonstrance made by the Mexican government it was answered on the part of the United States that "it has been deemed sufficient that the party declared its independence, and

[23] Wharton, *Digest*, Vol. I, pp. 527-529.
[24] Richardson, *Messages*, Vol. II, p. 116, President Monroe's Message,
[25] Wharton, *Digest*, Vol. I, p. 531.
[26] Boyd, *Wheaton*, p. 42.

at the time was actually maintaining it".³⁷   When the Senate Committee on Foreign Affairs recommended to the Senate that the independence of Texas should be acknowledged by the United States, President Jackson sent a special message to Congress on December 21, 1836, advising delay in the recognition. It read in part as follows:

"The acknowledgment of a new state as independent and entitled to a place in the family of nations is at all times an act of great delicacy and responsibility, but more especially so when such state has forcibly separated itself from another of which it had formed an integral part and which still claims dominion over it. A premature recognition under these circumstances, if not looked upon as a justifible cause of war, is always liable to be regarded as a proof of an unfriendly spirit to one of the contending parties. All questions relative to the government of foreign nations, whether of the Old or the New World, have been treated by the United States as questions of fact only, and our predecessors have cautiously abstained from deciding upon them until the clearest evidence was in their possession to enable them not only to decide correctly, but to shield their decisions from every unworthy imputation."²⁸

"It is true that with regard to Texas, the civil authority of Mexico has been expelled, its invading army defeated, the chief of the Republic himself captured, and all present power to control the newly organized Government of Texas annihilated within its confines. But, on the other hand, there is, in appearance at least, an immense disparity of physical force on the side of Mexico. The Mexican Republic under another executive is rallying its forces under a new leader and menacing a fresh invasion to recover its lost dominion.

"Upon the issue of this threatened invasion the independence of Texas may be considered as suspended . . . . . Prudence, therefore, seems to dictate that we should still stand aloof and maintain our present attitude . . . . . ."²⁹

The fact that the United States took more than ordinary caution in the case of Texas is amply demonstrated in the com-

²⁷ Wharton, *Digest*, Vol. I, p. 509, Forsyth to Gorostiza, Sept. 20, 1836.

²⁸ Richardson, *Messages*, Vol. III, p. 266.

²⁹ *Ibid.*, p. 268.

munications between Secretary Webster and the Spanish minister.[80] But the reported fresh invasion attempted by Mexico was finally abandoned, and the United States consequently acknowledged the independence of Texas in March, 1837, which course was followed by Great Britain and France in 1840. In reply to the complaints of the Mexican government, Secretary Webster reasoned in the correspondence above referred to, saying:

"It is true that the independence of Texas has not been recognized by Mexico. It is equally true that the independence of Mexico has only been recently recognized by Spain; but the United States having acknowledged the independence of Texas although Mexico has not yet acknowledged it, stands in the same relation toward both those governments . . . . . No effort for the subjugation of Texas has been made by Mexico, from the time of the battle of San Jacinto, on the 21st day of April, 1836, until the commencement of the present year, and during all this period Texas has maintained an independent government, carried on commerce, and made treaties with nations in both hemispheres, and kept aloof all attempts at invading her territory."[81]

The conduct of the United States government in regard to the question of Hungarian independence was subject to severe criticism as "unjustifiable towards Austria".[82] The important point that invites our attention in connection with this affair is the assertion of the principle that the sending of a secret agent by a neutral state to examine the political conditions of the revolted community does not constitute a premature recognition.

The mission of Dr. Dudley Mann, the American agent sent by President Taylor in 1849 at a time of overwhelming demand for the recognition of Hungarian independence, was to see whether or not Hungary was in a condition politically to justify the recognition of its independence by the United States. The most assailable and disputable part of this action was that he was invested with the power to declare the willingness of the government to recognize the independence of Hun-

[80] Webster's *Works*, 5th Ed. Vol. VI, p. 434.
[81] *Ibid.*
[82] Boyd, *Wheaton*, p. 42.

gary in the event of her ability to maintain it.[33] The Austrian minister complained of the act as unneutral, and this complaint was ably answered by Secretary Webster in his famous Hülseman letters.[34] The fact was that the United States did not recognize the independence or even the belligerency of Hungary, but confidentially and secretly took its own measures to make sure of its ground before any further step should be taken.   When the Hungarian agent to the United States asked for the recognition of Hungarian independence, President Taylor refused to take any immediate action and sent Mr. Mann to Europe and not to Hungary, with secret instructions to obtain all the reliable information that he could in regard to the actual condition of the insurrection.   As a matter of fact Mr. Mann did not go into Hungary at all but obtained all the information that he got while residing in other continental countries.[35]   As a result of his investigations, Mr. Mann reported that the conditions were not what he had been led to believe they were, and strongly advised the government not to recognize the independence of the Hungarians.   Furthermore, he forbore to give publicity to his mission, which was also in accordance with the instruction that he had received from Washington.[36]   And besides, the Hungarian patriots might have succeeded in their struggle for liberty had it not been for the interference of Russia.   However, Webster was cautious and diplomatic enough not to take any formal action, while Congress offered asylum to the Hungarian exiles after the crushing defeat of 1849.

Boyd admits that the "sympathy which the American people undoubtedly felt for the Hungarians should not have been thus expressed officially, more especially as the geographical position of both countries prevented the United States being in any way concerned in the matter".[37]   "The expression of popular sympathy" referred to was President Taylor's Annual Message of December 1849, and the publication of the instructions of Mr. Mann by the order of the Senate on March

[33] Webster's *Works*, Vol. VI, p. 488, Hülseman to Webster, Sept. 30, 1850.
[34] *Ibid.*, p. 491 et seq.
[35] Dana, *Wheaton*, p. 46.
[36] *Ibid.*
[37] Boyd, *Wheaton*, p. 42.

28th, 1850.[88] But as a matter of fact, these instructions were published after the Hungarian war had ceased. Webster ably justified the attitude taken by the President by contending that "governments hostile to popular institutions must expect to see demonstrations of sympathy and feeling by the people of a free country, and expressions may appear in confidential domestic communications of the government itself; but such governments must be content, if the government, in its relation with them during the contest, performs faithfully the duties enjoined upon it by international law, gives no public or official moral support to the insurrection, abstains from recognizing independence until it exists in fact, and executes faithfully the duties of neutrality in the contest, as regards all material aids."

VI. THE GENERAL EXERCISE OF NEUTRAL RIGHTS

A. *Contraband of War.*

During the Crimean War, Americans sold gunpowder, arms and warlike stores of all kinds to all the belligerents regardless of the destination of those articles. They were also employed by Great Britain and France in transporting troops, provisions and munitions of war to the seat of military operations and in bringing home their sick and wounded soldiers. In reply to the complaint of the Russian government, it was asserted on the part of the United States "that such use of our mercantile marine is not interdicted either by international or our own municipal law, and therefore does not compromise our neutral relations with Russia".[89] President Pierce's Annual Message of December 3, 1854, reaffirmed the Jeffersonian theory of neutral commerce by declaring that "the laws of the United States do not forbid their citizens to sell to either of the belligerent powers articles contraband of war or take munitions of war or soldiers on board their private ships for transportation; and although in so doing the individual citizen exposes his property or person to some of the hazards of war, his acts do not involve any breach of national neutrality . . . . .".[40] In the case of the "St. Harlampy" it was posi-

---

[88] Wharton, *Digest,* Vol. I, pp. 189-200.
[89] Richardson, *Messages,* Vol. V, p. 331.
[40] *Ibid.*

tively re-asserted by Secretary Marcy that the neutral has a perfect right to purchase the merchant vessels of the belligerents.[41]

Meanwhile the United States concluded many treaties with European and Central and South American states, restricting the list of contraband articles to the narrowest possible limits.[42] The treaty of 1849 with Guatemala is the common form of American treaties as far as contraband goods are concerned. To this, the treaty of 1825 with Brazil which included military clothes or uniforms as contraband, and several other treaties concluded during this period, are exceptions. During the Crimean war all the principal belligerent powers limited contraband strictly to arms and munitions of war.

B. *Blockade.*

From the downfall of Napoleon to the Declaration of Paris, a number of blockades were instituted on the Baltic Coasts, in several of the South American ports and elsewhere, but these blockades followed no precise or uniform rule as to the notifications, effectiveness or legality. Some proclamations extended to such a large area of the coasts as to say, "we will blockade all blockadeable ports." In 1849, the Danish minister notified a blockade of all the ports of Schleswig and Holstein, and some expressed the intention of a future blockade. In 1825 Brazil declared a blockade of Buenos Ayres and Uruguay extending over twenty degrees of latitude, and maintained by one frigate, one corvette, and three brigs. Calling this a 'blockade', the Brazilian government required all neutral vessels ready to depart to furnish bonds with promise not to violate the blockade of Buenos Ayres. The United States made a formal protest against the legality or the validity of the demand. Henry Clay, Secretary of State, wrote to the American representative in Brazil to the effect that "that measure has no justification whatever in the law of nations . . . . .

[41] Wharton, *Digest*, Vol. III, pp. 652-653, Marcy to Mason, Feb. 19, 1856.
[42] The treaty of 1800 with France, *Treaties and Conventions*, 1871, p. 270; that of 1825 with Brazil, p. 98; that of 1831 with Mexico, p. 549; that of 1836 with Venezuela, p. 878; that of 1836 with the Peru-Bolivian Confederation, p. 667; that of 1839 with Ecuador, p. 232; that of 1850 with San Salvador, p. 749; and that of 1849 with Guatemala, p. 440.

A blockade must execute itself . . . . .The belligerent has no right to resort to any subsidiary means".[48] In this dispute the United States upheld the principle of individual or special notification of blockade.

This and other similar cases illustrate the practice of paper blockade. There was no combined effort made by the European powers for the prevention of such illegal practice until 1856 in the Declaration of Paris. The United States had constantly been contending against the continental system and had made many claims for the damages sustained by the American carriers at the hands of the French cruisers and privateers during the struggle of 1806 and 1807 between Great Britain and France. Satisfaction had been constantly demanded for the illegal captures of neutral commerce, but with no avail. In 1829 President Jackson asserted in his Annual Message to Congress "that they would continue to furnish a subject of unpleasant discussion and possible collision." This long dispute strained the relations between the two governments. In 1831 Louis Philippe concluded a treaty with the United States at Paris, promising the payment of $5,000,000 for indemnity. The United States promptly ratified the treaty in 1832, but the French Chambers refused to appropriate the money. Louis Philippe intimated through the American minister that an earnest message from the President to Congress would serve to induce the French Chambers to give attention to the matter. In consequence of this intimation, President Jackson's message of December 1, 1834, urged the passage of a law, authorizing retaliation upon French property.[45] The vigorous language used in the message was little short of a declaration of war, and France consequently withdrew her minister at Washington, but the appropriation was soon made and the neutral demand of the United States was thus satisfied at last.

C. *The Right of Visit and Search.*

Another controversy settled in this period was that of the question of belligerent convoy between Denmark and the United States. The American neutral merchantmen with

[44] Atherly-Jones, *Commerce in War*, pp. 133 ff.

[44] Schurz, *Clay*, Vol. II, p. 52.

[45] Richardson, *Messages*, Vol. III, p. 105 et seq.

British convoy, then enemy to Denmark, were captured by Danish cruisers under the order of 1810. After a long dispute between the two powers, a treaty was signed in 1830, stipulating an indemnity to be paid by Denmark to the American claimants for the seizure of their property.[46] While admitting that sailing under enemy convoy was a justifiable cause for condemnation, the American commissioners argued that the American merchant vessels had submitted themselves to the British convoy not in order to escape search by Danish crusiers but in order to escape from the Milan and Berlin decrees of France, then an ally of Denmark.[47] Strong arguments were presented in favor of both sides, but even some of the American jurists expressed doubts as to the justification for the position taken by the United States in this controversy.

From 1824 to 1858 the United States made a dozen or more different treaties holding the principle that simple declaration of the commander of the convoy is deemed sufficient to prove the innocence of the merchantmen.[48] By that of 1860 with Venezuela it was further agreed in addition to the usual provisions, not to admit any merchant ship carrying on board contraband of war, to be protected by their convoys. Germany, Austria, Spain, Italy and the Baltic powers all agreed with and accepted the American usage, and France made six treaties during this period with the United States and other American Republics, adopting the same principle.

[46] Martens, *Nouveau Recueil*, Vol. VIII, p. 350.
[47] Dana, *Wheaton*, p. 709.
[48] Treaties that stipulated the exemption of convoy are: That of 1824 with Colombia, *Treaties and Conventions*, 1871, p. 174; that of 1828 with Brazil, p. 100; that of 1831 with Mexico, p. 551; that of 1832 with Chile, p. 124; that of 1836 with the Peru-Bolivian Confederacy, p. 669; that of 1836 with Venezuela, p. 879; that of 1839 with Ecuador, p. 234; that of 1846 with New Granada, p. 184; that of 1849 with Guatemala, p. 442; that of 1850 with San Salvador, p. 751; that of 1851 with Peru, p. 683; that of 1858 with Bolivia, p. 87; and that of 1860 with Venezuela, p. 891.

CHAPTER 5

HISTORY OF NEUTRALITY FROM 1861 TO 1872

I. RECOGNITION OF BELLIGERENCY.

When the secession movement was threatening in the South and all the European powers, especially Great Britain, were closely watching its progress, Mr. Black, the Secretary of State, on February 28, 1861, strongly appealed to the European powers not to recognize the independence of the seceding States or to encourage their disunion movement. In his circular to the United States Ministers abroad he said, "It is the right of this government to ask of all foreign powers that the latter shall take no steps which may tend to encourage the revolutionary movement of the seceding States, or increase the danger of disaffection in those which still remain loyal".[1] To this warning Lord Russell replied that England would be reluctant to take any step which might sanction the separation, but that he could not make any promise for England in an affair whose circumstances might vary.[2] Mr. Seward, successor to Secretary Black, instructed the American Ministers abroad to the effect that any Confederate agent seeking for foreign intervention must be prevented from going abroad. In his circular of March 9, 1861, he said, "My predecessor . . . . . instructed you to use all proper and necessary measures to prevent the success of efforts which may be made by persons claiming to represent those States of this Union in whose name a provisional government has been announced to procure a recognition of their independence by the government of Spain."[3]

During the early part of the year 1861, seven States of the Union formed themselves into a separate Confederation with a constitutional government completely organized. Actual hostilities commenced on April 12, 1861, with the bombardment of Fort Sumter. After a two days' struggle the fort fell into

[1] *Diplomatic Correspondence of the United States,* 1861, p. 15.
[2] Lord Russell to Lord Lyons, May 6, 1861.
[3] *Dip. Cor.,* 1861, p. 16.

the hands of the Southern troops. Two hundred thousand men were under arms against the Federal government before the end of the month. President Lincoln's proclamation of the 15th called for 75,000 volunteers to suppress the seceding States, stating that they were " . . . . too powerful to be suppressed by the ordinary course of judicial proceedings or by the powers vested in the marshals by law."[4]

After land warfare had thus begun, the President of the Southern Confederacy proclaimed on the 17th of April that letters of marque and reprisal might be issued to vessels to cruise against Northern commerce, and in reply to this, President Lincoln issued his proclamation declaring that the entire coast of the Southern States was in a state of blockade. In this proclamation, President Lincoln said, " . . . . . and whereas a combination of persons, engaged in such insurrection, have (sic) threatened to grant pretended letters of marque to authorize the bearers thereof to commit assaults on the lives, property or the goods of the citizens of the country lawfully engaged in commerce on the high seas, and waters of the United States . . . . . I . . . . have deemed it advisable to set on foot a blockade of the ports within the States aforesaid . . . . . a competent force will be posted so as to prevent entrance and exit of vessels from the ports aforesaid. If therefore, with a view to violate such blockade, a vessel shall approach, or shall attempt to leave either (sic) of the said ports, she will be duly warned by the commander of one of the blockading vessels . . . . and if the same vessel shall again attempt to enter or leave the blockaded port, she will be captured and sent to the nearest convenient port for such proceedings against her and her cargo as prize, as may be deemed advisable . . . . ."[5]

The official copy of this proclamation reached London on the 10th of May and the Queen issued the proclamation of neutrality on the following 14th, recognizing at the same time the belligerency of the Confederate States. This action was considered by the United States government as unfriendly and unneutral, and the question was made the subject of reiterated complaints. The justification of the British recognition lies in the fact, as the British argued, that the state of war was

[4] Richardson, *Messages*, Vol. VI, p. 13.
[5] *Ibid.*, pp. 14-15.

actually in existence, that the Confederate States possessed the de facto government required, that the offer of the letters of marque and the extension of warfare to maritime operations affected neutral commerce,[6] and above all, that Lincoln's proclamation of blockade constituted the virtual admission by the Federal government of the belligerency of the Confederate States. On the other hand, the United States claimed that no public war existed as long as the United States government retained the legal sovereignity over the seceding States, and that, therefore, all the proclamations issued by the Federal government up to the time of the British recognition declared the contest to be, not a public war but a domestic trouble. Therefore, the recognition of the belligerency of the Southern States by Great Britain was not justifiable on any ground of either necessity or moral right. It was further contended that by the time of recognition, no neutral commerce had been seriously affected by the war, and that the probable injury feared by Great Britain in the progress of the naval war was not a sound basis for such action.[7]

The contention over the British recognition of Southern belligerency continued until 1869 when President Grant openly admitted in his message to Congress that "this nation is its own judge when to accord the rights of belligerency, either to a people struggling to free themselves from a government they believe to be oppressive or to independent nations at war with each other".[8] The Supreme Court of the United States decided in the case of Ford v. Surget,[9] that the contest between the United States and the Confederate States was a war from the beginning of hostilities, and declared " . . . . . the government of the Confederate States, although in no sense a government de jure, and never recognized by the United States as in all respects de facto, yet was an organized and actual government, maintained by military power, throughout the limits of the States that adhered to it, except in those portions of them protected from its control by the presence of an armed force of the United States; and the United States, from motives of humanity and expediency, had conceded to the gov-

[6] *Dip. Cor.,* 1861, p. 26.
[7] Seward to Adams, Jan. 19, 1861, *State Papers,* 1862, Vol. II; and also of Jan. 12, 1867, *Ibid.,* Vol. I, 1867.
[8] Richardson, *Messages,* Vol. VII, p. 32.
[9] 1 Otto, 594 ff.

ernment some of the rights and obligations of belligerents."
Most of the modern jurists hold the view that the recognition
of Confederate belligerency was justifiable on account of the
existence of war, of which the blockade proclamation gave evi-
dence.[10]

The French Empire, following the example of Great Britain,
also recognized the belligerency of the Confederate States.
The French recognition did not at first affect the diplomatic
relations between that country and the United States to any
great extent, but the attitude taken by the French government
afterwards led to formal complaints made by the United States.
Secretary Seward's letters to Mr. Dayton, American Minister
at Paris, explain the situation. Secretary Seward said in his
letter of April 24, 1863, "It gives me great pleasure to acknow-
ledge that, beyond what we deem the original error of France
in recognizing, unnecessarily, as we think, the insurgents as a
belligerent, we have every reason to appreciate the just and im-
partial observance of neutrality which has been practiced in
the ports and harbors of France by the government of the
Emperor."[11] But on the 21st of March 1864, Seward said in
his complaint against the French government that " . . . . .
the decisions of the Emperor's government, like those of other
maritime powers, by which the insurgents of this country,
without a port or a court of admiralty, are recognized by
France as a naval belligerent, are in derogation of the law
of nations and injurious to the dignity and sovereignty of the
United States . . . . and that they (the United States)
regard these late proceedings in relation to the Florida and
Georgia, like those of a similar character which have occurred
in previous cases, as just subject of complaint . . . . .
We claim that we are entitled to have our national vessels
received in French ports with the same courtesy that we
ourselves extend to French ships of war, and that all real
or pretended insurgent vessels ought to be excluded from
French ports . . . . . " It is significant to notice that
by demanding the special privileges granted to American war-
ships in French ports, Mr. Seward demanded from France
what France had demanded from the United States during
the war of the French Revolution.

[10] *International Law*, Hall, 5th Ed., pp. 38-39.
[11] *Dip. Cor.*, 1863, p. 662.

II. Continuous Voyage as Applied to Blockade and Contraband.

The English view of continuous voyage as asserted by Sir William Scott was applied only to the latter part of the voyage, that is after the ship had left the intermediate neutral port and was directly headed for the enemy destination. But the American courts extended this doctrine beyond the limits of the English interpretation. They freely applied the doctrine to the case of blockade or contraband, and vessels were captured while on their way from neutral port to neutral port, and were condemned as carriers of contraband goods or for intent to violate the blockade of the Southern ports. "They were thus condemned not for an act—for the act done was in itself innocent, and no previous act existed with which it could be connected so as to form a noxious whole—but on mere suspicion of intention to do an act. Between the grounds upon which these (American cases) and the English cases were decided there was of course no analogy. The American decisions have been universally reprobated outside the United States, and would probably now find no defenders in their own country".[12] But it was argued on the part of American jurists that as long as there is sufficient evidence to prove, either by the ship's papers, or by the admission of the ship's captain, or by the local situation of the course of the vessel, the intention of the ship, or cargo, or both, it was immaterial what was the character of the port from which they sailed or what kind of port they proceeded to, provided that their ultimate aim was either an enemy port or a blockaded place.

In the case of the "Bermuda", which was captured on a voyage from England to Nassau, the Supreme Court decided " . . . . . it makes no difference whether the destination to the rebel port was ulterior or direct; nor could the question of destination be affected by transshipment at Nassau, if transshipment was intended, for that could not break the continuity of transportation of the cargo. The interposition of a neutral port between neutral departure and belligerent destination has always been a favorite resort of contraband carriers and blockade-runners; it never avails them when the ultimate destination is ascertained."[13]

[12] *International Law*, Hall, 5th Ed., pp. 669-670.
[13] 3 Wallace 553.

The "Peterhof" was captured off Galveston while on a voyage from England to Matamoras, a Mexican neutral port. According to the opinion of Mr. Chief Justice Chase, " . . . . . a considerable portion of the cargo of the Peterhof was of the third class (articles used exclusively for peaceful purposes) . . . . . . A large portion, perhaps, was of the second class (articles that may be used in peace as well as in war), but is not proved, as we think, to have been actually destined for belligerent use, and can not therefore be treated as contraband. Another portion was, in our judgment, of the first class (articles manufactured primarily and ordinarily for military purposes in time of war), or, if of the second, destined directly to the rebel military service".[14] At the time of the capture of the "Peterhof", Brownsville, then in Confederate territory, was in a state of blockade. Opposite to Brownsville, across the Rio Grande, was Matamoras, a neutral port. The peculiarity of the geographical situation of these ports made the English interpretation of continuous voyage utterly inapplicable. As long as the blockade lasted, all neutral ships or goods destined ultimately to the blockaded ports, transported entirely by sea, were to be condemned as lawful prize, either under the British or American doctrine of blockade. But in the case of contraband goods going from any neutral port to Matamoras, another neutral port, thence to be transported by land to Confederate territory, the English doctrine could not be applied, because the latter part of the journey could not be interfered with because it was on land. Under these circumstances the "Peterhof" was condemned as lawful prize by the District Court of New York on a charge of violation of blockade, and on an appeal brought before the Supreme Court of the United States, the Chief Justice, in the opinion of the Court, held that, " . . . . . while articles, not contraband, might be sent to Matamoras and beyond to the rebel region, where the communications were not interrupted by blockade, articles of contraband character, destined in fact to a State in rebellion, or for the use of the rebel military forces, were liable to capture though primarily destined to Matamoras."[15]

The case of the "Springbok" is a very important one and has been the subject of much discussion . The "Springbok" left

[14] 5 Wallace, 59.
[15] Ibid., 59.

London on December 9, 1862, with a cargo partly of contraband, on a voyage for Nassau, which " . . . . . was constantly and notoriously used as a port of call and transshipment by persons engaged in systematic violation of blockade and in the conveyance of contraband of war".[16]   When about one hundred and fifty miles from Nassau, and therefore on the high seas, she was captured by the Federal cruiser "Sonoma" on the ground that she intended to run the blockade. Both the vessel and the cargo were condemned by the District Court of New York.   This decree was, however, reversed by the Supreme Court of the United States in December 1866, so far as the vessel was concerned, because the master declared himself ignorant as to what part of his cargo was contraband. The Court held that there was not sufficient proof of any hostile destination of the cargo known to the owners of the vessel, and therefore she was released.

The condemnation of the cargo of the "Springbok" was decreed by Mr. Chief Justice Chase with the assertion that " . . . we do not now refer to the character of the cargo for the purposes of determining whether it was liable to condemnation as contraband, but for the purpose of ascertaining its real destination; for, we repeat, contraband or not, it could not be condemned, if really destined for Nassau and not beyond; and . . . . . must be condemned if destined for any rebel port, for all rebel ports were under blockade . . . . . Upon the whole case we cannot doubt that the cargo was originally shipped with intent to violate the blockade; that the owners of the cargo intended that it should be transshipped at Nassau into some vessel more likely to succeed in reaching safely a blockaded port than the Springbok; that the voyage from London to the blockaded port was, as to cargo, both in law and in the intent of the parties, one voyage; and that the liability to condemnation . . . . . attached to the cargo from the time of sailing . . . . ."[17]

The British government at once made formal complaint which led to a serious dispute between the two powers.   The cases were finally referred to a Mixed Commission.   Mr. Wharton justly remarked that, "While the great body of foreign jurists, British as well as continental, protested against

[16] 5 Wallace, 1.
[17] *Ibid.,* 26, 27-28.

the decision, it is not a little significant that at the hearing before the commission the British commissioner united in affirming the condemnation . . . "[18] It has to be admitted, however, that the case of the "Springbok" was the most assailable and disputable of all the cases that arose under the doctrine of continuous voyage at this time. On February 22, 1871, Secretary Fish said in his secret instructions to the American commissioners in the American-British Joint High Commission that " . . . . . with the exception of one case, that of the Springbok", out of one hundred and sixty-seven cases, " . . . . the Department of State is not aware of a disposition on the part of the British government to dissent from any final adjudiciation of the Supreme Court of the United States in a prize case."

The most important of all these cases, which were more or less similar in character, was that of the "Stephen Hart." She was captured by the United States ship of war "Supply", off the southern coast of Florida, bound ostensibly from London to Cardenas in Cuba, with a cargo of munitions of war and army supplies. Both the vessel and her cargo were condemned as lawful prize. The decision given by the District Court of southern New York asserted that " . . . . . if the guilty intention, that the contraband goods should reach a port of the enemy existed when such goods left their English ports, that guilty intention cannot be obliterated by the innocent intention of stopping at a neutral port on the way . . . . . And the sole purpose of stopping at a neutral port must merely be to have upon the papers of the vessel an ostensible neutral terminus for the voyage . . . . . This Court holds that, in all such cases, the transportation or voyage of the contraband goods is to be considered as a unit, from the port of lading to the port of delivery in the enemy's country; that if any part of such voyage or transportation be unlawful, it is unlawful throughout; and that the vessel and her cargo are subject to capture, as well before arriving at the first neutral port at which she touches after her departure from England, as on the voyage or transportation by sea from such neutral port to the port of the enemy . . . . . There must, therefore, be a decree condemning both vessel and cargo."

The "Adela", a British steamer, bound from Liverpool and

[18] Wharton, *Digest*, Vol. III, pp. 404-405.

Bermuda for Nassau, for which latter port she was carrying British mail, was captured and condemned for intended breach of blockade of the southern coast. She was found near Great Abaco Island with no destination sufficiently proved, without sufficient documents, with a large portion of her cargo contraband of war, and with many letters addressed to one of the blockaded ports, a port for which her first officer "admitted that she had intended to run".[18] On the ground of the admission made by the first officer, the Adela was condemned in spite of the denial of the master and other witnesses that she had intended to run the blockade. This case also led to a serious international dispute, and in consequence of this decision, the Minister of State of the Netherlands declared in his speech in the upper Chamber of the States-General, " . . . . . now is it not the clear course, is it not the duty of the Netherlands government, the government of the country which gave birth to Hugo Grotius, to approach the United States of North America, in conjunction with other maritime powers, for the purpose of prevailing on their government to retrace its steps?"

In spite of Mr. Hall's sweeping statement that these decisions " . . . . have been universally reprobated outside the United States, and would probably now find no defenders in their own country", Earl Russell himself openly admitted in his remarks made in the House of Lords on May 18, 1863, that the judgments of the United States prize courts did not evince any disregard of the principles of international law; that the law officers of the Crown after an attentive study and consideration of the decisions which had been laid before them were of the opinion that " . . . . . there was no rational ground for complaint as to the judgments of the American Prize Courts; and that the law of nations in regard to the search and seizure of neutral vessels had been fully and completely acknowledged by the government of the United States. . . . . . It has been a most profitable business to send vessels to break or run the blockade of the southern ports, and carry their cargoes into those ports. . . . I understand that every cargo that runs the blockade and enters Charleston is worth a million of dollars, and that the profit of this transaction is immense. It is well-known that the trade has attracted a great

[18] 6 Wallace, 266.

deal of attention in this country from those who have a keen
eye to such gains, and that vessels have been sent to Nassau in
order to break the blockade at Charleston, Wilmington, and
other places. . . . . I certainly am not prepared to declare, nor
is there any ground for declaring that the courts of the United
States do not faithfully administer the law . . . . . or that they
are likely to give decisions founded, not upon the law, but
upon their own passions and national partialities."

At any rate it is significant to observe that in later days the
American doctrine of continuous voyage was adopted by Great
Britain and Italy on at least one occasion. On the ground that
a neutral state that has a port adjacent to belligerent territory
could easily make all the rules of blockade and contraband im-
practicable, especially where the belligerent state itself has no
seaport, Italy condemned the goods ostensibly bound for the
Red Sea littoral, but really for Abyssinia, and Great Britain
searched vessels bound for a Portugese African port with al-
leged contraband articles on board, which were supposed to be
destined for the Transvaal.[20]

III. ANALOGUES OF CONTRABAND AND THE RIGHT OF VISIT AND SEARCH.

The United States introduced an unprecedentedly liberal rule
during the Civil War in regard to neutral mail steamers. There
had been no definite usage established until this time as to the
carriage of dispatches and other mail matter in neutral ships.
As early as the time of the war with Mexico, the United States
exempted British mail steamers going in and out of the port
of Vera Cruz from the right of visit and search. On October
31, 1862, Secretary Seward issued instructions to the Secre-
tary of the Navy, which were at once communicated to the
ministers of the various foreign states represented at Wash-
ington, to the effect that " . . . . . public mails of any friend-

[20] The cases of the "Bundesrath", 1900, and the "Doelwijk", 1896, *The
London Times*, Jan. 4, 1900; and *State Papers*, Vol. LXXXVIII, p. 212,
and Vol. XCIV, pp. 973 *et seq.*

It was formally agreed by the Declaration of London in 1909, that
[Articles 30-31] absolute contraband is liable to capture if it is shown to
be destined to territory belonging to or occupied by the enemy, or to
the armed forces of the enemy. It is immaterial whether the carriage
of the goods is direct or entails either transshipment or transport over
land.

ly or neutral power, duly certified and authenticated as such"
found on board captured vessels "shall not be searched or
opened, but be put as speedily as may be convenient on the
way to their designated destinations".[21]   The naval officers
were directed to deliver all such mail bags unopened to the
Department of State at Washington or hand them to a naval
or consular representative of the country to which they be-
longed, to be opened by him on the understanding that docu-
ments to which the belligerent government has a right should
be delivered to it.

In the case of the "Peterhof" the United States prize court
at first directed that the mails found on board the ship be
opened in the presence of the British consul. But on appeal
from the British authorities to the Secretary of State, the
United States Attorney at New York was instructed to for-
ward the entire mail unopened to its destination, although
there was reason to believe that it contained some letters that
should have been examined. Secretary Seward stated in his
letter of April 21, 1863, to Mr. Adams that "I shall, however,
improve the occasion to submit some views upon the general
question of the immunities of public mails found on board of
vessels visited under the belligerent right of search. . . . . The
President believes it is not less desirable to Great Britain than
it is to the United States, and other maritime powers, to arrive
at some regulation that will at once save the mails of neutrals
from unnecessary interruption and exposure, and at the same
time, prevent them from being made use of as auxiliaries to
unlawful designs of irresponsible people seeking to embroil
friendly states in the calamities of war."

Up to the time of the Civil War, the United States had al-
ways been endeavoring to restrict the denomination of con-
traband to the narrowest possible limits. But as soon as that
war broke out, the government issued a most sweeping list
of contraband articles, including in the list of absolute con-
traband almost everything that "might be useful" whether es-
pecially fit for war or not. This list contained for the first
time, engines, boilers, machinery for boats and locomotives, and
cars for railways. Even provisions, which the United States
had always up to this time striven to free from the taint of
contraband, were also included.

[21] *Dip. Cor.*, 1863, p. 402.

A serious question arose as to whether or not belligerent persons were to be treated as a sort of contraband. Curiously enough, the United States, despite the fact that it had always combated the English practice of impressing British seamen from the vessels of neutral Americans, claimed in the famous case of the "Trent' the right of taking enemy persons from British neutral ships. The "Trent" was an English mail steamer, carrying on board the Confederate commissioners, Mason and Slidell, on their way to London and Paris as diplomatic agents of the Confederacy. She sailed from Havana for St. Thomas on November 7, 1861, under the command of an officer of the British navy. While passing through the Bahama channel, nine miles from the coast of Cuba, and therefore on the high seas, the "Trent" was stopped by an American frigate, the "San Jacinto", and Mason and Slidell were taken from her by force and carried as prisoners of war to Boston, while the ship was allowed to continue on her voyage. The restoration of the Confederate commissioners was immediately demanded by the British government, and at the same time an apology was requested of the United States for her violation of British neutral rights. The governments of Austria, France, Italy, Russia and Prussia instructed their respective representatives at Washington to sustain the British demand. Captain Wilkes, the commander of the "San Jacinto", contended that the commissioners were embodied belligerent dispatches, and Secretary Seward declared that they were contraband persons. Seward's letter to Lord Lyons, December 26, 1861, states that "the question here concerns the mode of procedure in regard, not to the vessel that was carrying the contraband . . . but to contraband persons." . . . . . "The belligerent captor has the right to prevent the contraband officer, soldier, sailor, minister, messenger, or courier from proceeding in his unlawful voyage, and reaching the destined scene of his injurious service."

Secretary Seward asserted in this same letter that "All writers and judges pronounce naval or military persons in the service of the enemy contraband. Vattel says that war allows us to cut off from an enemy all his resources, and to hinder him from sending ministers to solicit assistance. And Sir William Scott says that you may stop the ambassador of your enemy on his passage. Dispatches are not less clearly contraband, and the bearers or couriers who undertake to carry them fall under the same condemnation. Sir William Scott, speaking of civil magistrates who are arrested and detained as contraband, says: 'It appears to me on principle to be but reasonable that when it is of sufficient importance to the enemy that such persons shall be sent out on the public service at the public expense, it should afford equal ground for forfeiture against the vessel that may be let out for a purpose so intimately connected with the hostile operations' ".[22]

The British government strongly protested against this position. Earl Russell held that the persons in question and their dispatches were not contraband of war and that the general right and duty of a neutral power to maintain its own communications and friendly relations with both belligerent powers could not be disputed. The difference of opinion between the two governments furnished the basis for a great deal of dispute. Secretary Seward argued that the courts of admiralty "have formulas to try only the claims to contraband chattels, but none to try claims concerning contraband persons" and therefore, "the courts can entertain no proceedings and render no judgment in favor of or against the alleged contraband men",[23] and Dana confirms this opinion by saying that in case the "Trent" were brought into an American prize court, Mason and Slidell "could not be condemned or released by the court."[24] Woolsey gives his opinion substantially in these words: (1) that there is no process known to international law by which a nation may extract from a neutral ship on the high seas, a hostile ambassador, a traitor, or any criminal whatsoever; (2) that if there had been hostile dispatches found on board, the ship might have been captured and taken into port for legal adjudication; (3) that the character of the vessel conveying mails and passengers from one neutral port to another neutral part precludes all possibility of guilt; and (4) that "it ill became the United States—a nation which had ever insisted strenuously upon neutral rights —to take a step more like the former British practice of extracting seamen out of neutral vessels upon the high seas, than like any modern precedent in the conduct of civilized nations, and that too, when she had protested against this

[22] *Senate Doc.*, Vol. IV, 1861-1862, *Ex. Doc.*, No: 8, p. 7 ff.
[23] Seward to Lord Lyons, December 26th.
[24] Dana, *Wheaton*, p. 650.

procedure on the part of Great Britain and made it a ground
for war. As for the rest, this affair of the Trent has been of
use to the world, by committing Great Britain to the side
of neutral rights upon the sea."[25]

Out of this dispute it was made clear that belligerent diplo-
matic persons were not to be considered as contraband, their
conveyance in neutral vessels en route for neutral destinations
was not an unneutral service, and that, above all, the captor
had no right to decide for himself whether things or persons
in question are contraband or not.

IV. THE ALABAMA CASES.

During the American Civil War the Confederacy sought to
create a navy that would seriously harass the merchant marine
of the United States. As there were no means in the Southern
ports for the building of war vessels, commissions were placed
with British ship builders, and as a result numerous war vessels
were either wholly or partly fitted for service in the ship yards
of Great Britain. The United States, as a belligerent, naturally
called upon the British government to prevent its neutrality
from being violated, by allowing Confederate agents and Brit-
ish subjects to fit out and arm vessels for the Confederate
navy. In reply to this demand, Great Britain maintained that
the commercial freedom of her subjects could not be interfered
with. As a result of this difference of opinion and of the
depredations of Confederate vessels built in England, a dispute
arose which was not finally settled until the Geneva Arbitra-
tion on the so-called 'Alabama Claims' in 1872.

In reference to Great Britain, Bernard remarks that "the
present war had placed this country in a situation very new to
her, and has forced upon her some sharp but wholesome les-
sons. She has had to school herself, for the first time, in the
practice of neutral duties and feel an interest in neutral rights.
She has had to endure without resistance, though not without
wincing, the exercise of those rough and galling powers with
which international law arms a belligerent, which she herself
has so often wielded with a heavy hand. English ship cap-
tains have discovered that they must submit to have their
vessels stopped and overhauled by foreign cruisers; English

[25] Woolsey, *International Law*, 6th Ed., pp. 338-339.

merchants and ship owners have seen their property seized and carried into a foreign port, there to await the slow and questionable justice of a prize court, missing their markets and losing their expected profits, with little chance, even should the seizure prove to be unfounded, of obtaining any adequate compensation. Our chief industry . . . has been famished for two whole years by the loss of the food it subsisted on . . .[26]

Some authors have expressed their regret that Great Britain had refused to agree with the American view of exempting belligerent property from capture on the high seas, for this might have avoided all the disputes growing out of the Alabama Cases. "Had an agreement been reached," said one of the jurists, "as might have been in 1856, this Alabama case could never have existed. For had European powers accepted at that time the American proposition to declare the exemption from capture of belligerent private property on sea, the United States would have been severally bound by the declaration, and the Southern States could not have dared to ruin its young cause so flagrantly as the employment of the Alabama against merchant vessels would in that case have been."

The British government at first attempted to observe their Neutrality Act of 1819 with good faith. The order of June 1, 1861, interdicted all armed vessels and privateers of either of the belligerents from entering British ports with their prizes,[27] and the instructions of January 31, 1862, show the good intention of the British government.[28]

Soon after the outbreak of the war, the American government proposed to England and France to adopt the arrangements concerning the privileges of the neutral flag and the rules of blockade agreed to by the Declaration of Paris. They added by way of suggestion the further proposal that private property should be entirely exempt from capture on the high seas. The proposal as to the neutral flag and blockade met with no opposition, but as to the exemption of private prop-

[26] Bernard, *Violations of Neutrality by England*, p. 3.

[27] Appendix to the Case of Great Britain laid before the Tribunal of Arbitration at Geneva under the Provisions of the Treaty between the United States of America and Her Majesty the Queen of Great Britain, Vol. 3, p. 18.

[28] *Papers Relating to the Treaty of Washington*, Vol. I, pp. 226-227.

erty from capture, the British Minister replied as follows:
"The Ambassador of France came to me yesterday, and in-
formed me that the Minister of the United States had made
M. Thouvenel two propositions. The first was that France
should agree to add to the Declaration of Paris the plan for
protecting private property on sea from capture in the time
of war. Mr. Thouvenel wishes to learn the opinion of Her
Majesty's Government. Her Majesty's Government decidedly
objects to the first proposition. It seems to them that it
would reduce the power, in time of war, of all states, having
a military as well as a commercial marine." But when forced
to pay the indemnity awarded to the United States by the
Geneva Arbitration Court for the depredations committed
on American commerce during the Civil War by Confederate
ships built and fitted in Great Britain, Great Britain came to
realize the truth of Franklin's prophetic warning made as
early as 1783 that "the practice of robbing merchants on the
high seas, a remnant of ancient piracy, though it may be
accidentally beneficial to particular persons, is far from profit-
able to all engaged in it . . ."

The British ship builders and individual merchants, however,
found many occasions to avail themselves of illegal profit by
constructing and fitting out ships of war destined for the Con-
federate Navy and to cruise against the commerce of the
United States. The cruisers named by the United States as
having been constructed or fitted wholly or in part for warlike
use in Great Britain were: the "Sumter", the "Nashville",
the "Florida" with her tenders the "Clarence", the "Tacony"
and the "Archer", the "Alabama" with her tenders the "Tus-
caloosa", and the "Retribution", the "Georgia", the "Talla-
hassee", the "Chickamauga" and the "Shenandoah".[29] Of
these the four principal ones are the "Florida", the "Georgia",
the "Alabama" and the "Shenandoah". The cases of all of
these ships were included under the general head of the 'Ala-
bama Claims'.

It was the Alabama, first known as No. '290', that of all the
Confederate cruisers did the most damage to American ship-
ping, and caused so many American vessels to seek the pro-
tection of the English flag. She was built at the ship yards

---

[29] *Papers Relating to the Treaty of Washington*, The Case of the
United States, p. 320.

of Messrs. Laird at Birkenhead, near Liverpool, as a war
vessel, and there seemed to be no desire on the part either of
the agents or the builders to disguise that fact. She was
launched on the 15th of May, 1862, fully provisioned, but
unarmed. While the vessel was being finally fitted out, Mr.
Adams wrote to Earl Russell, pointing out the fact that the
ship known as the '290' was ostensibly being fitted out as a
vessel of war and was in charge of men who were notoriously
Confederate agents.[80] The Law Officers of the Crown were
charged to look into the matter at the earliest possible moment.
This they did, but reported that it did not seem to them that
there was any cause for apprehension because the ship was
not armed in any way. But they further added that the cus-
toms officers at Liverpool would be instructed to keep a close
watch on the vessel.[31]

While the British government was discussing at London
what should be done with the '290', that vessel quietly slipped
out of the roadstead with a party of ladies and gentlemen on
board and apparently bound for a trial trip, but instead the
ship went on down the Mersey, sending the guests back on the
tug "Hercules". She left Liverpool on the 28th of July and
arrived at Terceira, one of the Azores on the 10th of August.
There she met the British ships, "Agrippina", and "Bahama",
which had on board her armament, and was fitted out and com-
pletely armed.[32] The '290', now known as the "Alabama",
was then turned over to Captain Semmes and his crew, com-
posed almost entirely of Englishmen. For nearly two years the
"Alabama" cruised over the Atlantic, and even as far as the
Indian Ocean on her destructive career. "The vessel known
first as the gunboat 'No. 290', and now as the Alabama", wrote
Mr. Adams in a letter to Earl Russell, "is roving over the
seas capturing, burning, sinking and destroying American ves-
sels without being lawfully authorized from any source recog-
nized by international law, and in open defiance of all judicial
tribunals established by common consent of civilized nations as
a restraint upon such a piratical mode of warfare".[33] She
was, however, at last sunk by the United States ship of war,
"Kearsarge," off Cherbourg on June 9, 1864.

[80] *Papers Relating to the Treaty of Washington*, Vol. 3, p. 81.
[31] Appendix to the British Case, Vol. I, p. 181.
[32] *Papers Relating to the Treaty of Washington*, Vol. I, pp. 150-151.
[33] Adams to Earl Russell, Oct. 23, 1863.

The damage done by the "Alabama" and other Confederate cruisers in this category was tremendous and great popular excitement was aroused against Great Britain throughout the Union. Mr. David Ross, of the English Bar, said in September, 1867, "During a somewhat prolonged visit to the United States in the year 1865, I talked freely and frequently with men of all conditions of life in the northern and western states, and none of them, so far as I can recollect, had the slightest ill-will to England on account of the Trent affair, because they seemed to think that England was right in the extreme course she adopted; but I met comparatively few who could talk with common patience of the Alabama depredations, and I doubt if I met one who would have raised his voice for peace if the President of the United States had decided that redress must be had by war." Under these circumstances, all the accusations charged against Great Britain of a want of diligence, 'a war in disguise', and 'a consistent course of partiality toward the insurgents', may be more or less of an exaggeration, but as a matter of fact, the British authorities failed to observe their neutral duties. In spite of the ample evidence furnished by Mr. Adams to Earl Russell of the ultimate destination and use of the iron-clad rams that were under construction in England for the Confederacy, Earl Russell said in a letter to Mr. Adams, that "Her Majesty's Government are advised that they can not interfere in any way with these vessels".[84] On October 26th of the same year he wrote again to Mr. Adams that "In the meantime I must request you to believe that the principle contended for by Her Majesty's Government is not that of commissioning, equipping, and manning vessels in our ports to cruise against either of the belligerent parties—a principle which was so justly and unequivocally condemned by the President of the United States in 1793, as recorded by Mr. Jefferson in his letter to Mr. Hammond of the 13th of May of that year. But the British government must decline to be responsible for the acts of parties who fit out a seeming merchant ship, send her to a port or to waters far from the jurisdiction of British Courts, and there commission, equip, and man her as a vessel of war."

The United State government, nevertheless, claimed compensation for the damages done by the Confederate cruisers

[84] Earl Russell to Mr. Adams, Sept. 1, 1863.

built in Great Britain, on the ground that Great Britain had
been derelict in the strict neutral attitude that she should have
maintained. In spite of all the denials made by Earl Russell
of England's liability for these damages, the United States per-
sistently demanded that their claims be recognized, until at
last they were referred to the Geneva Arbitration of 1871.

The suggestion that the claims be arbitrated was in the
first instance made by the United States, but was strongly op-
posed by Earl Russell. The English government throughout
had assumed an attitude that apparently precluded all possi-
bility of arbitration, or of any adjustment. On August 30,
1865, Earl Russell wrote to Mr. Adams and said: "In your
letter of October 23, 1863, you were pleased to say that the
Government of the United States is ready to agree to any
form of arbitration. Her Majesty's Government have thus
been led to consider what question could be put to any Sover-
eign or State to whom this very great power should be assigned.
It appears to Her Majesty's Government that there are two
questions by which the claim of compensation could be tested.
The one is: Have the British Government acted with due dil-
igence, or, in other words, with good faith and honesty, in the
maintenance of the neutrality they proclaimed? The other is:
Have the Law Officers of the Crown properly understood the
Foreign Enlistment Act when they declined in June, 1862, to
advise the detention and the seizure of the Alabama, and on
the other occasions when they were asked to detain other ships
building or fitting in English ports? It appears to Her Ma-
jesty's Government that neither of these questions could be
put to a foreign government with any regard to the dignity and
character of the British Crown and the British nation. Her
Majesty's Government are the sole guardians of their own
honor . . . Her Majesty's Government must therefore
decline either to make reparation or compensation for the cap-
tures made by the Alabama, or to refer the question to any
foreign state. Her Majesty's Government conceive that if they
were to act otherwise, they would endanger the position of
neutrals in all future wars . . ."[36]

But on October 14, 1865, the Earl wrote again to Mr. Adams
and said, "Her Majesty's Government are ready to consent to
the appointment of a Commission to which shall be referred all

[36] *Dip. Cor.*, 1865, Part I, p. 545.

95

claims arising during the late Civil War, which the two Powers shall agree to refer to the Commissioners".[36] To this, Mr. Adam replied on November 21, 1865, in his correspondence with the Earl of Clarendon, "I am directed, therefore, to inform your Lordship that the proposition of Her Majesty's Government for the creating of a joint Commission is respectfully declined."[37]

The advisability of reopening the subject became, by the latter part of 1866, a topic of general discussion in the English press, and the Government—Lord Stanley had succeeded Earl Russell as Foreign Secretary—was understood to favor an amicable settlement of the dispute. The Prime Minister, Earl Derby, gave countenance to such a view in a speech at the Mansion House.[38] The London Times supported the view that Earl Russell had rejected Mr. Adams' demands on rather narrow grounds, and urged that the claims were "not forgotten by the American people", and that they never would be forgotten until they were submitted to "some impartial adjudication".[39] On March 6, 1868, most of the members who spoke on the Alabama Claims in the House of Commons, including Lord Stanley himself, favored the adoption of a conciliatory attitude toward the United States.[40]

In June, 1868, President Johnson appointed Mr. Reverdy Johnson to succeed Mr. Adams as the United States Minister at London, with instructions to seek an amicable arrangement of several vexatious questions. Mr. Johnson arrived in England and negotiated for several months with Lord Stanley and his successor, Clarendon. At length, on January 14, 1869, the Johnson-Clarendon convention providing for the settlement by a commission of private claims was signed. A strong opposition was raised in the United States against this arrangement because it left unsettled the great questions at issue. Charles

[36] The Official Correspondence on the Claims of the United States in respect to the Alabama, Earl Russell, 1867, p. 165.

[37] The Official Correspondence on the Claims of the United States in Respect to the Alabama, p. 223.

[38] Papers Relating to Foreign Affairs, Accompanying the Annual Message of the President to the Second Session of the Fortieth Congress, Government Printing Office, 1868, Part I, p. 25.

[39] The London Times, November 17, 1866, and January 4, 1867.

[40] Ibid., March 7, 1868.

Sumner was the most active and influential of the agitators.[41]
The Senate refused to ratify the treaty and the strained rela-
tions between the two powers remained unaltered.

President Grant, in his Message to Congress on December
5, 1870, expressed his regret at the failure of the two gov-
ernments to come to some understanding on the subject. Early
in January, 1871, Sir John Rose visited Washington on a con-
fidential mission, expressing the desire of the British govern-
ment for better relations between the two countries. On the
3rd of February, 1871, Secretary Fish wrote to the British
Minister that the President assented to the proposal to create
a Joint Commission to arrange for a settlement of the various
causes of difference between the two Powers. The Joint High
Commission was consequently organized at Washington on
February 7, 1871.[42] After many and long deliberations, the com-
missioners finally agreed to and signed, on the 8th of May,
1871, the treaty that became known as the Treaty of Washing-
ton. By this famous treaty, the Alabama claims were referred
to a Tribunal of Arbitration to sit at Geneva. This Tribunal
was to consist of five arbitrators appointed respectively by the
President of the United States, Her Britannic Majesty, the
King of Italy, the President of the Swiss Confederation, and
the Emperor of Brazil. The members thus appointed con-
stituted the celebrated Court of the Geneva Arbitration. In
order to guide the procedure of the court, it was provided
by Article VI of the Treaty of Washington that "in deciding
the matter submitted to the Arbitrators, they shall be governed
by the following three rules   .   .   .

"A neutral government is bound,—

"First.—To use due diligence to prevent the fitting out,
arming, or equipping, within its jurisdiction, of any vessel
which it has reasonable ground to believe is intended to cruise
or carry on war against a power with which it is at peace; and
also to use like diligence to prevent the departure from its
jurisdiction of any vessel intended to cruise or carry on war
as above, such vessel having been specially adapted, in whole
or in part, within such jurisdiction, to warlike use.

"Secondly.—Not to permit or suffer either belligerent to

[41] *Memoirs and Letters of Charles Sumner*, Edward L. Pierce, Vol.
4, p. 312.
[42] *Papers Relating to the Treaty of Washington*, Vol. I, p. 9.

make use of its ports or waters as the base of naval operations against the other, or for the purpose of the renewal or augmentation of military supplies or arms, or the recruitment of men.

"Thirdly.—To exercise due diligence in its own ports and waters, and, as to all persons within its jurisdiction, to prevent any violation of the foregoing obligations and duties."[48]

The claims laid by the United States before the tribunal for consideration were of two kinds:

(1) Claims for the direct losses entailed by the destruction of vessels and their cargoes by insurgent cruisers, and the expenditures incurred in the pursuit of the cruisers, and

(2) The claims for indirect losses or damages growing out of the interference with the American merchant marine, the increased rates of insurance and the prolongation of the war.

It is not necessary here to go into detail in every argument used by the two countries in support of their claims, but it would be interesting to see where the difference of opinion lay on the question of what constituted 'due diligence'. The three rules of the Treaty of Washington charged the commission to determine the validity of the claims of the United States by applying the rule of 'due diligence' to the conduct of Great Britain. Naturally the arguments of both sides were largely taken up with definitions of the term, for it was upon this point that the success of either side lay.

Three views or definitions of the term, 'due diligence' may be found in the arguments and the decision of the Court in the Geneva Arbitration: the views of the United States, of Great Britain, and of the Court. In the case of the United States we find the position of that country on the question defined as follows: "The United States understand that the diligence which is called for by the Rules of the Treaty of Washington is a due diligence; that is, a diligence proportioned to the magnitude of the subject and to the dignity and strength of the Power which is to exercise it—a diligence which shall, by the use of active vigilance, and of all the other means in the power of the neutral, through all stages of the transaction, prevent its soil from being violated; a diligence that shall in like manner deter designing men from committing acts of war upon the soil of the neutral against its will, and thus possibly

" *The Treaty of Washington*, Article VI.

dragging it into a war which it would avoid; a diligence which prompts the neutral to the most energetic measures to discover any purpose of doing the acts forbidden by its good faith as a neutral, and imposes upon it the obligation, when it receives the knowledge of an intention to commit such acts, to use all the means within its power to prevent it.

"No diligence short of this would be 'due'; that is, commensurate with the emergency, or with the magnitude of the results of negligence".[44]

Great Britain, on the other hand did not place as strict an interpretation on the term, 'due diligence', as did the United States. "Due diligence," says the British Case, "on the part of a sovereign government signifies that measure of care which the government is under an international obligation to use for a given purpose. This measure, where it has not been defined by international usage or agreement, is to be deduced from the nature of the obligation itself, and from those considerations of justice, equity, and general expediency on which the law of nations is founded." The definition is limited in more concise words a little later in the Case. "It would commonly, however, be unreasonable and impracticable to require that it should exceed that which the governments of civilized states are accustomed to employ in matters of their own security or that of their own citizens".[45] From these two quotations from the Case of Great Britain, it can be gathered that, according to the English view, the responsibility of a neutral for acts done in violation of its neutrality, and harmful to one of the belligerents, is limited by the requirements of its municipal law. The United States did not agree with this interpretation of 'due diligence', and did not consider that municipal law marked the limit of a nation's responsibility. "The obligation of a neutral to prevent the violation of the neutrality of its soil is independent of all interior or local law. The municipal law may and ought to recognize that obligation; but it can neither create nor destroy it, for it is an obligation resulting directly from International Law, which forbids the use of neutral territory for hostile purpose.

"The local law, indeed, may justly be regarded as evidence, as far as it goes, of the nation's estimate of its international

[44] *Papers Relating to the Treaty of Washington*, Vol. I, p. 67.
[45] *Ibid.*, pp. 237-238.

duties; but it is not to be taken as the limit of those obligations in the eye of the law of nations."[46]

The opinion of the Court on this question was very general in its terms, and in no way adequately defined it. " . . . 'due diligence' . . . ought to be exercised by neutral governments in exact proportion to the risks to which either of the belligerents may be exposed . . ."[47] However, the Court supported the United States in its claim that municipal law should not be the measure of international obligations, in these words, ". . . the government of Her Britannic Majesty cannot justify itself for a failure in due diligence on a plea of insufficiency of the legal means of action which it possessed."[48]

Article VI of the Treaty of Washington, besides giving the three rules of action to guide the Arbitration Court in its award, invited other maritime powers to accede to the principle of 'due diligence', but no powers availed themselves of the opportunity, for the simple reason that no adequate or strict interpretation of the term had been evolved by the Court. However, the discussions had their effect on international law, generally in the practice of nations from that time to the present, and in particular in the XIII Convention of the Second Hague Conference where it was held that "A neutral government is bound to employ the means at its disposal to prevent the fitting out or arming of any vessel within its jurisdiction which it has reason to believe is intended to cruise, or engage in hostile operations, against a power with which that government is at peace. It is also bound to display the same vigilance to prevent the departure from its jurisdiction of any vessel intended to cruise, or engage in hostile operations, which has been adapted, in whole or in part, within the said jurisdiction to warlike use."[49]

The Court awarded the United States a lump sum of $15,500,000 damages for the direct losses, but the claims for damages due to indirect losses were thrown out on the ground that they were confused with the general and necessary costs of the war itself, irrespective of the depredations of the Confederate cruisers.[50]

[46] *Papers Relating to the Treaty of Washington*, Vol. I, p. 47.
[47] *Ibid.*, p. 50.
[48] *Ibid.*, p. 51.
[49] Second Hague, XIII Convention, Art. 8.
[50] *Papers Relating to the Treaty of Washington*, Vol. IV, p. 53.

As a result of the controversy leading up to the final estab-
lishment of the Geneva Arbitration Court by the Treaty of
Washington, the British Foreign Enlistment Act of 1819 was
amended. A royal commission was appointed in January
1867 to investigate the conditions of the existing laws available
for the enforcement of British neutrality and to see if there
was any need for a better provision than that existing. As a
result of this action, the Commissioners drew up an act which
was adopted as the Foreign Enlistment Act of 1870. This sta-
tute furnished preventive measures against further violations
of neutral duties on the part of British subjects or of any per-
son within the jurisdiction of the laws of Great Britain, and
laid severe restrictions upon British ship builders. In the
main, this act followed the American Neutrality Act of 1818
more closely than the former had done. The sense of neutral
obligations became stricter and the freedom of neutral individ-
uals became more restricted. The offence of illegal enlistment
was prohibited under heavy penalty of fine and imprisonment,
including even a master or owner of a ship, who knowingly
ships or engages to ship an illegally enlisted person. The
act prohibited any hostile expedition from leaving the waters
of Great Britain, and provided for the prevention of the prepa-
ration of such an expedition, and penalized any person who
should prepare or fit out, or assist in preparing or fitting out,
or who took part in any such illegal expedition. The act
further prohibited any augmentation of warlike forces and
provided punishment for any person who, by the addition of
guns or of any warlike equipment, was knowingly concerned in
such augmentation. Most significant of all was the prohibition
of illegal ship building. The act prohibited any person, with-
out license from Her Majesty, to build, or agree to build, to
issue or deliver a commission to, to equip, to dispatch, or allow
to be dispatched, any ship with the intent or knowledge of the
fact that the same would be employed in the military or naval
service of any foreign state with which Great Britain was at
peace. In case a person should build or equip a vessel for a
belligerent power in pursuance of a contract made before the
outbreak of the war, he was required to give such security as
was demanded by the government and to allow any measures
for the prevention of the departure of the ship from British
waters that the government might see fit to impose, and more-

over the ship could not be dispatched or sent out without license from Her Majesty's government, until the end of the war. This provision was decidedly more satisfactory than the precautions taken in the former act, for in place of leaving the question of the legality of equipping, building or sending out a ship to which suspicion was attached, to the ship builder, it was provided that the government authorities were to take all the responsibility of searching or detaining such a vessel.

This act went beyond anything that was demanded by the United States before the Geneva Tribunal, and it was acknowledged even in countries other than England that the act was in advance of the requirements of international law. The conduct of a nation in regard to keeping its neutrality intact might safely be left to its municipal standard, where such an act as this exists, and in all probability if this had been the standard in England at the time of the Civil War and the law had been strictly enforced, there never would have been occasion to bring England before the bar of international justice in the Geneva Arbitration Court. Many authors seem rather inclined to agree with Walker, who concluded his elaborate discussion on this subject by stating that "if administered with resolution by British ministers, and with good faith and reasonable diligence by British subordinate officials, they will in any event preserve Great Britain from the condemnation of another Geneva Tribunal, and at least, they evince the real desire of the Island Kingdom to equip herself for the performance of a great international duty."[51]

ª Walker, *The Science of International Law*, p. 502.

CHAPTER 6

SUMMARY REVIEW

The early history of the law of nations allowed of no such idea as neutrality, as we understand it now. The very elementary ideas of neutrality began with the gradual decline of the Roman Church and the Roman Empire. The earlier writers on international law, beginning with Hugo Grotius, endeavored to define neutrality, and their opinions were of considerable value to its development. But their ideas of it were more or less vague and imperfect, admitting the legality of warlike assistance rendered by neutrals to belligerents under certain circumstances as consistent with neutrality.

Having no definite rules to regulate the relations between neutrals and belligerents, international commerce was entirely at the mercy of warring states and was afforded no protection whatever. The principle of the inviolability of neutral territory, important as it has now become, was practically unknown down to the latter part of the 18th century. Belligerents were left entirely free to transport their troops across neutral territory, to raise land and naval forces in neutral states, and to arm and equip vessels of war in neutral jurisdiction. States had, on the other hand, neither the right to prevent neutral operations in their territory nor were they held responsible for the acts of their subjects in entering the service of a foreign state, or from engaging in any other service hostile to one of the belligerents. The subjects of neutral states, as well as the states themselves, were at perfect liberty to give all sorts of warlike succours to either, or both, of the belligerent parties, as their individual interests or sentiments should dictate.

The rudimentary ideas of neutrality were found in some of the early maritime codes of European countries, the Consolato del Mare being the most famous of them all. The principle of the Consolato, namely, 'spare your friend and harm your enemy', was a manifestation of the growing desire to distinguish neutrals from belligerents and for protecting the latter. Great Britain, acknowledging the justice of this principle, always insisted upon condemning enemy's ships and enemy's goods, while liberating friend's ships and friend's goods. Some of the other European powers practiced this rule but none of them to the extent that England did.

During the 16th century the Dutch, desirous of avoiding belligerent search on the high seas, introduced the liberal principle of free ship, free goods. Most of the European maritime powers did not welcome the introduction of this new principle, and the Dutch in their efforts to insert this rule in their treaties with other states introduced the converse principle of enemy ship, enemy goods. The French exercise of belligerent rights, followed later by Spain, was the most extreme of all the European countries. Under the doctrine of hostile infection, they condemned neutral vessels for carrying enemy goods. It goes without saying that under such circumstances international trade was in a most deplorable condition down to the end of the 18th century.

The declaration of the independence of the United States in 1776 marks the introduction of a new era in the history of the laws of neutrality. "From the beginning of its political existence," says John W. Foster, "it (the United States) made itself the champion of a free commerce, of a sincere and genuine neutrality, of respect of private property in war, of the most advanced ideas of natural rights and justice; and in its brief existence, by its persistent advocacy, it has exerted a greater influence in the recognition of these elevated principles than any other nation in the world." The most important questions, the settlement of which was largely influenced by the United States, were (1) the recognition of independence, (2) the inviolability of neutral jurisdiction, and (3) the freedom of neutral commerce.

During the American war for independence, neutral France was drawn into war with England largely by the influence of American diplomacy. In the accustomed way of neutrals in those days the French Court gave freely, though secretly at first, all kinds of warlike assistance to the Americans in their struggle for independence. The formal recognition of American independence by the treaty of amity and commerce between the United States and France was premature, and as a result, Great Britain declared war against France. From this instance, it became universally understood that a premature recognition of the independence of a revolted colony by a neutral country justified the mother-country in declaring war against the neutral.

Since the successful establishment of the American Republic, the question of the recognition of independence and of belligerency has become the subject of the most lively discussions between nations. More or less inspired by the American Revolution, many of the European colonies in the Western Hemisphere, especially those of Spain and Portugal, revolted from the mother-country and demanded from neutral powers the recognition of their political existence. The general rules of such recognition as understood at the present time, were largely established through the influence of the United States in its relations with the European and South American revolutionary movements. The wise discretion and the judicious statements of the American statesmen shown in the diplomatic correspondence of the time set forth a correct example which the nations of the world follow.

During the American Civil War, the British recognition of the belligerency of the Confederate States aroused tremendous excitement and feeling against Great Britain in the United States. But the American government acquiesced in the British interpretation of the recognition, thus acknowledging that it was not premature. Out of this dispute it was made clear that such a recognition is justifiable on the following conditions: when neutral commerce is affected by the contest, as the British trade was by the Civil War; and when war actually exists, as it was manifested by Lincoln's blockade proclamation.

The celebrated Genet affair settled a most important question in the history of neutrality. The principle of the inviolability of neutral territory was first proclaimed by President Washington in 1793. In order to maintain the neutrality of the United States during the progress of the war between England and France, Washington warned the citizens of the United States, in his famous Neutrality Proclamation, to refrain from any warlike participation in the contest. This Proclamation marked also the inauguration of the new principle that a neutral state has a positive duty to prevent its citizens from any hostile action in the service of a foreign state against another with which the neutral country is at peace.

In order to fulfill the neutral duties set forth in the proclamation and to meet the difficulties that stood in the way of the execution of the orders by the government authorities, Congress passed the first Foreign Enlistment Act of 1794, prohibiting any person from performing unneutral services, within the jurisdiction of the United States, against any state with which the United States was at peace.

During the revolutionary uprisings in South America, the government of the United States found the first Foreign Enlistment Act inadequate as a means of procedure against the expeditions that were being fitted out daily in the ports of the United States to help the revolting colonies in their struggles for independence, and as a result the second Act was passed in 1818. By this Act, the President of the United States was authorized to use the land and naval forces to prevent any illegal expedition and the District Courts were empowered to detain any vessel ready to sail unless a bond of security was furnished with the promise that the vessel should not be employed contrary to the terms of the law. This Act became the basis for the legislation of many European states in later years, the act of 1819 in England being the most prominent. Under the difficulties of maintaining its neutrality during the revolutionary uprisings in South America, the British government closely followed the American Act of 1818, excepting the requirement of security to be furnished by the vessel about to depart. This part of the act was later adopted by Great Britain in her Foreign Enlistment Act of 1871, after there had been ample opportunity furnished during the American Civil War to prove the necessity of the requirement. The fact that the British government carefully followed the American neutrality acts could never be better shown than by the well known statement of Mr. Canning: "If I wished for a guide in the system of neutrality, I should take that laid down by America in the days of the Presidency of Washington and the Secretaryship of Jefferson . . ."

Had the Alabama dispute been left permanently unsettled, the action of England would have furnished an unfortunate precedent for neutral states in future wars. The British government represented by Earl Russell, endeavored to apply to the expeditions of the "Alabama" and the other Confederate ships the principle of individual contraband trade, and therefore had repeatedly asserted that "Her Majesty's Government can not in any way interfere with these vessels." Furthermore, the Earl refused to submit these claims to a court of arbitration that had been proposed by the United States. Treating them as hostile expeditions, and not as contraband trade, the United States insisted upon claiming that it was a neutral duty incumbent upon the British government to have kept the ships from leaving English waters, and as it failed in this duty, the British government must compensate the United States for the damage done to American commerce. These claims were never given up until the British government at last consented to submit them to a court of arbitration at Geneva, the final award of which compelled Great Britain to pay a heavy indemnity for the direct damages sustained by the citizens of the United States. By this Arbitration it was decided that the British government failed to use due diligence in allowing the Alabama and the other vessels to depart from British jurisdiction, and also by admitting them afterwards into its various colonial ports as public vessels of the Confederate States. Since the settlement of this dispute no neutral state would make the mistake of treating as contraband trade hostile expeditions fitted out within its own jurisdiction to serve against a nation with which it was at peace.

At the time of the Revolution the United States followed the practice of Great Britain in regard to the treatment of neutral commerce. Enemy ships and enemy goods were condemned, and free ships and free goods were allowed to go free. But the United States government soon gave up this practice and in 1778 the principle of free ship, free goods, was adopted in a treaty with France. The French government, following the provisions of the treaty with the United States, in spite of its former practice of hostile infection, issued an ordinance exempting from seizure all neutral ships bound to or from enemy ports. But on account of the continued severity of the British rule, this ordinance was soon afterward revoked by the French government.

Since the United States began to mitigate the severity of the English treatment of neutral trade, it never advocated the principles of the Consolato del Mare. Its chief endeavor was to establish permanently the principle of free ship, free goods, and it therefore repeatedly asserted that the two maxims, free ship, free goods and enemy ship, enemy goods, were not inseparable. Although these two opposite rules were both adopted in some of the treaties between the United States and other parties during this period, the United States never accepted the principle of enemy ship, enemy goods, alone. Either with or without the enemy ship, enemy goods, clause, the United States inserted the free ship, free goods, maxim practically in all of its treaties down to 1799, when it deliberately abandoned the liberal rule in its treaty with Prussia. Through their experiences, the American statesmen discovered the fact that the United States was always the loser in the practice of the liberal principle, so long as the other powers would not adopt the same principle, and consequently decided not to insist any longer on the establishment of the liberal rule.

During the struggle between Napoleon and England, each trying to cripple the other on the sea, the United States was the only power that still claimed the freedom of neutral commerce. As a result of this claim, the French government was compelled to pay an indemnity to the United States for damage done to American ships by French cruisers. The English government still continued in its old practice of the Rule of the War of 1756 and of impressing British seamen from American vessels on the high seas. The United States retaliated against these outrages by the Non-Intercourse and the Embargo Acts. By the Jay treaty of 1794, England agreed to pay to the United States a sum for the illegal captures made by British men-of-war under the authority of the Orders in Council. But still the impressment of seamen and the disregard of the rights of neutral trade kept on until 1812, when the United States at last declared war on England. From the close of that war the right of impressment as it was practiced by Great Britain and the doctrine of the Rule of the War of 1756 have never become questions of serious international dispute.

At the outbreak of the Crimean War, the United States proposed to the European powers to adopt two principles, viz.: (1) that free ships make free goods, with the exception of contraband of war, and (2) that neutral goods in enemy ships may not be confiscated, with the exception of contraband. After the war the powers assembled at Paris and set forth

these principles in connection with two others, in the celebrated
Declaration of Paris. The articles in addition to those pro-
posed by the United States were : (1) that declaring that block-
ade to be binding must be effective, and (2) that doing away
with the practice of privateering. Both of these had been
advocated by the United States for some years, especially
that against privateering, which had formed a part of Frank-
lin's negotiations with Great Britain in 1783. The evil of the
paper blockade had always been condemned by the United
States, especially during and since the stormy days of the Na-
poleonic Wars. Although the powers at Paris refused to adopt
the Marcy Amendment, and the United States consequently de-
clined to become a party to the Declaration, the direct influence
of the United States upon that Declaration was, indeed, inesti-
mable.

From the early days of its history the United States had
earnestly endeavored to restrict the list of contraband articles
to the narrowest possible limit, in opposition to the English ten-
dency of expanding it. Franklin went as far as to contend
that the rule of confiscating contraband goods as a punishment
for carrying them was too severe, and that, therefore, the de-
tention of such goods should be substituted for this rule. The
famous assertion of Jefferson that "our citizens have always
been free to make, vend, and export arms" has ever since been
accepted as the established rule ; that is, that a neutral govern-
ment is not required to interfere with individual trade in con-
traband goods so long as the goods are a part of a bona fide
commercial transaction.

The British condemnation of provisions as contraband was
strongly protested by the United States. The compensation
agreed upon in the Jay treaty to be paid by the British govern-
ment for the illegal capture of American vessels and cargoes,
was mainly the result of the controversy concerning provisions.

The very important principle that neutral mail steamers be
exempt from seizure was introduced by the United States dur-
ing the Civil War. Secretary Seward's instructions that public
mails of any friendly or neutral power should be delivered
unopened and unsearched to the proper neutral authorities
were communicated to all the foreign powers and the rule
gradually became universal.

The liberal tendency of the United States toward contraband

articles was totally changed during the Civil War. The list of contraband articles published by the Federal government included almost everything that might be useful in war. Furthermore, in the case of the Trent, the Federal government at first advocated Captain Wilkes' principle of treating as analogues of contraband the belligerent diplomatic persons found on neutral vessels bound for a neutral port. From the discussion that arose on this incident, however, it was clearly established that such persons are not to be treated as contraband and that a belligerent captor should not forcibly extract such persons from a neutral vessel.

It has been mentioned above that the practice of paper blockade was always condemned by the United States. Napoleon's 'continental system' caused much damage to American merchants and shipping, and as a result of it the French Chambers appropriated $5,000,000, after much delay, to the United States as indemnity for the damage done. The European powers realized the evil of such blockades and formally declared at Paris in 1856 that blockades in order to be binding must be effective.

The British government always denied the exemption from search of a merchant vessel sailing under the convoy of either a belligerent or a neutral war ship. The United States also condemned merchant vessels sailing under a belligerent convoy, but always contended that a neutral merchant vessel under the convoy of a ship of war of its own state must be exempt from the belligerent right of visit and search. This immunity of ships under neutral convoy was provided for in many of the treaties between the United States and other powers. In 1801, Great Britain also admitted the American usage by joining the Maritime Convention of St. Petersburg, which urged this principle.

According to the British doctrine of continuous voyage, neutral vessels bound for an enemy port from an enemy or enemy colonial port, but stopping and breaking the voyage at some intermediate neutral port for the purpose of getting a set of papers showing a colourable importation, were condemned when captured on their way from the intermediate neutral port to the ultimate hostile destination. But the United States went so far, in the Civil War, as to condemn vessels for contraband trading and attempt to break blockade even on the first leg of the voyage when the ships were going from neutral port to neutral port, when there was suspicion that the goods had an ultimate hostile destination. This American doctrine was severely criticised as being unjustifiable, but since that time it has gained recognition as a part of international law by its incorporation in the London Conference of 1908-09. But here it was applied to the carrying of absolute contraband only and not to blockade.

In the main, the influence of the United States upon the laws of neutrality has been profound and far reaching. Comparing the present system of neutrality as a whole to that which obtained in the early days down as far as the year 1776, its advancement has been far greater than has been that of any other branch of international law. That this advancement has been a great blessing to all mankind goes without saying. The sphere of hostile operations has been vastly limited, the means of peaceful intercourse between nations in time of war has been guaranteed to a great extent, and, above all, the freedom of neutral commerce enlarged and safeguarded. In spite of all the opposition raised by the great European maritime powers, the United States, by its persistent advocacy of liberal views, contributed a larger portion of influence toward these accomplishments than any other nation in the world.

BIBLIOGRAPHY

American State Papers.

Archives of Diplomacy (British) 1863.

Bernard, Montague. Violations of Neutrality by England.

Black. Prize Cases.

Bowles, T. G. Defense of Paris.

Boyd, C. A. Wheaton, International Law.

Burnet, Sir Thomas. History of His Own Time.

Bynkershoek. Quæstiones Juris Publici.

Canning. Speeches.

Chamber of Commerce of the State of New York, Proceedings of.

Dana, Richard Henry. Notes on Wheaton's International Law. 8th Edition. 1866.

Davis, J. C. Bancroft. Mr. Fish and the Alabama Claims, a Chapter in Diplomatic History.

Diplomatic Correspondence. (United States.)

Dumont, Jean. Corps Universal Diplomatique du Droit des Gens.

de Flassan, Jean Babtiste Gaëtan de Raxis. Histoire Générale et Raisonneé de la Diplomatique Française.

Foster, John W. A Century of American Diplomacy.

Franklin, Benjamin. Complete Works.

Gessner. Review of the Springbok Case.

Godolphin, John. A View of the Admiral Jurisdiction.

Grotius, Hugo. De Jure Belli ac Pacis. Translated and edited by Whewell.

Hague, Texts of the Peace Conferences at the

Hale, Robert S. Report on the Mixed Commission.

Hall, W. E. International Law. 5th and 6th Editions.

Hastings, G. W. Transactions of the National Association for the Promotion of Social Science.

Hertslet. The Map of Europe by Treaty.

Holland, T. E. Admiralty Manual of Prize Law.

Atherley-Jones, L. A. Commerce in Time of War.

Lampredi. Del Commercio dei Popoli Neutrali in Tempo de Guerro.

Lawrence. International Law.

Loménie, Louis Leonard. Beaumarchais et son Temps.

London Times, The. Jan. 4, 1900. March 7, 1868.

Mc Master, John Bach. A History of the People of the United States.

Marshall, John. Life of Washington.

de Marteus, Charles. Causes Célèbres Droit des Gens.

de Martens, G. F. Recueil des Traites.

————. Nouveau Recueil des Traites.

Moore, John Bassett. International Arbitrations.

Moore, John Bassett. International Law Digest.

Neutrality Law Commission, Report of. (British) 1867.

Ordinance de la Marine.

Pardessus, Jean Marie. Us et Coutumes de la Mer; ou, Collection des Usages maritimes des Peuples de l'Antiquitié et du Moyen Ages. Paris, 1847.

Parliamentary Documents, State Papers.

Parliamentary Papers, Vol. LXI, 1843.

Pierce, Edward L. Memoir and Letters of Charles Sumner.

Randolph, Thomas Jefferson. Memoir, Correspondence and Miscellanies from the Papers of Thomas Jefferson.

Recueil des Anciennes Lois Francaises.

Richardson, J. D. Messages and Papers of the Presidents.

Robinson, Admiralty Reporter (British). 1, 199; 2, 210; 3, 71; 3, 154; 4, 56; 5, 400. American Edition, printed in Philadelphia.

Rush, Richard. Residence at the Court of London.

Russell, Earl. The Official Correspondence of the United States in Respect to the Alabama.

Rymer, Thomas. Fœdera.

Schurz, Carl. Life of Henry Clay.

Secret Journals of Congress, The.

Senate Documents, Foreign Relations, 1st Session, 27th Congress, 1841.

Senate Documents, Vol. IV, 1861-62.

Smith, Philip A. Maritime Questions.

Sparks, Jared. Life and Writings of George Washington.

Stephens, William W. The Alabama Questions, &c.

Temple, Sir William. Memoirs de ce qui s'est passé dans la chrétienté depuis le commencement de la guerre en 1672. . . . .

Thurloe, John. A collection of State Papers.

Treaties and Conventions between the United States and other Powers, from 1776 to 1870. Senate Document, 3rd Session, 41st Congress, 1871.

Twiss, Travers. The Black Book of the Admiralty.

————. The Law of Nations. The Rights and Duties of States in Time of War.

United States Government. Papers Relating to Foreign Affairs Accompanying the Annual Message of the President to the 2nd Session, 40th Congress, 1868. (Geneva Arbitration.)

United States Statutes at Large.

United States Supreme Court Reports. 7, Wheaton 283; 2, Wheaton Appendix, Note 1; 9, Cranch 441; 7, Peters 455; 3, Wallace 551; 5, Wallace 59; 5, Wallace 1; 5, Wallace 28; 6, Wallace 267; 7, Otto 594.

Vattel, Law of Nations, Translated by Joseph Chitty, 1861.

Walker, T. A. The Science of International Law.

Ward, Robert. Treatise on Maritime Law.

Washington, Treaty of, Papers Relating to.

Webster, Daniel. Works.

Wharton, Francis. State Trials of the United States.
————. State Trials of the United States.
————. The Revolutionary Diplomatic Correspondence of the United
  States.
Wheaton, Henry. History of the Law of Nations.
————. International Law, Edited by C. A. Boyd.
————. International Law, Notes on . . . by Richard Henry Dana,
  8th Edition, 1866.
Wolff. Jus Gentium.